L'ENSEIGNEMENT MUTUEL

OU

HISTOIRE DE L'INTRODUCTION

ET DE LA PROPAGATION DE CETTE MÉTHODE

Par les soins

DU DOCTEUR BELL, DE J. LANCASTER ET D'AUTRES;

DESCRIPTION DÉTAILLÉE

De son application dans les écoles élémentaires d'Angleterre et de France, ainsi que dans quelques autres Institutions.

Traduit de l'allemand de JOSEPH HAMEL.

Conseiller aulique en Russie, Docteur en médecine, Correspondant de l'Académie impériale des sciences, et de l'Académie médico-chirurgicale de Pétersbourg.

Lusus hic sit :

Incipientibus condiscipulorum quàm præceptoris jucundior, hoc ipso quòd facilior, imitatio est. QUINTILIEN.

Avec douze planches.

A PARIS,

Chez L. COLAS, IMPRIMEUR-LIBRAIRE DE LA SOCIÉTÉ POUR L'INSTRUCTION ÉLÉMENTAIRE,

Rue du Petit-Bourbon-Saint-Sulpice, n°. 14;

Et au 1er. octobre 1818, *rue* DAUPHINE, n°. 32.

1818.

L'ENSEIGNEMENT MUTUEL.

IMPRIMERIE DE FAIN, RUE DE RACINE, PLACE DE L'ODÉON.

AVERTISSEMENT

DE L'ÉDITEUR.

L'OUVRAGE dont je publie la traduction a été composé en allemand et imprimé à Paris chez M. Firmin Didot. Il n'est sorti de ses presses que depuis quelques jours.

L'auteur vient d'étudier pendant plusieurs années le sujet qu'il traite, et il l'a embrassé dans toute son étendue : il serait difficile, à mon avis, de demander une plus grande exactitude de détails et de meilleurs sentimens; la protection spéciale dont il est honoré par l'Empereur de Russie lui assure dans ce pays les suffrages de tous les amis de l'humanité, et toutes les conséquences qui, de notre temps, doivent accompagner un tel succès : j'ai cru qu'il pourrait être utile de faire connaître ce livre à la France, et je ne veux pas perdre cette occasion de reij

mercier M. Hamel pour la bonté qu'il a eue de me communiquer son manuscrit, en même temps qu'il en dirigeait l'édition dans une autre langue.

Paris, 30 juillet 1818.

A SA MAJESTÉ

L'EMPEREUR DE RUSSIE.

SIRE,

TOUT ce qui a pour objet de favoriser les progrès de la civilisation et d'assurer le bonheur du peuple, trouve dans Votre Majesté Impériale un protecteur éclairé. Aussi Votre Majesté n'a-t-elle pas tardé à apprécier le mérite des écoles fondées depuis quelques années en Angleterre, et dans lesquelles les enfans s'instruisent les uns par les autres : elle a reconnu promptement que cette méthode d'enseignement pouvait être un puissant moyen de répandre dans le peuple les connaissances élémentaires dont il a besoin.

Pendant le séjour que j'ai fait en Angleterre, j'ai étudié cet objet important avec toute l'attention qu'il mérite, et maintenant je viens avec respect déposer aux pieds de Votre Majesté le fruit de mes recherches et de mes travaux, heureux si cet ouvrage peut contribuer à faciliter les premiers essais qui seront tentés dans les états soumis à votre empire.

Je suis avec le plus profond respect,

SIRE,

De Votre Majesté,

Le très-humble et très-fidèle sujet,

Joseph HAMEL.

AVERTISSEMENT

DE L'AUTEUR.

Je crois devoir faire connaître au lecteur quelques-unes des circonstances qui ont précédé la composition de cet ouvrage.

En 1813, S. M. l'empereur de Russie ordonna, sur la proposition de S. Exc. le ministre de l'intérieur, que je serais envoyé en Angleterre, aux frais du trésor de la couronne, avec la mission d'étudier dans ce pays diverses branches de connaissances, et d'y recueillir tous les matériaux dont l'utilité pratique me paraîtrait suffisamment démontrée.

Peu de jours après mon arrivée à Londres, j'eus le bonheur de rencontrer M. Wil. Allen, dont j'aurai l'occasion de parler plusieurs fois dans la suite de cet ouvrage. Je ne le connaissais encore que de nom et comme très-bon chimiste ; j'appris bientôt à honorer en lui le vertueux citoyen et le philanthrope éclairé (1).

M. Allen désirait depuis long-temps de trouver un

---

(1) Il y a à Londres peu d'établissemens de bienfaisance dont M. Allen ne soit membre, et toujou rsl'un des membres les plus actifs. Un étranger qui arrive dans cette ville et qui veut étudier avec soin les institutions de cette nature, peut s'adresser en toute confiance à cet homme respectable (Plough-court, Lombard-Street) et être assuré d'avance de l'accueil le plus bienveillant.

homme appartenant à la nation russe , et à qui il pût communiquer les vœux qu'il formait de voir introduire dans mon pays la méthode d'enseignement mutuel ; il ne tarda pas à m'en parler , et , dès le lendemain , nous nous rendîmes ensemble à une école lancastérienne.

La vue de cette école , composée de six cents enfans conduits par un autre enfant , me frappa au-delà de ce que je puis exprimer ; un examen plus détaillé de tous les procédés de la méthode me fit reconnaître promptement combien il pourrait être utile de l'introduire en Russie. Dès ce moment , je résolus de consacrer à cette étude tout le temps qu'il me serait possible d'y employer sans nuire à mes autres travaux ; et , lorsque j'eus recueilli des renseignemens exacts , je transmis ces premières notes , en Russie , au ministre de l'intérieur , qui voulut bien les faire insérer dans les gazettes de Pétersbourg , d'où elles furent également traduites par plusieurs autres journaux.

Plus tard, j'écrivis une description plus complète et plus étendue de la nouvelle méthode , et je l'adressai également en Russie ; mais l'empereur était alors au congrès de Vienne ; et le ministre , en lui transmettant un rapport sur ce sujet , exprima à S. M. son désir de mettre cet ouvrage sous ses yeux.

Après que l'empereur en eut pris connaissance , on me communiqua l'ordre que S. M. venait de donner pour que mon ouvrage fût imprimé en même temps en langue allemande et en langue russe. Je fus chargé de l'édition allemande ; l'autre dut être faite à Pétersbourg.

Dans le temps qui s'était écoulé jusqu'à cette décision , je n'avais cessé d'étudier le même sujet , et mes

voyages dans l'intérieur de l'Angleterre m'avaient
fourni l'occasion d'examiner attentivement toutes les
grandes écoles qui ont été fondées sur ce modèle.
Ces nouvelles connaissances me permirent de donner
encore plus de développemens à mon travail ; et c'est
ainsi que je suis parvenu à composer l'ouvrage que je
publie en ce moment.

J'espère que les lecteurs y trouveront une description complète de tous les procédés de l'enseignement
mutuel, et que l'esquisse historique que j'y ai jointe
leur paraîtra intéressante. Sous ce dernier rapport,
je dois une vive reconnaissance à M. Corston, le plus
ancien ami de M. Lancaster ; il a bien voulu me permettre de lire toute la correspondance qui eut lieu
entre eux à cette époque, et d'en emprunter tout ce
que j'en ai cité. C'est aussi de lui que je tiens le récit
des faits qui ont accompagné l'entrevue des trois amis,
le 18 janvier 1808. Il me semble que les détails de
cette réunion méritaient bien d'être consignés dans
cet écrit.

Je pense encore que mon travail doit paraître plus
complet qu'aucun de ceux qui ont été faits sur la
même matière ; et je désire que le public veuille
bien apprécier du moins les soins que j'ai pris dans
cette intention (1). Que si l'on croyait pouvoir me
reprocher des expressions trop vives, ou même des
opinions injustes envers les procédés des anciennes

(1) Plusieurs écrits qui ont été imprimés en Allemagne, tels
que *Nouvelles écoles gratuites pour les pauvres, fondées en Angleterre et en France*, et *Diverses nouvelles méthodes d'enseignement*, ne sont que des traductions non avouées de quelques
articles empruntés au *Journal d'éducation*, qui se publie à
Paris.

méthodes d'enseignement, je protesterais à mon tour contre toute interprétation maligne, déclarant que ma situation et les habitudes d'une vie consacrée jusqu'à ce jour à des études d'une toute autre nature me permettent de me croire libre de tout intérêt de parti, et d'affirmer que je n'ai été conduit dans la composition de cet ouvrage que par le désir sincère d'être utile à mon pays.

J. HAMEL.

INTRODUCTION.

Est-il convenable de répandre l'instruction dans le monde, et doit-on désirer que les classes inférieures de la société reçoivent du moins les principes d'un enseignement élémentaire? Ces questions, longuement agitées, ont été heureusement résolues de notre temps, et il y a lieu d'espérer que les générations futures nous en témoigneront leur reconnaissance.

Il serait difficile de rien ajouter à tout ce qui a déjà été dit et écrit pour prouver l'utilité de cette doctrine. L'état et la société en général y gagnent autant que chacun des individus à qui elle s'applique; et personne maintenant ne peut mettre en doute si les lumières valent mieux que les ténèbres, la vérité mieux que l'erreur. Le monde a été long-temps couvert de voiles épais, que protégèrent long-temps des intérêts égoïstes, et le monde travaille à s'en dégager. Le patriote, le philanthrope et le vrai chrétien, s'empressent de concourir à cette œuvre nouvelle; et, parmi toutes les idées généreuses qu'inspirent la sagesse et l'amour du bien, et qui ont pour objet la prospérité des empires et le bonheur des citoyens, on doit mettre en première ligne celles qui se rapportent à l'éducation du peuple.

L'homme d'état sait que le bien-être d'un pays est toujours proportionné aux lumières de ceux qui l'habitent, et qu'on fonde sa force et sa vraie consistance bien moins par l'étendue de ses frontières ou par le nombre d'hommes qui y sont renfermés, que par le perfectionnement moral et intellectuel de la société. Les forces matérielles ne sont pas les plus solides : « c'est la science qui est la force », a dit Bacon ; mais on ne saurait obtenir ce développement par des coups d'autorité : la violence ou même des codes de lois n'auraient pas le pouvoir de former tout d'un coup le caractère d'une nation, en qui de vieilles habitudes auraient pris toute l'autorité d'une seconde nature. Heureusement le remède se trouve ainsi marqué à côté du mal ; l'homme cède facilement aux premiers exemples qu'il a sous les yeux ; et le législateur philosophe, suivant cette indication, tourne ses soins vers la jeunesse, et s'applique à lui donner la direction convenable. Les écoles qu'il fonde pour y parvenir formeront de bons citoyens et d'utiles auxiliaires dans la grande association humaine.

D'autre part, le philanthrope désire pour chacun de ses semblables le perfectionnement des facultés qu'il a reçues du Créateur, qui font de lui un être supérieur à tous ceux qui peuplent la terre, et qui lui assurent une infinité de jouissances intellectuelles et morales, complétement ignorées des autres créatures vivantes. — Si cet ami de l'humanité pénètre dans les détails de la vie , s'il examine de plus près l'état de la société , s'il visite les prisons et les cachots , il a bientôt reconnu que l'ignorance accompagne toujours les vices et les écarts les plus hideux auxquels l'homme puisse se livrer. La plupart de ceux qui sont renfermés sous les verroux ont été privés des bienfaits de l'éducation ; et comme tout sentiment généreux porte à désirer que les délits et les crimes soient prévenus plutôt que punis, celui qui forme ces vœux cherche à répandre les principes de la vertu dans l'âme tendre de l'enfant, se souvenant des paroles du roi Salomon : *Suivant qu'on élève un enfant, il en conserve l'impression, même dans un âge avancé.*

Mais cette vertu même est chancelante sans le secours de la religion, qui seule donne la véritable force : le développement des sentimens religieux sera donc le premier objet de toute éducation; et dès lors le chrétien ne peut rester indifférent pour tout effort qui aspire à ce noble but. Il y voit, au contraire, un moyen puissant de diriger les premiers pas de l'homme vers la connaissance de la Divinité, et d'appliquer avec fruit le commandement de l'apôtre : *Élevez vos enfans dans le respect et l'amour du Tout-Puissant.*

Comment celui qui déploie tout son zèle pour répandre dans le monde le flambeau de la loi divine, pourrait-il ne pas désirer vivement que chaque homme soit en état de chercher dans les livres de la révélation la voie qui conduit au salut (1)?

---

(1) Quelques années ont suffi pour former en Russie une société animée de cette noble ambition, et déjà elle a contracté des relations dans toutes les parties de l'empire. Son unique but est de faire imprimer la Bible et d'en répandre partout la connaissance. Tous les livres sacrés ont été traduits en langue russe vulgaire, et distribués avec profusion ; mais combien est faible le nombre de ceux qui peuvent les lire eux-mêmes!

Et cependant il est encore quelques personnes qui s'obstinent à repousser tant et de si grands avantages, soutenant qu'il vaut mieux refuser toute éducation aux classes inférieures de la société, que de les exposer à méconnaître leur situation, et à jeter le trouble et le désordre dans les empires, pour sortir de cet état d'abaissement. Les mêmes personnes ajoutent, au besoin, de prétendues considérations philanthropiques, et ne manquent pas de dire que celui dont on aura dessillé les yeux se dégoûtera promptement d'une condition pénible, et qu'en lui apprenant à connaître toutes les inégalités dont le monde se compose, on ne fera qu'exciter en lui un mécontentement inquiet, et des sentimens douloureux.

De tels sophismes se réfutent en s'exposant, et n'ont jamais servi, dans la pratique, qu'à favoriser l'empire injuste de certaines institutions, ou l'autorité arbitraire et exclusive de certaines classes de la société.

Et, d'ailleurs, que ces contradicteurs si prompts nous permettent de nous expliquer. En s'occupant de l'éducation du peuple, ceux qui veulent y travailler n'ont pas la prétention de remplir le monde de savans ; ils ne veulent qu'offrir à chaque individu les ressources dont il peut avoir besoin dans la situation où le ciel l'a placé, et lui donner les moyens d'employer à son plus grand profit les facultés que Dieu lui a accordées. Cet enseignement ne sera fondé que sur des principes simples et d'une application facile, et ces principes se rattacheront eux-mêmes à un cen-

tre commun, l'amour et la connaissance de la religion (1). Dans quelque situation qu'il se trouve, tout
homme a droit à cette part de lumières qui peut favoriser le développement de sa nature morale; et le
plus grand service qu'on puisse lui rendre, est de l'y
disposer dès sa plus tendre enfance. Quant aux autres
objets d'étude qu'on lui présentera, si le hasard l'a
destiné à ne pouvoir y consacrer beaucoup de temps,
on ne lui imposera point de travaux ou de sacrifices
trop coûteux; et pour l'enfant qui sera né dans la
classe la plus nombreuse, l'éducation se bornera à
ces connaissances élémentaires de la lecture, de l'é-
criture, du calcul, qui plus tard seront pour lui le
meilleur moyen d'exercer utilement une profession
quelconque. Il en recueillera les fruits incessamment
et pendant tout le cours de sa vie ; et le monde y ga-

---

(1) Heureux le pays où du haut du trône le souverain montre
à ses peuples la religion comme le guide le plus sûr pour l'éducation de la jeunesse! Le 30 août 1814, S. M. l'empereur de
Russie, adressant un ukase à la commission des écoles ecclésiastiques, dans lesquelles on forme des maîtres pour d'autres établissemens, s'exprimait en ces termes : « Je crois nécessaire de
vous faire connaître mon opinion sur les principes qui doivent
présider à l'éducation de la jeunesse dans ces écoles. Je pense
que l'instruction n'est autre chose que la propagation de la lumière, et que cette lumière doit être celle *qui brille dans les
ténèbres et que les ténèbres n'ont point comprise.* Je pense que
ceux que l'on instruit doivent être conduits à la source de toute
vérité par les moyens que prescrit l'Évangile, dans sa haute sagesse : *Christ est la voix, la vérité est la vie.*......... Fondé sur
ce principe, l'enseignement, loin de devenir dangereux, ne fera
qu'assurer à chaque individu les ressources dont il peut avoir
besoin, etc. »

gnera aussi que les talens, si souvent étouffés ou qui
s'ignorent eux-mêmes, auront plus de chances de se
développer et de se produire.

J'entendis un jour un homme qui tenait le discours suivant : « J'approuve en théorie tout ce qu'on
» dit pour montrer qu'il est utile de faire donner
» quelque éducation aux enfans du peuple ; mais j'ai
» sous les yeux des exemples qui révèlent d'au-
» tres inconvéniens : Il y a dans mes terres plus de
» cent paysans, parmi lesquels quelques-uns savent
» lire et écrire. Ceux-ci se considèrent si bien comme
» élevés au-dessus de leurs camarades ignorans, qu'ils
» dédaignent de supporter les mêmes fatigues, et de
» s'associer aux mêmes travaux. » Je priai cet homme d'écouter une réponse que me fournit un écrivain
distingué : « Habillez un manœuvre, affublez-le de
» riches vêtemens, qu'il soit couvert d'or et d'étoffes
» précieuses, et probablement il ne voudra plus ma-
» nier la bêche ou la hache avec ses camarades sales
» et déguenillés. Donnez-leur à tous les mêmes vête-
» mens, et vous verrez celui qui se montrait revê-
» che, reprendre les instrumens grossiers de son
» travail. »

Que tous aient donc part à cet enseignement, afin
que chacun en éprouve les bons effets. Au surplus,
rien n'est plus faux que cette assertion qui se reproduit sans cesse, et qui consiste à dire que, si le peuple devenait plus éclairé, on ne trouverait plus personne qui voulût se charger des travaux les plus
pénibles. Que ceux qui ne craignent pas de mani-

fester cette appréhension coupable se rassurent : tout individu, dans quelque situation qu'il soit placé, éprouve chaque jour des besoins que le travail seul peut satisfaire, et qui lui imposent des devoirs rigoureux. A mesure que les nations se civilisent, on voit du plus au moins se maintenir les mêmes proportions entre les diverses classes de la société; toutes les branches d'industrie qui peuvent être d'une application immédiate sont exploitées selon les besoins qui se produisent; et, si l'on remarque quelque changement, il atteste les avantages de ce nouvel état de choses; car alors chacun fait mieux ce qu'il entreprend, et s'acquitte de sa tâche dans ce monde avec plus de succès et de profit.

Pour favoriser et diriger en même temps cette impulsion, à laquelle on tenterait vainement de résister, il ne s'agit donc plus que de rechercher le moyen de répandre dans la masse du peuple l'instruction dont il a besoin, par les procédés les plus simples et les plus prompts.

Ces moyens se trouvent réunis au plus haut degré dans la méthode récemment appliquée en Angleterre. Cette méthode répand l'enseignement avec une telle facilité, qu'il suffit d'un seul maître pour donner à un millier d'enfans toute l'instruction élémentaire dont ils peuvent avoir besoin, en moins de temps qu'on n'en emploie, suivant les autres procédés, pour un nombre d'enfans vingt fois inférieur. L'excellence de cette méthode est fondée sur le principe de la distribution du travail, qui a déjà produit de si merveilleux effets, en Angleterre, dans toutes les branches de l'industrie. Après l'avoir si utilement employé pour les travaux mécaniques, on s'est avisé de l'appliquer aussi au développement des facultés de l'esprit, et le succès n'a pas été moindre. Dans ce dernier système, comme dans celui qui l'a fait naître, les fonctions de chaque membre de l'association sont connues, et toutes les règles de conduite sont déter-minées d'avance. Les écoliers savent, ainsi que le maître, ce qu'ils ont à faire, et tous sont constam-ment occupés.

L'exposition des principes généraux de cette mé-thode suffira pour en faire apprécier les avantages.

L'ENSEIGNEMENT MUTUEL.

DE LA MÉTHODE NOUVELLE

COMPARÉE AVEC LES MÉTHODES ANCIENNES, ET DES AVANTAGES QU'ELLE PRÉSENTE.

La nouvelle méthode d'enseignement est connue sous divers noms. On l'a appelée *méthode de Bell* ou *de Madras*, parce que le docteur Bell l'établit d'abord à Madras (sur la côte de Coromandel), et *méthode de Lancaster*, parce que M. Lancaster est le premier qui l'ait appliquée en grand et qui ait réussi, à force de zèle et d'activité, à la faire adopter généralement dans toute l'étendue de l'Angleterre. En France, on l'a désignée par son objet même, et le nom de *méthode d'enseignement mutuel* est sans doute le plus convenable, puisqu'il caractérise le mode d'éducation, sans admettre une allusion au moins incertaine, soit à un inventeur du procédé, soit aux lieux où il a pris naissance (1).

Le principe fondamental de cette méthode consiste donc dans la réciprocité de l'enseignement entre les écoliers, le

(1) Les écoles qui existent maintenant en Angleterre, fondées toutes sur le même principe, présentent cependant quelques différences, selon qu'elles sont attachées au système du docteur Bell, ou à celui de M. Lancaster. Les unes sont sous la direction d'une Société de Londres, qui s'appelle : *Société nationale pour la propagation de l'enseignement dans les classes pauvres, suivant les principes de l'église dominante en Angleterre, et dans le pays de Galles.* Les autres sont protégées par la *Société des écoles pour l'Angleterre et pour l'étranger.* Nous aurons plus tard l'occasion de signaler les principales différences que nous venons d'indiquer.

plus capable servant de maître à celui qui l'est moins, et c'est ainsi que l'instruction est en même temps simultanée, puisque tous avancent graduellement, quel que soit d'ailleurs le nombre des élèves.

En effet, comme il n'est pas possible, dans une grande réunion d'enfans, que les facultés et les progrès soient égaux, il est indispensable de les occuper diversement et suivant la capacité qui se manifeste dans chacun d'eux, et l'on arrive par là à la division en classes, dans lesquelles se réunissent un certain nombre d'écoliers, prenant part aux mêmes exercices.

Afin d'exciter dans chacune de ces classes une activité et une application constantes, on établit un concours perpétuel pour les places que les enfans doivent occuper dans le banc, et chacun se trouve toujours assis là où l'appellent son savoir et son attention (1).

Le maintien de l'ordre et de la discipline dans l'école est également confié aux élèves, parmi lesquels on prend des *inspecteurs* aussi-bien que des *maîtres*, chargés de veiller à la régularité dans chacune des divisions.

A l'aide de l'enseignement mutuel, le nombre des maîtres se trouve tout-à-coup fort augmenté, et par conséquent les bonnes connaissances peuvent se répandre beaucoup plus vite, et parmi ceux à qui elles étaient étrangères. Des classifications exactes et des exercices appropriés aux facultés de chacun des écoliers font que ceux-ci sont toujours efficacement occupés, et qu'il ne se perd pas un moment pendant les heures de l'étude. Comme ils s'enseignent les uns les autres, les enfans apprennent beaucoup mieux en cherchant à imiter leurs camarades, et il est facile de remarquer chez ceux qui commencent combien cette influence est puissante : les élèves

---

(1) On verra dans la suite que cette division en classes et ce concours perpétuel pour les places de chaque écolier, s'ils ne sont pas une nouveauté dans l'enseignement, ont été du moins fort perfectionnés, surtout d'après la méthode du docteur Bell.

qui font les fonctions de maîtres se forment eux-mêmes en enseignant. Enfin le concours pour les places excite constamment une émulation qui provoque elle-même plus de zèle, et qui hâte sensiblement les progrès de chacun des écoliers.

Par là se trouve encore résolue la question de l'économie en fait d'enseignement élémentaire, puisqu'il suffit d'un seul maître pour diriger l'éducation d'un grand nombre d'enfans : on arrive plus vite au but, et l'institution exige moins de dépenses.

Sous ces divers rapports, le mode d'enseignement adopté par le docteur Bell et par M. Lancaster, assure les mêmes résultats : les différences que l'on remarque dans leurs écoles ne portent que sur le mécanisme des méthodes, sur les moyens d'inspection, et sur le système d'enseignement religieux.

Ici se place naturellement l'examen des anciennes méthodes et des procédés que l'on a cru devoir adopter pour en corriger l'imperfection.

Dans les écoles où l'enseignement est individuel (1), un seul maître ne peut réunir beaucoup d'écoliers autour de lui. On convient généralement qu'il est impossible de conduire à la fois plus de quarante ou cinquante enfans. Supposé même qu'il n'y en eût que vingt, pendant que l'instituteur est auprès de l'un d'eux, les dix-neuf autres, ou du moins la plupart, sont sans occupation ou peu appliqués à leur étude ; car ils ont bien vite remarqué que le maître ne peut avoir l'œil sur tous, en même temps qu'il s'occupe de l'un d'entre eux.

---

(1) La méthode d'enseignement simultané suivant laquelle un certain nombre d'enfans, ou même tous les enfans d'une école reçoivent en même temps la leçon du maître, est fort supérieure à celle de l'enseignement individuel. Mais, comme le principe de la simultanéité se rencontre aussi dans l'enseignement mutuel, il ne sera pas difficile de reconnaître que celui-ci, qui présente de nouveaux avantages, est un véritable perfectionnement de tous les modes qui l'ont précédé.

Suivant la nouvelle méthode, au contraire, un écolier enseigne un autre écolier; un inspecteur surveille tous ses voisins, et nul ne peut être un moment inattentif, sans que sa négligence soit produite au grand jour et réprimée à l'instant même. Tout cela se passe selon des lois déterminées, et sans l'intervention immédiate du maître. Celui-ci a peu de chose à faire dans les détails : une force intérieure anime et fait mouvoir toute l'école, d'après des règles fixées par avance ; le maître est inspecteur en chef ; et, par cela même, il peut diriger un très-grand nombre d'enfans, à tel point que ce nombre peut être porté jusqu'à mille, si le local le permet, sans qu'il y ait le moindre inconvénient pour la surveillance, ou pour l'instruction.

Les anciennes méthodes entraînent la perte d'un temps précieux. Il se passe quelquefois trois ou quatre mois avant que les enfans connaissent leur alphabet, et autant d'années avant qu'ils sachent lire couramment et écrire d'une manière lisible. S'il y a cinquante élèves dans une école où l'on emploie trois heures le matin et deux heures l'après-midi, en admettant qu'il ne se perde pas une seconde (et cette supposition est extrême), le maître ne pourra jamais donner que six minutes à chacun des enfans, et le reste du temps sera presque perdu pour eux. Qu'il y ait dans l'année trois cents jours de classe, chaque enfant n'aura eu que trente heures de leçon.

Comparez maintenant une nouvelle école, où tous les enfans sont incessamment et simultanément occupés, où l'émulation entretient une activité constante, où toutes les inattentions sont signalées et punies, et voyez quelle différence dans les résultats. — Suivant les anciennes méthodes, il y a aussi de l'émulation, et l'on concourt également pour les places. — Ouï, mais à des époques éloignées, et sans qu'il y ait de règle connue d'avance de tous les écoliers, et qui leur garantisse la justice des distributions ; tandis que, par les nouveaux procédés, la récompense ou la peine est assignée d'avance : celui qui s'est trompé en lisant cède sa place à celui qui a su reconnaître la faute.

Il est difficile de soutenir l'attention des enfans : une occupation assidue, fût-elle même amusante, les fatigue promptement et peut même leur devenir nuisible, quoiqu'elle soit volontaire. S'il faut l'exiger, on n'est que trop souvent entraîné à des habitudes de contrainte qui les rebutent et les découragent.

Ici aucun objet d'étude ne fixe trop long-temps leur attention. Les leçons sont courtes et toujours proportionnées à l'intelligence de ceux qui les reçoivent. L'enseignement est varié et distribué de manière à éviter la fatigue du corps, aussi-bien que celle de l'esprit. Animés par le désir constant d'imiter leurs voisins, les enfans apprennent avec plaisir et sans aucun effort.

Il faut encore remarquer que dans l'enseignement individuel, le maître, pour donner à chacun de ses écoliers une portion de son temps, n'en accorde réellement assez à aucun d'entre eux; et que trop souvent encore on compte une éducation, même la plus simple, bien moins par ce qu'un enfant a retenu que par ce qui lui a été montré. Dans les écoles d'enseignement mutuel, au contraire, que deux écoliers d'une classe fassent trois ou quatre fautes, toute la classe recommence; ceux qui savent apprennent mieux, ceux qui ne savent pas sont comme sur la brèche; ils passent, sous les yeux de tous, de ce qu'ils entendent à ce qu'ils n'entendent pas, et chaque exercice est repris dans toutes ses parties, avant qu'on fasse une seconde épreuve sur l'ensemble : on ne commence une nouvelle leçon que lorsque les moins avancés connaissent bien la précédente. Enfin le service lui-même n'est jamais ralenti par l'incapacité d'un seul écolier; s'il ne peut suivre les autres, il descend dans la classe inférieure : le cas est prévu, et jamais il n'y a de place pour l'arbitraire ou la mauvaise humeur du maître.

Tant et de si grands avantages font que l'élève n'a plus

besoin que du tiers ou tout au plus de la moitié du temps
que l'on employait dans les anciennes écoles pour recueillir
les connaissances élémentaires qui lui seront utiles dans le
cours de sa vie : de plus, à l'issue de cette éducation, il
peut sortir d'une école, dix, quinze, vingt fois plus d'enfans qu'on n'en admettait auparavant dans une même enceinte. Dix-huit mois, deux ans au plus suffisent pour la
révolution complète des études de ce genre.

Lorsqu'en 1798, M. Lancaster établit à Londres sa première école, il en fixa le prix à moins de la moitié de ce
qu'on payait dans la plupart des autres écoles, c'est-à-dire,
à une guinée par an (environ 24 fr.) (1). Les améliorations
qu'il a successivement introduites et l'augmentation du nombre des élèves, qui fut porté à mille en 1805, firent revenir le prix annuel de l'instruction donnée à chaque enfant à
3 ou 4 schellings (3 fr. 60 c. ou 4 fr. 80 c.). Comme il est
assez rare que l'on puisse réunir un millier d'enfans dans le
même local, la progression décroissante de ce nombre fait
augmenter le prix pour chacun des élèves. En Angleterre,
une école de quatre à cinq cents enfans coûte annuellement
de 5 à 6 schellings par tête. (de 6 à 7 fr. 20 c.)

Si l'on admet qu'une école élémentaire où l'on suit le
procédé d'enseignement individuel contienne 50 enfans, et
que le cours d'éducation y soit de cinq ans, il en sera sorti
tous les cinq ans 50 enfans, et après cent ans, 1000 enfans.
En calculant sur le pied de 150 livres sterlings par an (2),
il en aura coûté après cent ans 15,000 livres sterlings pour
l'éducation de 1000 enfans. Une école, suivant la nouvelle
méthode, coûte à Londres 150 livres sterlings par an, pour
500 enfans. Prenez deux ans et demi pour le cours de l'in-

(1) On payait, à Londres, deux à trois guinées par an dans toutes les
écoles élémentaires.

(2) Nous avons cru devoir conserver les calculs tels que l'auteur les
présente. Du reste il est facile de les convertir en monnaies de France,
sur le pied de 24 fr. (terme moyen du change) pour une livre sterling.
(*Note du traducteur.*)

struction, 1000 enfans coûteront 750 livres sterlings, et au bout de cent ans, on y aura fait participer 20,000 enfans, dont l'éducation aura coûté par conséquent 15,000 livres sterlings. En suivant les anciens procédés, il en coûterait 300,000 livres sterlings pour le même nombre d'enfans. Ainsi, dans un même espace de temps, on peut, par la nouvelle méthode, donner l'instruction élémentaire à un nombre d'enfans vingt fois plus considérable qu'il ne le serait d'après l'autre procédé, et la dépense pour l'éducation de 1000 enfans est dans le second cas, plus chère de 14,250 livres sterlings que dans le premier.

On a calculé à Paris que l'éducation élémentaire des cinquante mille enfans qui sont susceptibles de la recevoir, coûterait maintenant deux millions et demi de francs de moins que suivant les anciens procédés.

Enfin, quant à l'ordre et à la discipline, on a remarqué souvent qu'il était très-difficile à un seul maître de les maintenir constamment au milieu d'une cinquantaine d'enfans, lorsque lui-même est sans cesse détourné de cette surveillance par les soins qu'il donne à chacun en particulier : s'il est obligé de prendre un inspecteur, c'est une nouvelle dépense, par laquelle même il n'atteint pas toujours son but.

Dans la nouvelle méthode, l'inspection est mutuelle entre les enfans, comme l'enseignement; on en confie le soin à ceux qui se distinguent par leur bonne conduite, suivant les règles établies. Chaque classe a son inspecteur spécial, soumis lui-même à une surveillance supérieure, et l'on maintient ainsi la discipline la plus exacte.

Depuis long-temps on s'est récrié sur les divers modes de châtiment admis dans les écoles publiques. Les peines corporelles n'ont pour l'ordinaire d'autre effet que d'inspirer aux enfans un sentiment de haine contre celui qui les inflige. Elles sont remplacées avantageusement par des punitions d'une autre nature, et que l'on varie à l'infini. Chez le docteur Bell, toute faute commise par un élève est consignée dans un livre destiné uniquement à cet usage, et qu'on appelle *le livre noir*. On en fait la revue à la fin de chaque semaine, et ceux dont les fautes ont été graves sont jugés par un jury composé d'un certain nombre de leurs camarades (1).

Dans les écoles ordinaires, il est difficile de reconnaître et surtout de constater bien publiquement et aux yeux de tous les élèves les progrès de chacun d'eux : il y a des concours plus ou moins fréquens, mais il n'est pas rare que le défaut de publicité suffisante produise l'envie et la méfiance. Chez M. Bell, non-seulement les travaux de chaque classe, mais encore les progrès individuels de chaque élève sont consignés sur des registres ; et, comme on ne quitte aucun exercice sans que tous l'aient bien compris, on peut d'un coup-d'œil reconnaître sur le registre la situation de l'enseignement en général, et celle de chaque élève en particulier.

Avant d'entrer dans l'examen détaillé de la nouvelle méthode, nous croyons devoir offrir à nos lecteurs l'histoire de son introduction et de son développement dans les principales contrées de l'Europe, ou pour parler plus exactement, du monde connu.

---

(1) C'est surtout dans les écoles nouvellement organisées que l'on peut employer utilement ce mode solennel de punition. L'expérience a prouvé qu'après quelque temps d'habitude dans l'école, les moyens d'émulation qui se trouvent dans la distribution plus ou moins favorable des places et des récompenses, suffisent pour assurer la répression de toutes les fautes que peuvent commettre des enfans.

HISTOIRE

DE L'APPLICATION ET DU PERFECTIONNEMENT

DE LA MÉTHODE D'ENSEIGNEMENT MUTUEL.

On a dit depuis long-temps qu'il n'y a rien de nouveau dans le monde : en examinant avec soin tout ce qui se présente sous ces apparences, on a lieu de reconnaître, en effet, que quelques-uns des principes renfermés dans toute découverte avaient été déjà pressentis et quelquefois aussi mis en pratique : il arrive encore, par une conséquence naturelle de la marche de l'esprit humain, qu'une même vérité est en même temps observée et proclamée par plusieurs personnes. Le premier mérite de tout fondateur est donc de recueillir les principes épars, et d'en former un corps de doctrine, dont l'application développera plus tard toute la force : ces diverses circonstances se rencontrent d'une manière remarquable dans l'histoire dont nous entreprenons de présenter une esquisse.

Dans tous les temps et dans tous les lieux, ceux qui se sont voués à l'éducation des autres ont employé le secours de leurs écoliers pour se soulager dans leurs travaux, et leur ont fait exercer l'office de répétiteurs.

On lit avec intérêt, dans plusieurs écrits anciens, des passages qui prouvent que quelques-uns des avantages de ce mode d'enseignement avaient été déjà reconnus et constatés (1). Quintilien dit, avec raison, qu'il est plus facile

(1) On a prétendu retrouver des traces de cette méthode, jusque dans les institutions que Moïse donna au peuple juif : c'est aussi vouloir remonter trop haut; les passages que l'on a cités n'ont rapport qu'à des lois de police établies pour le maintien de la discipline dans le peuple.

et plus agréable à la fois, pour ceux qui commencent à étudier, d'avoir des camarades à imiter, qu'un maître à suivre (1); et il expose à la suite tous les bons effets de l'émulation parmi les écoliers qui ont déjà fait quelques pas dans la carrière de l'étude. Lycurgue avait établi, pour la jeunesse de Sparte, un système d'inspection et de discipline où l'on retrouve le même principe : tous les enfans de la république furent distribués en plusieurs classes, et l'on donnait la surveillance de chacune d'elles à celui d'entre eux qui se montrait le plus adroit et le plus courageux (2). Enfin, les récits de quelques voyageurs donnent lieu de croire que, dans plusieurs parties de l'Inde, et depuis un temps immémorial, les enfans font des associations pour s'enseigner mutuellement (3).

---

(1) Instit. Orat. lib. 1, cap. 2. *Sicut firmiores in litteris profectus alit emulatio : ita incipientibus atque adhuc teneris condiscipulorum quàm præceptoris jucundior, hoc ipso quod facilior, imitatio est.*

(2) Voy. la vie de Lycurgue dans Plutarque.

(3) Pietro della Valle raconte ce qui suit, dans une description de son voyage dans l'Inde, en 1623 : Pendant qu'on préparait tout pour mon départ, je m'avançai jusqu'à la porte du temple, pour observer quelques enfans qui étaient là à étudier leur livret d'arithmétique d'une manière qui me parut remarquable. Ils étaient quatre qui apprenaient la même leçon : afin de ne pas oublier ce qu'ils venaient de voir, l'un d'eux chantait à haute voix et dans un ton soutenu la première ligne de la leçon, comme par exemple *une fois un fait un* : en même temps il écrivait les chiffres pour les mieux imprimer dans sa mémoire, non avec aucun instrument qui pût représenter une plume, mais tout simplement avec son doigt et sur une couche de sable qui occupait le milieu du cercle autour duquel les enfans étaient assis. Quand le premier avait bien fait sa tâche, le second recommençait de même et les autres suivaient à leur tour. Quand tout le sable était couvert de chiffres, ils les effaçaient avec la main et renouvelaient leurs opérations. Ce fut de cette manière qu'ils employèrent tout le temps consacré à leur étude. Ils me dirent ensuite qu'ils n'avaient pas suivi d'autre méthode pour apprendre à lire et à écrire, et sur ce que je leur demandai quel était celui qui corrigeait les fautes qu'ils pouvaient faire, puisqu'enfin ils étaient des écoliers, et que je ne voyais aucun maître autour d'eux, ils me répondirent qu'il était impossible que tous les quatre se trompassent à la fois sur le même passage, et qu'ils faisaient leurs exercices ensemble, *afin que, quand l'un se tromperait,*

Dans les temps modernes, il paraît que c'est en France qu'ont eu lieu les premières applications d'une méthode semblable, du moins à plusieurs égards, à celle dont il s'agit ici.

En 1747, il y avait à Paris, dans l'hospice de la Pitié, une école fondée pour les enfans des pauvres, et qui en contenait habituellement trois cents, et souvent un plus grand nombre. A cette époque, M. Herbault, le directeur, n'avait avec lui qu'une seule personne, qui même ne s'occupait en rien de l'enseignement, et était exclusivement chargée de la surveillance et du maintien de l'ordre dans l'école : les enfans étaient distribués en sept classes, et les six dernières avaient pour maîtres des écoliers pris dans la première, laquelle communiquait seule avec le directeur, et recevait de lui l'instruction. Le principe de l'enseignement mutuel s'y trouvait donc formellement appliqué. Des témoins oculaires ont fait souvent les plus grands éloges de cette méthode, et des succès qu'elle obtint : malheureusement elle fut négligée après la mort de M. Herbault (1).

Un second exemple se trouve dans l'institut que le chevalier Paulet dirigeait aussi à Paris. Cet homme estimable se trouva conduit, par suite de circonstances particulières, à se charger de l'éducation de quelques enfans orphelins. Peu de temps après, il recueillit un héritage assez considérable, qui lui donna les moyens de lever, en 1772, une maison d'éducation destinée à deux cents élèves, qui furent pour la plupart des enfans de militaires et de pauvres

---

les autres pussent le reprendre. (Pietro della Valle, detto il peregrino, Viaggi descritti in lettere famigliari al suo amico Mario Schipano, scritte dall'anno 1614 sin al 1623, p. 3. cioè l'India, lettera V, § 5 ou de l'édition française de 1665, tom. IV. p. 194)

(1) On trouvera de plus amples détails sur cette école dans un ouvrage publié en 1798 par M. François de Neufchâteau, sous le titre : *Méthode de lecture*, à Paris chez Didot l'aîné. Tous les renseignemens qui y sont contenus ont été fournis à l'auteur par un témoin oculaire.

gentilshommes. M. Paulet avait servi pendant plusieurs
années , et son institut fut établi avec toutes les formes
de la discipline militaire. Il le partagea en quatre grandes
divisions ; chacune d'elles eut son capitaine choisi dans son
sein , et à la tête de l'école on plaça un enfant qui fut honoré
du grade de major. Ces petits officiers faisaient seuls la
police intérieure : ils tenaient tous les soirs une espèce de
conseil de guerre, au milieu d'un grand cercle formé par
tous les écoliers ; on délibérait sur les transgressions com-
mises dans la journée , et l'on prononçait les jugemens suivant des lois établies. Dans les cas extraordinaires , le directeur lui-même prenait la présidence du conseil , mais presque toujours il laissait délibérer en toute liberté , et les
décisions portaient habituellement l'empreinte d'un grand
esprit de justice et d'impartialité. Toute peine corporelle
était bannie de leur code , et l'on s'efforçait de ne diriger
les élèves que par des sentimens généreux. L'enseignement
était aussi mutuel , à plusieurs égards. Le directeur avait
d'avance bien choisi ses maîtres, et le système d'instruction fut tellement simplifié , que les plus anciens écoliers
purent aisément commencer l'éducation des plus nouveaux. Les heures de classe présentaient , suivant le récit
de plusieurs personnes qui en ont été témoins , un spectacle fort intéressant : tous les écoliers se trouvaient réunis
dans une grande salle et distribués en classes, dont chacune occupait des bancs particuliers et avait pour maître
un enfant pris dans son sein. Quand la leçon était finie ,
le petit professeur redevenait écolier ; il allait s'asseoir à
une autre table pour y recevoir l'instruction sur un nouveau sujet, et souvent il y rencontrait pour chef quelqu'un
de ceux à qui il avait tout à l'heure enseigné (1). Louis XVI,
convaincu de l'utilité de cette méthode, ne cessa d'exciter
son directeur à y faire toutes les améliorations possibles ;

(1) Parmi plusieurs hommes distingués qui ont été élevés à cet institut,
qu'il nous soit permis de citer M. le maréchal Macdonald, duc de Tarente.

et, pour l'encourager, le roi lui assigna sur sa cassette une gratification annuelle de 32,000 francs. La révolution fit disparaître cet utile établissement (1).

À peu près dans le même temps, et à l'autre extrémité du monde, un homme de bien créait aussi la même méthode et en essayait l'application.

En 1789, la compagnie des Indes orientales, établie sur la côte de Coromandel, fonda à Egmore, près de Madras, une école destinée à recevoir tous les enfans mâles des militaires Européens qui étaient à son service (2). On en confia la direction à M. le docteur Bell, ministre anglican, chapelain du fort Saint-George, et prédicateur à l'église de Sainte-Marie. L'école fut ouverte avec cent enfans; peu de temps après elle en compta deux cents, et l'on adjoignit quatre maîtres au directeur en chef.

Le docteur Bell, qui n'avait consenti à se mettre à la tête de cette entreprise qu'avec l'intention de se rendre utile, témoigna son désintéressement, en refusant un traitement annuel de 450 livres sterlings (environ 11,000 fr.). L'espoir de sauver de la misère et de tous les désordres qui l'accompagnent, une jeunesse jusqu'alors abandonnée, lui inspira un zèle tout particulier, et l'excita à ne négliger aucun effort pour organiser son école aussi bien qu'il serait possible. Il chercha à introduire par degrés diverses améliorations dans le système ordinaire d'enseignement, mais les adjoints qu'on lui avait donnés ne cessèrent de le contrarier, s'opposant à toute innovation, et résistant à tout ce qu'il pouvait leur dire pour tâcher de les convaincre.

---

(1) On en trouve une description dans le journal de Genève (décembre 1787), et dans une lettre écrite par M. le maréchal Macdonald, au rédacteur du journal d'éducation (juillet 1816).

(2) La plupart de ces enfans étaient fils de femmes indiennes; privés de toute éducation, ils vivaient dans la misère et dans le vice, et souvent abandonnés par leur mères, ils étaient enfin vendus à des marchands Indiens. Après la création de l'école pour les garçons, il en fut formé une autre pour les filles, par les soins et sous la surveillance de lady Campbell.

Cependant le docteur ne se rebuta point. Il avait proposé au maître qui dirigeait la dernière classe, une amélioration à laquelle celui-ci s'était constamment refusé (il s'agissait de faire écrire les lettres sur le sable), sous prétexte qu'il était impossible qu'une telle méthode fût mise en pratique par des enfans. Le docteur trouva une occasion favorable de confier pendant quelques jours la surveillance de cette classe à l'un des plus anciens écoliers, sur le zèle duquel il pouvait se reposer. Ce que le maître avait déclaré inexécutable fut, dans l'espace de quelques jours, appris et montré à tous les enfans de la classe par le petit John Friskin. Il devint, par un coup d'autorité, répétiteur de la division. Les succès de ce mode d'enseignement surpassèrent promptement les espérances, et en peu de temps la dernière classe de l'école fit des progrès beaucoup plus rapides que toutes les autres. Encouragé par ces résultats, le docteur appliqua successivement la méthode aux autres divisions. Il était impossible de nier les avantages que les élèves en recueillaient; l'autorité et le crédit du directeur s'en accrurent; peu à peu il écarta ses adjoints de l'enseignement, et finit par réduire leurs fonctions à la surveillance pendant les heures d'étude, et à l'administration économique de l'établissement.

Le principe une fois admis, M. Bell s'occupa sans relâche à rechercher tous les développemens et toutes les améliorations dont il était susceptible. Nous aurons occasion d'en parler avec plus de détail, lorsque nous examinerons sa méthode en particulier.

Le docteur dirigea, pendant sept années, l'établissement de Madras, et sa prospérité, toujours croissante, se développa plus rapidement encore dans le cours des deux dernières années. Cependant il se vit obligé de quitter le pays et de revenir en Europe pour y rétablir une santé délabrée. Avant son départ, et cédant au désir qui lui en fut exprimé, il rédigea une notice exacte du système d'enseignement qu'il avait fondé dans son école, et ne quitta les

Indes qu'avec les témoignages les plus honorables de l'estime et des regrets publics.

Sa notice fut réimprimée à Londres, en 1797 (1). Un journal intitulé *Analytical Review* en rendit compte avec éloge dans son numéro de janvier 1799 : cependant l'ouvrage et la théorie qui y était exposée ne produisirent pas dès le commencement tout l'effet qu'on aurait dû en attendre. La plus ancienne des écoles protestantes de Londres, celle de Saint-Botolph, fut la première à en faire l'essai. Elle était dirigée par M. Samuel Nichols, et celui-ci adopta la méthode sur les instances réitérées de l'un de ses plus chauds partisans, M. David Pyke Watts.

Le docteur Briggs, médecin à Liverpool, avait conçu et était près d'exécuter le projet d'établir à Kendal, dans le Westmoreland, des écoles d'industrie et de lecture (suivant le plan qu'avait imaginé le ministre Bouyer, et qu'il avait fait exécuter dans le comté de Lincoln et dans plusieurs autres lieux), lorsqu'au mois de février 1799, il lut dans l'*Analytical Review* l'annonce et l'extrait de la méthode de M. Bell : il n'en fallut pas davantage pour provoquer une nouvelle application. Aidé par un quaker de ses amis, M. Dilworth Crewdson, le docteur se hâta d'introduire l'enseignement mutuel dans une école de Kendal ; et le succès fut si prompt, que le maître ayant été obligé peu de temps après de s'absenter pendant un mois, le service continua sous la direction d'un enfant de quatorze ans, et les progrès allèrent toujours croissans. Le docteur Briggs, s'étant vu forcé

---

(1) Elle parut sous le titre : *An experiment in education, made at the male asylum of Madras, suggesting a system by which a school or family may teach itself, under the superintendance of master or parent* London, 1797. Cadell and Davies. A la suite de l'ouvrage étaient imprimés tous les documens officiels qui prouvaient la sincérité de l'auteur. Lorsque le docteur Bell livra son manuscrit à l'imprimeur, il lui dit ces paroles : *L'enthousiasme que je témoigna vous paraît singulier, mais je vous déclare que, si nous pouvions vivre mille ans, nous verrions la méthode décrite dans mon livre mise en pratique dans tous les coins du monde.*

de quitter la résidence de Kendal, eut dans la suite le chagrin d'apprendre que ses efforts étaient devenus infructueux par la négligence des maîtres qui lui avaient succédé.

Cependant, le 1er. janvier 1798, Joseph Lancaster, qui bientôt après se fit quaker, et qui alors n'avait pas encore vingt ans, ouvrit à Londres, dans le faubourg de Southwark, près de Borough-road, une école destinée uniquement aux enfans des pauvres, et s'engagea à leur apprendre à lire, à écrire et à compter pour la moitié ou même le tiers du prix ordinaire : c'était un moyen d'attirer des pratiques, et M. Lancaster n'avait pas d'autre ressource pour vivre. L'arrondissement nommé *Saint-Georgesfield*, dans lequel il établit son école, était l'un des plus pauvres de Londres, et il se trouvait parmi ceux qui lui envoyaient leurs enfans, beaucoup de malheureux qui ne pouvaient même acquitter une rétribution aussi modique. Ils ne furent cependant pas écartés, et le zèle charitable du maître étant bientôt connu, son école reçut, au bout de peu de temps, un assez grand nombre d'enfans qui y furent élevés gratis. Le besoin rend industrieux : pour suppléer à l'insuffisance de ses ressources, M. Lancaster imagina successivement divers procédés économiques, et arriva par ce moyen à la suppression des maîtres adjoints, qui furent remplacés par les écoliers les plus anciens et les plus appliqués. A cette époque, le livre du docteur Bell n'était point encore parvenu à sa connaissance (1), mais il se souvint d'avoir vu pratiquer quelque chose de semblable dans l'école où lui-même avait été élevé ; et c'est ainsi que la méthode d'enseignement mutuel fut en quelque sorte découverte une troisième fois.

Le même besoin d'économie amena de nouveaux perfectionnemens. Pour éviter de donner à chaque enfant les

---

(1) Dans l'écrit qu'il publia en 1803, M. Lancaster assure qu'en 1798 il n'avait point lu la dissertation du docteur Bell, et témoigne avec bonne foi son regret de n'avoir pu profiter plus tôt des excellentes leçons qui y sont contenues.

petits livres dans lesquels on apprend à lire, on fixa sur des planches des feuilles de papier où étaient écrits des lettres et des mots ; la planche fut suspendue à la muraille, et sept à huit enfans, rangés en demi-cercle, apprirent, sous la conduite d'un inspecteur, à répéter la leçon qui leur avait été montrée une première fois. Les plumes, l'encre et le papier étaient chers ; on leur substitua une ardoise, et dès ce moment l'enseignement de l'écriture se trouva lié à celui de la lecture, chacun des enfans de la même classe s'exerçant tour à tour à tracer les lettres et les mots que l'inspecteur leur avait d'abord appris à connaître et à épeler. Quant à l'emploi du sable, qui fut introduit plus tard, M. Lancaster en trouva la première idée dans l'ouvrage du docteur Bell ; mais il inventa, pour apprendre le calcul aux enfans, une méthode particulière, que nous examinerons dans le chapitre qui sera spécialement consacré à l'exposition de son système. A l'aide de ces diverses économies, l'école de Southwark fut en état de se soutenir, et les frais d'éducation, qui avaient été d'abord fixés à une guinée par an, ne revinrent plus qu'à cinq ou six schellings par chaque enfant.

Un tel succès ne pouvait rester long-temps ignoré. Quelques personnes bienveillantes prirent M. Lancaster sous leur protection, et lui donnèrent même des secours pour l'aider à étendre son entreprise ; on ouvrit d'autre part des souscriptions, qui firent promptement porter le nombre des élèves à plus de trois cents. Plusieurs hommes distingués, lord Sommerville, le duc de Bedford, visitèrent l'école, et donnèrent à son fondateur des encouragemens de toute espèce. Les souscriptions produisirent assez d'argent, pour qu'en 1801 tous les frais fussent couverts, et le prix de l'éducation de chaque enfant assuré à dix schellings par tête ; la même année, content de ces résultats, M. Lancaster convertit son institution en école gratuite.

En 1803 il publia, aussi par souscription, un petit ouvrage où toute sa méthode était exposée en détail, et qu'on répandit avec profusion en Angleterre : dans l'espace de quatre années il en fut publié six éditions (1).

Lord Sommerville et le duc de Bedford avaient, dans le même temps, ouvert une autre souscription pour l'agrandissement du local dans lequel les enfans étaient rassemblés. Tous les travaux étant terminés, en moins de six semaines, le nombre des écoliers fut porté de 350 à 800, et M. Lancaster eut le plaisir de voir que l'ordre et la discipline qu'il avait établis dans son école se maintenaient sans difficulté au milieu d'une si nombreuse réunion. En 1805, il arriva au terme de ses désirs, qui était de rassembler sous le même toit, et de faire participer à la même instruction, un millier d'enfans : peu de temps après, et avec l'aide de ses deux sœurs, il établit dans la même maison une école de 200 filles, dirigée suivant les mêmes procédés, et l'on y ajouta l'enseignement de la couture, et de quelques autres ouvrages de femme.

Un seul homme, conduisant avec succès une école de 1000 enfans, était un phénomène jusqu'alors inconnu. On en parla à Windsor, et au mois de juillet 1805, le roi, pendant son séjour à Weymour, voulut voir M. Lancaster. Il se fit expliquer en détail tous les procédés de la méthode, donna des éloges au zèle et à l'habileté du maître, et l'assura de sa protection, en ajoutant qu'il désirait beaucoup que tous les enfans de son royaume fussent en état de lire la Bible, et qu'il ne négligerait rien pour soutenir une entreprise aussi utile : en même temps il fit donner cent guinées à M. Lancastre, et dans la suite, les ducs de Kent et de Sussex n'ont cessé de le protéger. Les sommes données par le roi et par la cour reçurent immédiatement la meilleure application possible, en servant à fonder, dans le sein même de l'établis-

---

(1) Sous le titre : *Improvements in education, as it respects the industrious classes of community ; countenaing a short account of its present state, hints towards its improvement, and a detail of some practical experiments conductive to that end.* London, Darton and Harvey, 1803.

sement, une école normale, à laquelle furent admis tous ceux qui voulurent se destiner à propager l'enseignement mutuel. De si grands succès et d'aussi puissantes protections fixèrent de plus en plus l'attention publique, et le clergé n'y demeura pas indifférent.

Depuis son retour en Angleterre, le docteur Bell s'était retiré à Swanage, dans le comté de Dorset, et y exerçait les fonctions de ministre : il s'était borné à appliquer sa méthode aux écoles du dimanche, et n'avait fait du reste aucun effort pour en répandre le procédé. En 1804, M. Lancaster était allé le voir, et avait causé long-temps avec lui sur les divers moyens de perfectionner l'enseignement. Plus tard, le docteur avait publié successivement deux éditions de son premier ouvrage (1). En 1807, il fut appelé à Londres, pour y établir son système d'enseignement dans une école de la paroisse de Sainte-Marie. Les ecclésiastiques du plus haut rang, l'archevêque de Cantorbéry, l'évêque de Durham le prirent sous leur protection, et l'excitèrent par toutes sortes d'encouragemens à fonder un grand nombre d'écoles, dans lesquelles devaient être enseignés exclusivement les principes de la religion anglicane.

Cette activité extraordinaire du clergé fut vraisemblablement provoquée par le système qu'avait adopté M. Lancaster. Dans toutes les écoles qu'il créa (et déjà, à cette époque, il en avait fondé en plusieurs endroits), M. Lancaster admit constamment les enfans de toutes les sectes, n'enseignant aucun dogme, et se bornant à faire lire sans commentaires des passages extraits de la Bible, persuadé qu'il était que l'enseignement religieux, proprement dit, pouvait et devait même être entièrement remis au soin des parens, qui sauraient bien, plus tard, se charger du choix des instituteurs,

---

(1) La première sous le titre *second édition*, la seconde avec le titre nouveau *An analysis of the experiment in education made at Egmore near Madras, comprising a system alike fitted to reduce the expence of tuition, abridge the labour of the master, and expedite the progress of the scholar, etc.*

suivant la secte à laquelle ils appartiendraient eux-mêmes.
Plusieurs personnes de marque attachées à la religion anglicane, pensèrent, au contraire, que le catéchisme devait être
la base de l'enseignement religieux dans les écoles du peuple, et le clergé ne voulut point en abandonner la surveillance.

Dès ce moment, on publia un grand nombre d'écrits
contre M. Lancaster ; le public fut invité à se méfier de lui ;
quelques-uns le signalèrent comme un homme dangereux
pour l'état, et dont les méthodes pouvaient mettre l'église
en péril : on répandit même le bruit que le roi lui avait
retiré sa protection. Il n'en fut point ainsi ; le roi continua
de lui accorder ses bontés ; mais malheureusement beaucoup
d'autres personnes cessèrent de souscrire annuellement, et
bientôt M. Lancaster se trouva réduit, pour soutenir toutes
ses entreprises, aux seuls secours qu'il recevait de la famille
royale. Loin de se ralentir, son zèle n'en devint que plus
ardent ; il n'épargna ni travaux, ni dépenses pour répandre
partout sa méthode, et bientôt il se mit à voyager en Angleterre, s'arrêtant dans toutes les villes, faisant des lectures
publiques, excitant le zèle de tous les amis de l'humanité,
fondant des écoles lui-même, et leur laissant ensuite pour
maîtres ceux qu'il avait formés dans son premier établissement. Nulle difficulté ne l'arrêtait ; l'argent ne lui semblait
bon que pour répandre de toutes parts la doctrine de l'enseignement mutuel. Non content de dépenser tout ce qu'il
avait, il contracta de nouveaux engagemens ; et, se livrait
sans réflexion à tous ces emprunts, à la fin de l'année 1807,
il se trouva chargé d'une dette de 6,449 livres sterlings
(plus de 150,000 francs).

Ses nombreux créanciers, craignant qu'il ne lui devînt
de plus en plus impossible de sortir d'embarras, commen-
cèrent à s'impatienter (1). Obligé de s'éloigner de Londres

(1) Deux d'entre eux le firent citer devant la cour du banc du roi. Au
moment où on le conduisait pour y comparaître, il pria l'un des officiers

pour se soustraire à leurs poursuites, il continua ses travaux, et parcourut quelques parties de l'Angleterre dans lesquelles il n'était point encore allé. A la suite d'une lecture publique faite à Douvres, il lia connaissance avec M. Joseph Fox qui, dès ce moment, devint son protecteur et son ami, et qui plus tard lui donna de grandes preuves de son dévouement.

A la fin de cette année, plusieurs créanciers le pressèrent plus vivement encore, et lui fixèrent pour dernier délai le mois de janvier. Obligé de s'occuper enfin des moyens de satisfaire les plus pressés, il conçut le projet de faire un appel à toutes les personnes considérables qui s'intéressaient à son entreprise, et de demander à chacune d'elles une souscription de 100 livres sterling : le duc de Bedford s'inscrivit le premier sur cette liste. M. Lancaster se rendit lui-même à Bristol, et sollicita vivement auprès de toutes les personnes de sa connaissance ; mais, au moment où il espérait le mieux réussir, une lettre écrite par un de ses créanciers détruisit l'effet de ses démarches, et fit retirer toutes les souscriptions. Heureusement il ne se découragea point (1), malgré son dénûment absolu et malgré l'ap-

de justice qui l'accompagnait, de lui permettre de s'arrêter chez ses parens. Ils montèrent ensemble ; c'était le soir, et, suivant la coutume de sa secte, M. Lancaster se mit à lire avec sa famille un chapitre de la Bible, et il récita ensuite une prière. L'ardeur avec laquelle il la prononça, la vive émotion qu'il éprouva en demandant à Dieu de ne pas l'abandonner au milieu de circonstances aussi terribles, et dans une entreprise aussi utile, firent une telle impression sur l'officier de justice, que celui-ci, en l'accompagnant ensuite au tribunal, lui demanda la permission de se présenter pour sa caution.

(1) Voici quelques passages d'une lettre qu'il écrivait le 10 janvier à son ami M. Corston : « A.... écrit à M. B.... que je n'ai d'autre ressource que
» de faire banqueroute..... Malgré tant de difficultés, je suis calme et con-
» fiant : j'ai été envoyé dans ce monde pour faire et pour supporter la vo-
» lonté de Dieu, qui est mon meilleur ami ; et si la souffrance est le seul
» moyen d'obtenir la victoire, si le chemin de la croix peut seul me faire
» gagner la couronne de vie, que la souffrance et la croix soient les bien
» venues.... Du reste, mon ami, ne te tourmente pas, ne crains rien, la
» victoire est à nous : je ne saurais accorder à M. A... que si Dieu a résolu

proche du terme fatal. Tout à coup il lui vint dans l'esprit de consulter son nouvel ami, M. Fox, et sans perdre un moment, il lui écrivit pour le prier de se rendre à Londres à jour fixe, et de l'aller chercher chez M. Corston, dont le domicile lui fut désigné (1).

Ce fut le jour du salut : quoiqu'il n'eût pas une grande fortune, M. Fox, aidé de M. Corston, se chargea de faire les fonds nécessaires pour acquitter les dettes de M. Lancaster ; et, quelques jours après, il avait déjà payé 3,500 livres sterlings en lettres de change sur Corston (2).

» que tous les enfans pauvres de Londres recevraient l'éducation, il soit au
» pouvoir de quelques créanciers intraitables d'empêcher l'accomplissement
» de ce décret : Je voudrais que ses yeux fussent ouverts, afin qu'il pût voir,
» comme le serviteur qui disait : *Monseigneur, que ferons-nous ?* Bientôt
» après il vit la montagne couverte de chevaux et de chariots de feu autour
» d'Élisée. (*Rois*, liv. 2, ch. 6, v. 15 et suivans)... Dans la lecture publique
» que je fis il y a quelque temps à l'hôtel de ville, je me sentis entraîné à
» dire ces paroles : La volonté du Seigneur s'est manifestée ; il faut que dé-
» sormais les pauvres de l'Angleterre, ceux de l'Europe, ceux du monde
» entier reçoivent une éducation, et nulle puissance humaine ne pourra
» s'y opposer.....Je semblais avoir reçu le pouvoir de parler ainsi ; toute l'as-
» semblée m'écouta dans un religieux silence et fut convaincue. »

(1) M. Corston s'était occupé, pendant plusieurs années, des moyens d'assurer l'éducation des enfans pauvres. Lorsqu'il eut connaissance des travaux de M. Lancaster, il alla le voir et se lia promptement avec lui. Dès ce moment, il n'a cessé de le seconder dans tout ce qui était en son pouvoir.

(2) Nous ne pouvons nous refuser au plaisir de présenter quelques détails sur cette entrevue remarquable. M. Corston ne connaissait point M. Fox ; M. Lancaster avait donné avis au premier du rendez-vous indiqué chez lui ; il lui mandait dans cette lettre : « Demain j'irai à la ville pour voir
» M. Whitbread et le duc de Bedford : puis j'irai chez toi, et je serai charmé
» d'y trouver M Fox, qui sera, je l'espère, fidèle à l'invitation que je lui
» ai faite. Quant à mes affaires, je répète encore ce que je t'ai dit bien sou-
» vent ; je me confie en Dieu, mon sauveur. Une nuit, je vis en songe un
» pont sur lequel je ne voulus point passer, convaincu que j'étais que j'en
» trouverais un autre, quoique je ne le visse point encore (allusion à la
» proposition qui lui avait été faite de se déclarer en banqueroute). J'espère
» que cette ancre de salut se présentera bientôt. Ne va pas me dire : *Je vou-*
» *drais aussi la voir.* Bien heureux ceux qui croient en voyant, mais plus
» heureux encore ceux qui ne voient pas, et qui croient, etc.....! » Le jour
suivant, ils se trouvèrent réunis tous trois. Après le dîner, M. Fox

Le 22 janvier, les trois amis, devenus désormais insé-
parables, et se confiant en la Providence, se réunirent en
société pour se consacrer exclusivement à la propagation du
mode d'enseignement mutuel. M. Corston fut fait trésorier,
M. Fox secrétaire, et M. Lancaster se chargea de la direction des écoles et de la rédaction des écrits qu'ils comptaient
publier.

Cependant, après le paiement des créanciers les plus pressés,
la société ne fut point encore délivrée de toute inquiétude
au sujet de ses finances : les souscriptions rapportaient peu
de chose, et les dépenses augmentaient chaque jour : l'école
normale seule coûtait deux mille livres sterlings par an.

M. Fox fit connaître ses embarras à M. Allen, trésorier
actuel de la société formée pour la propagation de la
méthode lancastérienne (1). Celui-ci promit de s'occuper
de cette affaire, et même d'y faire entrer quelques-uns de
ses amis, pourvu que M. Lancaster voulût bien désigner

demanda à M. Lancaster : Combien devez-vous? Mille livres sterlings? —
Oui. — Est-ce tout?... Deux mille livres? — Oui. — Est-ce tout. — Il
se tut. — Dites-moi enfin tout ce que vous devez. — Mon ami Corston
vous le dira mieux que moi. == Celui-ci ayant déclaré que les dettes se
montaient à plus de 6000 livres, il se fit un moment de silence; puis
M. Fox se retournant brusquement vers son hôte et lui saisissant la main :
Avec votre assistance j'en viendrai à bout.... Voulez-vous accepter mes
traites sur vous? — Soit. — Eh bien! il sera sauvé et son entreprise avec
lui. — Les deux amis s'élancèrent de dessus leurs chaises, et se jetèrent
dans ses bras, lui témoignant leur reconnaissance par leurs larmes. —
Après cette scène touchante, M. Fox fit tous ses arrangemens pour acquitter successivement les dettes de son ami, et au bout de quelques jours il
en avait déjà remboursé plus de la moitié, en lettres de change dont les
fonds furent faits successivement.

(1) M. Allen reconnut promptement toute la capacité de M. Lancaster
pour accomplir l'œuvre qu'il avait commencée; mais il se convainquit en
même temps qu'il était impossible de lui laisser l'administration de ses
affaires; et, persuadé que dans les entreprises où l'on a besoin de faire des
appels à la générosité publique, il importe de montrer une grande régularité et d'inspirer de la confiance, M. Allen, d'ailleurs homme de bien
et désirant vivement de réussir, se montra cependant sévère, et fit des conditions qui lui parurent l'unique moyen de succès.

un comité de six personnes qui seraient chargées de recevoir les souscriptions, de faire les paiemens et de diriger exclusivement tous les comptes, et qu'il consentît lui-même à ne faire aucune dépense, sans l'approbation formelle des membres du comité. Après avoir hésité quelques instans, M. Lancaster accepta cependant la proposition, et désigna pour ses associés, MM. Fox, Corston, Allen, Jackson (1), Sturge et Forster. Le 29 juillet 1808, le comité tint sa première séance, et pendant plus de deux ans les mêmes personnes n'ont cessé de se réunir toutes les semaines dans la maison de M. Allen. Leur premier soin fut de rassembler autant de souscriptions qu'il serait possible, et de faire un emprunt pour un terme de sept années, à raison de 100 livres sterlings par action. Au bout de quelques mois ils recueillirent plus de 4,000 livres, dont une partie fut d'abord employée à solder complétement les dettes de M. Láncaster.

Celui-ci, plein d'une nouvelle ardeur, reprit bientôt ses exercices et ses voyages : faisant partout des prosélytes, provoquant des souscriptions, fondant des écoles et leur donnant des instituteurs, infatigable dans son zèle et animé par ses succès, il semblait marcher à la conquête du monde (2). Le résultat de tant d'efforts constaté dans le cours de l'année 1811, se trouva être de quatre-vingt-quinze écoles fondées sous ses auspices, dont l'établissement et l'entretien avaient déjà absorbé plus de vingt mille

---

(1) Sir John Jackson était membre de la chambre des communes, et député de Douvres; dans plusieurs occasions importantes, il avait déjà donné à M. Lancaster des preuves de son amitié.

(2) On trouve dans plusieurs de ses lettres la vive expression de ce sentiment : quelquefois il témoigne lui-même, avec une naïveté touchante, son admiration pour son talent à improviser dans une assemblée et à faire des lectures publiques. Il assure qu'il n'y a jamais eu deux de ses discours qui fussent semblables, et en rapporte tout l'honneur à Dieu, dont il déclare n'être que l'instrument. Ailleurs il s'écrie : « Dieu a mis dans mes » mains une trompette éclatante, qui doit être entendue par toute la » terre. »

livres sterlings , et dans lesquelles trente mille enfans recevaient l'instruction élémentaire (1).

Cependant l'école du faubourg de Southwark, la plus
ancienne de toutes, soutenait toujours sa réputation. En
1809, le duc de Kent, étant allé la visiter et y ayant passé
deux heures au milieu des exercices, en témoigna sa satisfaction, et annonça le désir d'assurer les bienfaits de ce mode
d'éducation aux enfans des soldats de son régiment (royal-
infanterie) (2).

En 1810, M. Lancaster fut présenté au prince régent
qui le reçut avec beaucoup de bonté, et qui doubla le fonds
de sa souscription. La même année, il parut une autre édition du livre qui avait été publié en 1803 , sous le titre
nouveau : *The British system of education , being a com-
plete epitome of the improvements and inventions practised*

---

(1) Parmi les nombreuses écoles qui sont maintenant établies en Angleterre, on distingue celle de Manchester. Le local est le plus grand que
l'on connaisse , et peut recevoir plus de mille enfans. Le maître, M. Per-
kins , a fait plusieurs améliorations , entre autres dans l'enseignement de
l'arithmétique. Il rassemble en ce moment les matériaux nécessaires pour
publier le résultat de ses travaux. Newcastle possède aussi une école très-
bien organisée pour 500 enfans. Le bâtiment où ils se rassemblent, fut
construit à l'aide d'une souscription provoquée par M. le ministre Turner,
qui proposa aux habitans du lieu de consacrer à cet emploi la somme
qu'ils auraient dépensée le 4 octobre 1809, en fêtes et illuminations publiques pour célébrer la cinquantième année du règne de George III.
A Ipswich, les deux frères Alexandre, à Norwich, M. Gurney et ses sœurs
ont rendu de grands services pour la fondation des écoles lancastériennes.
On en trouve encore, et qui sont en général bien dirigées, à Bath, à
Sheffield, à Birmingham, à Leeds et dans toutes les villes de fabriques. Miss
Springman, a entrepris, depuis quelque temps, de faire le tour de l'Angleterre pour y fonder des écoles de filles et plusieurs établissemens de
ce genre attestent déjà son zèle et son habileté.

(2) L'école fut en effet fondée et réunit promptement deux cents enfans.
Un jeune sergent fut d'abord instruit par les soins de M. Lancaster. Plus tard
S. A. R. voulut que tout nouveau soldat qui entrerait dans le régiment
sans savoir lire , fût envoyé dans cette école; et, pour exciter leur zèle,
S. A. eut soin dans la suite de distribuer quelques places de sous-officiers
parmi ceux qui se signalaient par leurs progrès.

at the royal free Schools. Londres, Longman et compagnie, 1810.

Les affaires du comité s'augmentaient de jour en jour : à mesure qu'il se fondait de nouvelles écoles, dont chacune avait besoin d'un instituteur, les dépenses s'accroissaient dans la même proportion ; et, comme on commençait à s'occuper aussi de cette méthode dans d'autres pays de l'Europe, il fut jugé nécessaire de redoubler d'activité et d'appeler un plus grand nombre de personnes à l'administration des divers intérêts de la société. Des hommes riches et d'un rang élevé furent invités à se réunir à l'entreprise ; et, au mois de décembre 1810, on forma une nouvelle association qui fut composée de cinquante membres, parmi lesquels on remarqua d'abord le duc de Bedford et lord Sommerville, qui furent élus présidens.

Le 11 mai 1811, les souscripteurs pour les écoles lancastériennes tinrent leur première assemblée générale : un grand nombre de personnes y avaient été invitées. On y lut un rapport sur les commencemens et les progrès de la méthode, et le trésorier exposa ensuite la situation des finances. Le duc de Bedford présidait, et LL. AA. RR. les ducs de Kent et de Sussex étaient parmi les auditeurs.

Dans le même temps M. Lancaster entreprit de nouveaux voyages, et parcourut pour la première fois l'Irlande et l'Écosse ; il y obtint le même succès. Une école qu'il fonda à Édimbourg, sous le titre de *High School* (grande école), avait pour directeur M. Pillans, qui, dans la suite, étendit ce mode d'enseignement à l'étude des langues, de la grammaire et de plusieurs autres sciences, ouvrant ainsi une nouvelle carrière, et provoquant de nouvelles applications.

Aux États-Unis d'Amérique la méthode de M. Lancaster avait été adoptée à New-York dès l'année 1806, et elle fut successivement établie dans plusieurs écoles, à Philadelphie, à Boston, etc. En 1811, un maître venu de Londres se fixa à George-Town (près de Washington) ; il forma des élèves et les distribua dans toutes les autres villes. Dans l'Amérique anglaise, un autre maître, envoyé de Londres en 1813, fonda la première école lancastérienne à Halifax, et bientôt après on forma dans la même ville une société qui prit le nom de *Acadian school society*. Quatre jeunes Africains de Sierra-Leone furent, en 1811 et 1813, instruits à l'école principale de Southwark, et renvoyés ensuite dans leur pays, pour y établir le même mode d'enseignement. Deux membres de la société des missionnaires partirent pour les possessions anglaises dans l'Afrique occidentale. A Capetown, au Cap de Bonne-Espérance, le chapelain de la colonie, M. Jones, établit lui-même une école. Dès 1810 d'autres missionnaires en avaient également fondé à Calcutta et à Ceylan. Assisté par les mêmes hommes, M. Philipps créa plusieurs établissemens semblables à Antigoa ; enfin, un homme natif d'O-Taïti, et qui avait été élevé à Londres, transporta l'enseignement mutuel à Sidney, dans la Nouvelle-Galles.

Ainsi, en moins de quinze années, la méthode lancastérienne se trouva établie dans les quatre parties du monde ; et cent mille enfans, qui sans elle auraient été probablement négligés, lui durent les bienfaits de l'éducation élémentaire.

Cependant le docteur Bell, qui en 1807 avait été appelé à Londres, s'occupait aussi à fonder de nouvelles écoles, suivant le système de Madras. Il commença à l'introduire dans les écoles de pauvres de la paroisse de Sainte-Marie, puis, sur la demande de l'archevêque de Cantorbéry, dans l'école des pauvres de Lambeth, qui était sous la surveillance de ce dignitaire : plus tard, dans deux écoles de Marylebone, dans une école consacrée aux filles orphelines, et dans beaucoup d'autres (1). Les plus remarquables sont celle qui est située à Londres dans l'allée de Gower, et celle de Barrington, dans le comté de Durham.

La première fut instituée, en 1807, par un riche particulier nommé Davis. Elle reçoit cent vingt garçons et autant

---

(1) *Lambeth*, *Marylebone*, sont différens quartiers de Londres.

de filles. Le fondateur y ajouta une école d'industrie, et choisit pour les garçons le métier d'imprimeur. Cette entreprise a eu un tel succès que les produits du travail ont bientôt acquitté toutes les dépenses; et, en 1817, il y a eu un excédant de quatre cents livres sterling.

L'école de Barrington doit son origine au respectable évêque de Durham, qui l'ouvrit lui-même le 26 mai 1810 avec soixante-et-dix enfans; elle a été doublée depuis ce moment. Le docteur Bell aida l'évêque dans tous les soins du premier établissement, et lui suggéra l'idée de faire simultanément une espèce d'école normale, en retenant pendant un certain temps neuf enfans, qui, après avoir occupé le rang de moniteurs, pussent continuer encore leurs études pour devenir maîtres eux-mêmes. Depuis cette époque, l'évêque de Durham a consacré annuellement 436 livres sterling à l'entretien de cet établissement.

Dès le mois d'août 1807, le docteur Bell avait appliqué sa méthode au collége militaire de Chelsea, où 200 enfans de soldats (des deux sexes) sont entretenus aux frais du gouvernement, et plus tard il l'établit dans la maison destinée aux enfans des matelots et située à Grenwich.

En Écosse, M. James Smith, qui dirigeait une école à Saint-André, et qui avait eu occasion de connaître le docteur, adopta son système, et en Irlande, M. Wilmont l'introduisit aussi dans l'hôpital de Wilson. En 1811, lord Kenion ouvrit une école de 120 enfans, à Penley, dans le pays de Galles, et en confia la direction à un jeune homme de 13 ans, qui s'en acquitta à la satisfaction générale.

Nous avons déjà dit que la différence la plus importante entre les méthodes du docteur Bell et de M. Lancaster, consiste dans le mode adopté par chacun d'eux pour l'enseignement de la religion. Les deux systèmes ont trouvé des défenseurs. Le clergé et un grand nombre de personnes attachées à l'église anglicane ont soutenu constamment que les principes de la religion nationale devaient servir de base à une éducation nationale, et cette doctrine a été professée

non-seulement dans les écrits et dans les journaux, mais
encore dans les chaires évangéliques (1). Les partisans du
système lancastérien disaient au contraire qu'il y a dans le
peuple une telle variété de religions et de sectes qu'il serait
impossible d'enseigner les élémens de ces diverses doctrines
dans une même école, et qu'il convient, pour n'en bannir
personne, de réduire le premier enseignement religieux à
la lecture de la Bible, livre commun à toutes les confessions
chrétiennes, et d'abandonner ensuite le soin d'une instruction plus complète aux ecclésiastiques de chaque secte. Ils
déclaraient que c'était à leurs yeux le seul moyen de remplir
le principal objet de l'institution et d'attirer dans les écoles
tous les enfans des pauvres (2).

La question de savoir lequel des deux systèmes méritait
la préférence, fut agitée très-vivement en 1811, et l'on y
joignit bientôt une nouvelle discussion sur la priorité de

---

(1) Le 13 juin 1811, le docteur Herbert Marsh, professeur de théologie
à Cambridge, prêcha dans l'église cathédrale de Saint-Paul à Londres, un
sermon sur ce sujet, que *la religion nationale doit être la base de l'éducation
nationale*. Le sermon fut imprimé. M. Lancaster y répondit par une
lettre insérée dans le *Morning-post* du 4 septembre, et il y eut dans le même
journal, le 14 et le 21 septembre, deux répliques, qui furent réimprimées
sous le titre *A vindication of doctor Bells system of tuition*. D'autres
ministres anglicans parlèrent dans le même sens. Les journaux *British
Review*, *Quarterly Review*, se déclarèrent pour le docteur Bell. On trouve
une notice exacte de tous ces écrits dans un petit livre: *The origine,
nature and object of the new system of education* — Murray, 1812.

(2) Voyez entre autres, dans l'ouvrage de M. Lancaster qui a pour titre
Improvements in education, la préface et le dernier chapitre de l'édition
de 1806. Voyez aussi l'*Edinburgh review* du mois de septembre 1810
p. 70 et suivantes (nous avons lieu de croire que ces articles ont été
écrits par M. Brougham), le *Times*, 27 septembre 1811; une brochure,
A vindication of M. Lancasters system, by a member of the royal institution (M. Fox) 1812, enfin plusieurs articles insérés dans le *Philanthrope*, journal publié par M. Allen et Fox, et dont le plus considérable a
pour titre: *Schools for all in preference to Schools for churchmen only*
*Les écoles pour tout le monde préférées aux écoles pour ceux qui professent
la religion anglicane ou Exposition de la discussion qui s'est élevée entre
les partisans du système lancastérien et ceux qui demandent, au nom de
l'église, un système d'éducation exclusif. A Londres. Chez Longman, 1812.*

l'invention. L'école de Madras avait été fondée avant celle
de Southwark, et même avant que celle-ci fût ouverte
le premier ouvrage du docteur Bell avait été publié. Cependant M. Lancaster a soutenu, dès le principe, qu'il ne
l'avait connu qu'en 1800, et après avoir lui-même décou-
vert successivement sa méthode ; et cette assertion paraîtra
assez vraisemblable, si l'on considère que la petite brochure
du docteur Bell fit peu d'effet dans la première année, et
que dès 1798 M. Lancaster fut lui-même assez occupé de [sa
propre affaire, pour qu'un tel petit livre ait pu lui demeurer
inconnu.

Cette discussion peut paraître oiseuse ; et d'ailleurs, ainsi
que nous l'avons déjà dit, le docteur Bell et M. Lancaster
ne pourraient être considérés, dans aucun cas, comme les
premiers inventeurs de la méthode d'enseignement mutuel, puisque long-temps avant eux elle avait été appliquée avec succès dans les instituts dirigés par M. Herbault et par le chevalier Paulet, à Paris. Quant aux perfectionnemens que l'on doit aux deux Anglais, voici ce
que nous avons à faire observer. Le docteur introduisit
dans son école de Madras la pratique de l'écriture sur le
sable, qu'il avait trouvée chez les Malabares (1). Nous
verrons plus tard quel est le genre d'utilité de ce mode

(1) Voici ce que le docteur Bell raconte à ce sujet dans un de ses écrits :
« Il arriva dans ce temps, qu'en faisant un matin ma promenade ordinaire,
» je passai devant une école de jeunes enfans Malabares, et je les vis oc-
» cupés à écrire sur la terre. L'idée me vint aussitôt qu'il y aurait peut-être
» moyen d'apprendre aux enfans de mon école, à connaître les lettres de
» l'alphabet, en les leur faisant tracer sur le sable. Je rentrai sur-le-champ
» chez moi, et je donnai ordre au maître de la dernière classe, de faire
» exécuter ce que je venais d'arranger dans mon chemin. Heureusement
» l'ordre fut très-mal accueilli ; car, si le maître s'y fût conformé à ma satis-
» faction, il est possible que tout développement ultérieur eût été arrêté, et
» par là, le principe lui-même de l'enseignement mutuel. Ce fut donc la
» négligence ou l'incapacité de mon adjoint qui me décida à le remplacer
» par un élève. Dès ce moment j'entrai dans la voie des réformes, et tous les
» principes de la nouvelle méthode se développèrent successivement à mes
» yeux. »

d'enseignement, mais celui-là même avait été essayé long-
temps auparavant. Érasme rapporte que de son temps,
en 1528, il y avait des gens qui écrivaient avec une sorte
de poinçon sur des tables recouvertes d'une fine pous-
sière (1), et dans un ouvrage publié en 1719 par M. de
Vallange, et où sont exposées diverses nouvelles méthodes, on trouve un chapitre exclusivement consacré à
ce sujet, et dans lequel l'auteur propose d'étendre ce
mode d'enseignement pour la lecture et l'écriture, à celui
des élémens de l'arithmétique et de la géométrie (2). La

---

(1) Voyez son dialogue de rectâ latini græcique pronunciatione : *Et
antiquitas foliis arborum codicibus aut linteis cerussatis aut alioque leviter
incrustatis inscribebant. Et nunc sunt qui in tabellis pulvere oblitis stilo
æreo argenteove scribant.*

(2) Voyez l'ouvrage intitulé : *Nouveaux systèmes ou nouveaux plans
de méthodes, qui marquent une route nouvelle pour parvenir en peu de
temps et facilement à la connaissance des langues et des sciences, des arts
et des exercices du corps*; par M. de Vallange, à Paris, 1719. — Dans la
seconde partie, p. 86, sous le titre *Table grammographique pour apprendre à lire et à écrire*, on trouve ce qui suit : « J'ai dit dans mon système
» général des méthodes que j'avais imaginé une table instructive pour ap-
» prendre aux enfans les principes de la lecture, de l'écriture, de la géo-
» métrie et de l'arithmétique, en exerçant les doigts des enfans. Dans
» cette méthode on épargne l'encre et le papier. — La table en question est
» comme la couverture d'un livre avec de petits rebords. — Sur cette table
» est du sable bien fin, ou de la coque d'œuf bien pulvérisée; le fond de
» cette table est noir. C'est sur cette table que l'enfant apprend à former
» toutes les lettres, à mesure qu'on les lui enseigne. Pour plus grande faci-
» lité, cette table est divisée en plusieurs lignes horizontales et paral-
» lèles, pour guider l'enfant à donner la juste hauteur qu'il faut aux let-
» tres. On ne saurait trop tôt accoutumer les enfans aux justes propor-
» tions; toute la beauté des choses ne consiste que dans ces proportions.
» Et pour augmenter cette facilité, comme il y a des lettres qui sont de
» différentes hauteurs, on ferait les espaces des lignes différentes selon le
» caractère des lettres : ainsi les lettres qui ont des têtes élevées, comme
» les *b*, les *d*, trouveront des espèces de platebandes particulières pour y
» placer ces têtes; on ferait d'autres lignes pour les lettres qui ont des
» jambes comme les *g*, les *q*, etc. — Voilà ce que j'appelle table instructive
» ou *grammographique*, c'est-à-dire, pour écrire les lettres ou bien dans
» un seul mot un *grammographaire* : γράμμα, comme nous l'avons dit,
» signifie lettre, et γράφω, j'écris. »

plupart des moyens adoptés par le docteur Bell pour apprendre à lire, qui se présentent avec un air de nouveauté, avaient déjà été mis en usage : ainsi, selon le témoignage de Rollin, la méthode de faire lire des mots à plusieurs syllabes par plusieurs enfans à la fois, dont chacun prononce une syllabe, avait été déjà introduite en 1700 dans les écoles d'Orléans et dans d'autres écoles de Paris (1), et quelques maîtres avaient aussi essayé de faire

_____

(1) Nous nous ferons un plaisir de citer ici le passage de Rollin, tel qu'on le trouve dans le *Supplément au Traité de la manière d'enseigner et étudier les belles-lettres*, Paris 1734, p. 18. On y verra une description de l'enseignement simultané, que quelques écrivains modernes ont désigné assez mal à propos comme étant entièrement semblable aux nouvelles méthodes : « On a introduit à Paris depuis plusieurs années dans » la plupart des écoles des pauvres, une méthode qui est fort utile aux » écoliers et qui épargne beaucoup de peine aux maîtres. L'école est di- » visée en plusieurs classes. J'en prends ici une seulement, celle des » enfans qui joignent déjà les syllabes; il faut juger des autres à propor- » tion. Je suppose que le sujet de la lecture est ; *Dixit dominus domino* » *meo, sede a dextris meis*. Chaque enfant prononce une syllabe comme » *Di* : son émule qui est vis-à-vis de lui, continue la suivante *xit*, et ainsi » du reste. Toute la classe est attentive, car le maître, sans avertir, » passe tout d'un coup du commencement d'un banc au milieu ou à la fin, » et il fait continuer sans interruption. Si un écolier manque dans quelque » syllabe, le maître donne sur la table un coup de baguette sans parler, » et l'émule est obligé de répéter comme il faut la syllabe, jusqu'à ce qu'elle » ait été prononcée correctement. J'ai vu avec un singulier plaisir il y a » plus de trente ans cette méthode pratiquée heureusement à Orléans, où » elle a pris naissance par les soins et l'industrie de M. Garot, qui pré- » sidait aux écoles de cette ville. L'école que je visitai était de plus de cent » écoliers, et il y régnait un profond silence. » Le chanoine Cherrier, dans son livre qui parut en 1755, sous le titre, *méthode nouvelle pour apprendre à lire aisément et en peu de temps*, *même par manière de jeu et amusement*, recommande aussi la pratique décrite par M. Rollin : « Afin qu'un maître » se fatigue moins, et qu'il enseigne cependant plus d'écoliers que deux » ou trois n'en pourraient instruire par la méthode ordinaire, on partagera » les enfans par bandes, selon leur force: alors tous ceux d'un même » banc ayant les yeux sur la grande feuille où est la leçon, on donnera » un signal pour faire dire au premier une syllabe, au second la seconde; » et, s'il se trompe, on donnera un autre signal pour avertir son émule de » le reprendre, et l'on aura attention qu'aucun autre ne s'ingère à suggérer » la syllabe dont il s'agit. »—Ce mode d'enseignement était alors, comme aujourd'hui, mis en pratique par les frères des écoles chrétiennes.

lire les syllabes sans avoir d'abord fait épeler, et de faire épeler sans faire répéter les syllabes précédentes. Ce que nous disons des procédés adoptés par le docteur Bell peut également s'appliquer à quelques-uns de ceux que M. Lancaster a suivis ; et, pour n'en donner qu'un exemple, le chanoine Cherrier recommandait, en 1755, l'usage des feuilles en placard (1), et la méthode d'apprendre aux enfans à épeler, en leur faisant tracer sur l'ardoise les caractères qu'ils devaient connaître (2). Toutefois il reste encore aux instituteurs anglais le grand mérite d'avoir recueilli toutes les améliorations qui s'étaient introduites partiellement, et de les avoir rattachées au système d'enseignement mutuel : sous ce rapport ils ont droit à la reconnaissance du monde entier, et l'on peut même leur accorder, à juste titre, les honneurs d'une véritable invention, comme on les décerne à l'habile mécanicien qui rassemble des élémens déjà connus pour en composer une nouvelle machine, par un jeu nouveau de tous les ressorts.

Au mois d'octobre 1811, il se forma à Londres une nouvelle société ayant pour objet de faire donner aux enfans pauvres une éducation et un enseignement élémentaires, suivant les doctrines de l'église anglicane et d'après la méthode du docteur Bell. Elle se nomma : *Société nationale pour la propagation de l'enseignement élémentaire dans les classes pauvres, suivant les principes de l'église dominante en Angleterre et dans le pays de Galles.* Le prince Régent consentit à en être le protecteur. L'archevêque de Cantorbéry fut nommé président ; l'archevêque d'Yorck, les vingt-huit évêques des deux provinces, et dix pairs du royaume, furent vice-présidens ; un comité, composé de seize personnes, fut chargé de la conduite des affaires ; on lui donna un secrétaire et

(1) Voyez le chapitre 8 du même ouvrage, intitulé : *Utilité des grandes feuilles en placard et leur usage.*
(2) Voyez chap. 15 : *Méthodes pour apprendre à lire et à écrire en même temps*

un trésorier, et le public fut invité à concourir par des sous-criptions au succès de l'entreprise.

Au mois de mai ou de juin de chaque année, la société tient une séance publique, dans laquelle on fait un rapport sur les travaux de l'année précédente, et les noms de ceux qui ont continué leurs souscriptions ou envoyé des secours extraordinaires, sont proclamés et recommandés à la reconnaissance de tous les bons citoyens. (1)

Il fut résolu, dans l'une des premières séances du comité, que l'on formerait à Londres une école centrale qui pût servir de modèle à toutes les autres, et que l'on y joindrait une école normale, où seraient instruits des maîtres et des maîtresses propres à diriger de nouveaux établissemens. Plus tard, les évêques furent invités à former dans leur diocèse d'autres sociétés, qui auraient la direction et la surveillance des écoles de chacun de ces arrondissemens, et qui entretiendraient des relations fréquentes avec la société centrale de Londres, en échange desquelles celle-ci s'engagerait à son tour à leur prêter son assistance et à leur envoyer les maîtres dont elles auraient besoin (2).

Le 19 juin 1813, on ouvrit à Londres, dans les jardins de Baldwin, une école centrale propre à recevoir mille enfans (six cents garçons et quatre cents filles). Elle commença avec cent élèves qui avaient été préparés dans un institut de la rue Holborn, et en peu de mois elle fut portée au complet. On forma dans le sein de la société un *comité spécial des écoles*, et le docteur Bell se chargea de l'inspection de l'école centrale et du séminaire, dont M. Johnson fut nommé directeur principal (3). Madame Rogers

(1) Ce rapport est imprimé tous les ans sous le titre : (*First, second, etc.*) *Annual report of the national society fur promoting the education of the poor , etc.*

(2) Avant cette invitation, l'évêque de Durham avait formé une société dans son diocèse, et les évêques d'Exeter et de Winchester avaient suivi son exemple.

(3) M. Johnson est en même temps ministre, et tous les dimanches il célèbre le service divin dans le local même de l'école. Les enfans y assistent

fut chargée de l'école des filles et de l'instruction des maîtresses ; et , pour en garantir la surveillance , on nomma
aussi un comité de dames qui s'occupent principalement de
diriger l'enseignement des travaux d'aiguille. Les sociétés
formées dans les diocèses ne tardèrent pas d'appeler l'attention des ecclésiastiques sur l'utilité de la nouvelle méthode ,
et de les inviter à recueillir des notions exactes sur l'état de
l'instruction élémentaire dans leurs paroisses , et à faire établir des écoles partout où on en aurait besoin. Pour parvenir à ce but , la société centrale de Londres se mit en mesure
de fournir des secours extraordinaires ; et , depuis sa fondation , jusqu'à la fin de 1817 , elle a déjà dépensé 30,000 livres sterling (plus de 700,000 francs) , soit pour créer des
écoles , soit pour introduire l'enseignement mutuel dans
celles qui étaient organisées (1). L'école normale a déjà
fourni à l'Angleterre 530 maîtres et 210 maîtresses , et , au
mois de novembre 1817 , il y avait encore 40 personnes qui
y recevaient l'instruction. La plupart des sociétés de diocèses ont aussi leur école centrale , où elles préparent des
instituteurs. En tout , on compte en ce moment , dans le
royaume d'Angleterre , plus de mille écoles sous la surveillance de la société nationale , et 200 mille enfans sont instruits suivant la méthode du docteur Bell (2).

---

régulièrement.Afin de donner à M. Johnson la faculté de diriger plus par-
ticulièrement l'école normale, et de recevoir les étrangers qui viennent la
visiter, on lui adjoignit un second maître, qui fut chargé de l'école-modèle. Celui-ci a fait quelquefois des voyages pour aller fonder de nouvelles écoles, et, en son absence, celle de Londres a été conduite par un
enfant de quatorze ans.

(1) Tout cet argent est dû à des souscriptions annuelles ou à des dons
particuliers. En 1815, les fonds de la société étaient fort diminués. Malgré la pénurie du temps, un appel fait au public produisit promptement
8000 livres sterling en souscriptions. Le prince régent, qui peu de temps
auparavant avait fait un don de 200 guinées, en envoya encore 300. Plusieurs particuliers souscrivirent pour 300 et 500 guinées.

(2) Parmi ces écoles il y en a un grand nombre qui ne sont pas nouvelles, et dans lesquelles on n'a fait qu'introduire le système de Madras.

Le 1er. janvier 1812, S. A. R. le duc d'Yorck, commandant
en chef des armées anglaises, donna l'ordre de former des
écoles sur le même modèle dans tous les régimens du roi, et
l'on publia en même temps un pétit ouvrage composé pour
cet objet : *Instructions for establishing and conducting regi-
mental schools*, etc. *Instructions pour l'établissement et la
direction des écoles de régimens, d'après la méthode du
docteur Bell, ainsi qu'elle est appliquée dans la maison
royale et militaire de Chelsea.*

La même année, le docteur publia de nouveau la description de son institution de Madras (1), comme faisant la première partie d'un ouvrage, dont la seconde partie parut en
1814 (2). On trouve dans celle-ci l'exposition des progrès
de la méthode en Angleterre; et la troisième partie, qui fut
mise en vente en 1815 (3), présente un système d'application à un enseignement plus élevé. Enfin M. Bell fit paraître, peu de temps après, un recueil de divers écrits sur le
même sujet; la dernière édition, qui est de 1817, a pour
titre : *Instructions for conducting schools*, etc. *Instructions
pour la direction des écoles élémentaires.*

Depuis cette époque, le docteur Bell fait de fréquens
voyages en Angleterre, et prend une part active au mouvement général qu'il a lui-même imprimé. Quand il revient à Londres, on le voit tous les jours reprendre le chemin du jardin de Baldwin, avec un zèle et une persévé-
rance au-dessus de tout éloge.

Depuis quelques années, la société nationale a commencé
à envoyer des maîtres dans les possessions anglaises d'outre-

---

Plusieurs d'entre elles mériteraient d'être citées : nous nous bornons à indiquer celle que l'architecte Lowder a fondée l'année dernière à Bath,
dans un local construit exprès, et qui est de forme circulaire.

(1) *Elements of tuition.* part. 1. *The Madras school.* London, by J.
Murray.

(2) *Elements of tuition.* part. 2. *The english school.* London, by Rivingtons.

(3) *Elements of tuition.* part. 3. *Ludus litterarius; the classical and
grammar school,* London, Rivingtons.

mer. En 1813, deux jeunes gens, élevés à l'école normale, furent adressés à la compagnie des Indes orientales qui les avait demandés. Un ecclésiastique nommé Milne, se rendit à Halifax en 1815, et leva une école suivant la méthode de M. Bell. L'année suivante, un autre maître s'établit dans la même ville, et y obtint de tels succès, qu'il attira de quelques colonies assez éloignées plusieurs jeunes gens qui vinrent se former auprès de lui. M. Cooper, envoyé aux îles Bahama, s'étant fixé à Nassau, dans la nouvelle Providence, y ouvrit aussi une école, dans laquelle il eut bientôt rassemblé 140 enfans de blancs; et maintenant il s'occupe à former une institution semblable pour les noirs. Le pays qui avait vu naître la méthode du docteur Bell, l'a reçue dernièrement encore, et comme une nouveauté, avec toutes les améliorations que le temps y a déjà apportées. L'évêque de Calcutta, et l'archidiacre de Bombay ont demandé et obtenu des instituteurs pour diriger les établissemens qu'ils avaient déjà fondés. Au Bengale, on en compte aussi plusieurs de la même nature.

Enfin, pour terminer ce que nous avons à dire sur cette portion de notre histoire, nous ajouterons que, le 20 mai 1817, la société nationale a reçu du gouvernement des lettres-patentes (*charter of incorporation*), qui lui assurent désormais un rang parmi les corporations privilégiées.

Revenons à M. Lancaster. L'année 1813 s'ouvrit pour lui sous de tristes auspices, et fut le commencement de ses malheurs. Jusqu'à ce moment l'école de Southwark lui avait appartenu, quoiqu'il en eût déjà hypothéqué le bâtiment au comité qui s'était en quelque sorte constitué son tuteur, et dont les membres avaient de fréquentes occasions de faire eux-mêmes des avances, soit que les souscriptions ne fussent pas assez abondantes, soit que M. Lancaster fît quelquefois des dépenses inconsidérées. Dans un tel état de choses, il était difficile que les embarras dans lesquels se trouvait constamment le directeur n'influassent pas sur les affaires de la société et du public; et il n'y avait aucun moyen d'éviter une confusion fâcheuse : on dut donc songer à remédier à ces abus, et à mettre d'abord en sûreté les intérêts généraux et ceux de l'entreprise elle-même. Dans le même temps, M. Lancaster résolut, malgré l'avis du comité, d'ouvrir pour son compte, une nouvelle école à Tooting, près de Londres, pour y recevoir et y entretenir un certain nombre d'écoliers avec lesquels il voulait absolument faire l'essai de l'application de sa méthode à des études plus relevées. Dès ce moment on put reconnaître qu'il renonçait à son association, et il fallut bien travailler à dégager les fonds appartenant à la société de tous les embarras qu'y avaient jetés le désordre et l'imprudence de son fondateur.

. Dans le même temps, celui-ci était déjà si préoccupé de son nouveau projet, que, pour en finir plus vite des autres affaires, il proposa à ses associés de leur céder sa part de propriété sur les bâtimens et les meubles de l'école, pourvu qu'ils le déliassent sur le champ de toute obligation pour les sommes qu'on lui avait prêtées, ou à l'emprunt desquelles il avait concouru. Vainement on lui représenta, qu'en abandonnant ainsi une entreprise qu'il avait créée, et que tout le monde désirait de lui voir diriger, il se ferait probablement grand tort dans le public : vainement on ajouta que, s'il voulait continuer à marcher avec le comité jusqu'à ce que l'œuvre fût entièrement consolidée, ses amis se feraient ensuite un plaisir de lui donner pour ses entreprises particulières l'assistance qu'ils lui avaient accordée pour une affaire d'intérêt général ; vainement encore on tenta de le prendre par d'autres sentimens, en lui faisant voir combien la société serait embarrassée, s'il quittait la direction des établissemens qu'elle avait formés. Sur ce dernier point, il promit de s'en occuper toujours autant qu'il lui serait possible ; et, quant à tout le reste, il se montra inébranlable. Enfin, les membres du comité ayant épuisé tous les moyens de persuasion, se déterminèrent, non sans chagrin et dans l'intérêt de leur entreprise, à consentir à une séparation si vivement sollicitée ; toutes les affaires de la soeiété furent liquidées, et ce ne fut qu'avec un profond sentiment de douleur qu'ils renoncèrent à l'association d'un ami, dont il était d'ailleurs facile de prévoir la ruine prochaine.

Alors, mais seulement alors, il devint possible de donner à l'association le caractère de régularité qui distingue toutes celles de la même nature, et de confier l'administration des fonds, soit aux souscripteurs, soit à un comité nommé par eux. On jugea d'abord convenable de rédiger un règlement qui établît toutes les conditions, et qui donnât à l'entreprise cette force d'organisation qui lui avait toujours manqué. Au mois de novembre 1813, la société fut reconstruite et adopta un projet de règlement. Tous les souscripteurs pour une guinée jusqu'à dix, devinrent associés pour un an ; tous ceux qui s'inscrivirent pour 10 guinées et au-dessus le furent pour toute leur vie. Il fut convenu qu'au mois de mai de chaque année, on tiendrait une assemblée générale, dans laquelle on renommerait à la présidence et à toutes les autres fonctions, et où l'on entendrait en même temps un rapport sur les travaux de l'année précédente (1). Enfin un comité de dames fut aussi nommé pour surveiller les écoles des filles, et celle où se forment les maîtresses.

Comme on désirait cependant que M. Lancaster continuât à diriger l'enseignement, la société lui donna le titre d'inspecteur en chef de toutes ses écoles, et un traitement de 365 livres sterlings par an (environ 8700 francs), qu'il accepta, non sans hésitation. L'année suivante, fatigué de se trouver sous la surveillance du comité, il donna sa démission de cet emploi ; et ce fut ainsi que se termina la carrière publique de cet ami de l'humanité, qui avait débuté d'une manière si brillante, et lutté contre la mauvaise fortune avec une énergie peu ordinaire (2).

(1) Il est imprimé tous les ans sous le titre : *Report of the british and foreign school society to the general meeting.*

(2) Après s'être occupé pendant quelque temps avec beaucoup de zèle du nouvel établissement qu'il avait ouvert pour son compte à Tooting

Dans la séance du 21 mai 1814, la Société vota définitive-
ment le règlement provisoire qu'elle avait précédemment
adopté. Elle prit le nom de *Société des écoles pour la Grande-
Bretagne et pour l'étranger* (*British and foreign school
society*); et la, paix qui venait d'être rétablie en Europe
rendant les communications faciles, on résolut, dans la
même séance, de diriger ses efforts vers le continent (1).

Plusieurs personnes se mirent donc en voyage et toutes
s'arrêtèrent d'abord en France, curieuses de revoir un pays
qui leur semblait tout nouveau, et jalouses d'ailleurs d'y
porter, en signe de réconciliation, des doctrines bienfaisantes (2). Dans le même temps des Français, également

---

M. Lancaster fut une seconde fois obligé de suspendre ses travaux, et de
fuir ses nouveaux créanciers. Il voyagea pendant deux ans encore, parcourut en détail l'Irlande et l'Écosse, et créa en plusieurs endroits de
nouvelles écoles. Il aurait pu, en continuant de la sorte, se rendre fort
utile et rétablir peut-être ses affaires; mais il ne cessa de se déconsidérer
chaque jour davantage, ne voulant jamais souffrir que personne se mê-
lât de l'administration financière, et ne cessant de répéter que tous
ceux qui voulaient ainsi l'aider feraient comme ses anciens amis, qui
l'avaient abandonné, disait-il, pour s'attribuer exclusivement le mérite
de tout ce qu'il avait fait lui-même. Tourmenté par cette injuste préven-
tion, il fit même paraître en 1816 une brochure sur l'*oppression et les per-
sécutions* qu'il disait avoir essuyées (Bristol, 1816). Cette ingratitude lui
fit perdre par degrés l'estime publique, et ses amis même s'éloignèrent
de lui. Maintenant il vit tout-à-fait retiré dans la maison d'un de ses anciens
protecteurs, chez M. Holt à Manchester, et se consume dans la misère et
le chagrin. Combien il est déplorable d'avoir à raconter d'aussi tristes
détails d'un homme qui a rendu tant de services à son pays et à l'humanité! Son œuvre est accomplie, et *les sons de la trompette que Dieu avait
mise entre ses mains* ont retenti dans toute la terre. Puisse-t-il cependant
trouver plus de calme et de bonheur!

(1) J'eus le plaisir d'assister à cette séance présidée par le duc de Sussex, et où se trouvaient aussi le duc de Kent et la princesse de Galles.
M. Fox m'engagea à faire une petite harangue à l'assemblée, et je saisis
cette occasion de féliciter la société du choix d'un titre qui me paraissait
d'un heureux augure, ajoutant que j'espérais aussi que ma patrie serait
empressée d'accueillir la nouvelle méthode, puisque le gouvernement lui-
même témoignait n'avoir rien tant à cœur que d'assurer l'éducation des
classes pauvres. Depuis ce temps, mes vœux ont été bien accomplis.

(2) En ce qui concerne l'Allemagne, nous nous plaisons à citer M. le
docteur Schwabe, ministre attaché à l'église allemande de Goodmansfields,

animés de l'amour du bien, se rendirent en Angleterre pour visiter les nouvelles écoles. On remarquait parmi eux M. le comte de Laborde qui, bientôt après, publia en français, à Londres et à Paris, une description de la méthode d'enseignement mutuel (1). M. l'abbé Gaultier, qui avait séjourné plusieurs années en Angleterre, visita l'école de Southwark avant de partir, dans l'intention de rapporter en France les lumières qu'il y aurait puisées (2). M. Say et M. Jomard (3) examinèrent aussi plusieurs établissemens du même genre. M. le comte de Lasteyrie, qui témoigne en toute occasion le plus vif intérêt pour tout ce qui est bon et utile, publia une analyse de la méthode (4) rédigée d'après tous les ouvrages anglais qu'il put recueillir ; enfin,

---

à Londres, et l'un des secrétaires de la société. M. Bennet, membre de la chambre des communes, et M. Benjamin Schaw, apportèrent en France tous les renseignemens nécessaires. M. Moran et M. Rae-Wilson se chargèrent aussi d'assister la société dans ses entreprises à l'étranger.

(1) *Plan d'éducation pour les enfans pauvres, d'après les deux méthodes combinées du docteur Bell et de M. Lancaster.* Cet ouvrage, traduit bientôt après en espagnol, fut présenté au roi d'Espagne, qui le renvoya à une commission d'instruction publique. Nous n'avons pas appris, depuis ce moment, qu'il ait été fait dans ce pays aucun essai pour l'application de la méthode.

(2) M. l'abbé Gaultier s'était rendu en Angleterre en 1792, et pendant plusieurs années il avait tenu à Londres une espèce de pension où étaient reçus les enfans des émigrés Français et des Anglais. Il importe de faire observer que ce respectable ecclésiastique, même avant de visiter l'Angleterre une seconde fois, avait introduit dans ses méthodes celle de l'enseignement mutuel, avec la seule différence qu'il ne l'appliquait que dans un cercle fort resserré.

(3) M. Jomard fit un voyage en Angleterre au mois de décembre 1814; et, d'après l'invitation de M. l'abbé de Montesquiou, alors ministre de l'intérieur, il examina avec soin toutes les grandes écoles de Londres, et en fit un rapport à son retour. Depuis, M. Jomard s'est occupé avec beaucoup de zèle de la fondation des nouvelles écoles à Paris, et maintenant encore on peut le citer comme l'un des membres les plus utiles de la société centrale.

(4) Sous le titre : *Nouveau système d'éducation pour les écoles primaires, adopté dans les quatre parties du monde; Exposé de ce système ; Histoire des méthodes sur lesquelles il est basé; de ses avantages et de l'importance de l'établir en France.*

M. le duc de La Rochefoucauld-Liancourt traduisit en français l'ouvrage que M. Lancaster avait publié en 1810 (1).

M. Fox, secrétaire de la société de Londres, avait dans le même temps fait proposer à la faculté de théologie protestante de Montauban, de lui envoyer un jeune homme qui eût le désir et les moyens d'étudier à Londres le système d'enseignement mutuel, afin qu'il pût ensuite le transporter en France. La faculté choisit M. Martin pour remplir cette mission; il arriva à Londres au mois de septembre 1814, et suivit les leçons de l'école de Southwark. Deux mois plus tard le fils du doyen de la même faculté M. Frossard, et M. Bellot, autre français, se rendirent aussi dans la même ville, pour se livrer aux mêmes études.

Cependant, et sur l'avis qui en fut ouvert par M. le comte de Lasteyrie, les personnes dont nous avons déjà parlé résolurent de se former en société, pour travailler à la propagation de la nouvelle méthode en France. La proposition en fut faite le 1er. mars 1815 à la *Société d'encouragement pour l'industrie nationale*, par trois de ses membres, MM. de Lasteyrie, de Laborde et de Gérando : dès qu'elle fut acceptée, on fit un premier fonds de 500 francs, et l'on ouvrit des souscriptions.

Bientôt après Bonaparte entra en France; le 27 avril il ordonna, sur un rapport qui lui fut présenté, que l'on créât à Paris une école-modèle, et plusieurs membres de l'association déja formée se réunirent en comité pour s'occuper de son organisation. Plus tard M. Martin se rendit à l'invitation que lui en avait faite M. de Lasteyrie, et vint à Paris pour être membre du comité, et pour présider à la fondation de la première école. On s'occupa d'abord de rechercher un local, et d'y rassembler tous les matériaux nécessaires; on fit préparer les tableaux pour les leçons; et,

(1) *Système anglais d'instruction,* ou *Recueil complet des améliorations et inventions mises en pratique aux écoles royales en Angleterre.*

le 13 juin 1815, une école provisoire fut ouverte dans une maison particulière de la rue Saint-Jean-de-Beauvais (1). Il y eut d'abord peu d'enfans : M. Martin commença cependant les exercices avec l'intention de dresser ses premiers élèves pour en faire plus tard des moniteurs, et il les employa en effet à ces fonctions, lorsque, le 1er septembre suivant, on eut réuni dans un autre local, à l'ancien collége de Lisieux, quarante et un enfans qui formèrent le premier noyau de ce nouvel établissement.

Le 17 juin, la nouvelle *société pour l'amélioration de l'enseignement élémentaire* tint sa première assemblée générale et nomma pour président M. de Gérando, pour vice-président M. de Lasteyrie, pour secrétaire M. de Laborde et M. Jomard (2). Le 13 juillet suivant elle sanctionna un projet de règlement qui lui avait été présenté, et s'occupa immédiatement de la formation de ses divers comités (3).

Madame la duchesse de Duras fut des premières à visiter la nouvelle école, et ne tarda pas à témoigner le plus grand

---

(1) On avait fait un appel à une vingtaine d'enfans, mais le premier jour il ne s'en trouva que huit. L'école provisoire n'a jamais eu plus de vingt élèves.

(2) Lorsque l'association fut devenue plus nombreuse, on nomma cinq nouveaux secrétaires. Le président, les vice-présidens, les secrétaires, le trésorier, les deux censeurs et les membres des divers comités forment le conseil d'administration. Dans la dernière séance publique, tenue le 18 mars 1818, M. le duc de La Rochefoucauld a été nommé président, M. de Lasteyrie et M. l'abbé Gaultier vice-présidens, M. de Gérando, premier secrétaire. Le zèle et l'activité de ce dernier ont puissamment contribué aux succès de la société. On lui a adjoint MM. Jomard, Montègre, Mallet, Francœur, Thénard et Cuvier. Dans ce moment la société compte plus de huit cents membres, dont chacun donne vingt francs par an.

(3) En voici les attributions : 1°. commission des fonds ; 2°. comité d'instruction ou des méthodes ; 3°. comité d'inspection ou des maîtres ; 4°. comité d'économie ; 5°. comité du recueil périodique. Le journal est publié sous le titre de *Journal d'éducation publique, publié par la société formée à Paris, pour l'amélioration de l'enseignement élémentaire*. Il en paraît tous les mois un cahier, chez M. L. Colas, libraire et membre de la société.

zèle pour cette institution. Après avoir réalisé à la cour
une souscription qu'elle avait ouverte et dont le produit fut
envoyé à M. Martin, elle fonda à ses frais et dans sa maison, une école, dont la direction fut confiée à M. Bellot
et dont elle se réserva cependant la surveillance (1).

Au mois d'août de la même année, M. Frossard, étant
aussi arrivé de Londres, fut mis à la tête d'un nouvel établissement que la société faisait organiser dans un local
spacieux, à la rue Popincourt.

Cependant l'école primitive de la rue Saint-Jean-de-
Beauvais (que l'on appela école normale, quoiqu'elle ne
fût dans le fait qu'une école-modèle) fut mise par le ministre de l'intérieur sous la protection de M. le préfet de
la Seine ; et, le 3 novembre, ce magistrat organisa auprès de
lui un conseil de douze personnes, chargées de travailler à
la propagation de la méthode dans le département chef-lieu
de la France : leurs soins ont été couronnés d'un plein succès, puisqu'en ce moment on compte dans ce département
trente-huit écoles, dont vingt-huit sont en pleine activité
dans la seule enceinte de Paris.

A peu près vers cette époque M. le grand aumônier de France
écrivit à M. le préfet de la Seine, qu'il avait fait connaître au roi
les sollicitudes des catholiques et les observations du clergé
au sujet des nouvelles écoles, et que Sa Majesté avait exprimé le vœu que la religion catholique servît de base à
l'enseignement. En conséquence de cette invitation,
MM. Martin, Frossard et Bellot quittèrent la direction des
écoles qu'ils avaient créées, et furent remplacés par des
maîtres attachés à la communion romaine.

Le 29 février 1816, parut une ordonnance royale qui
prescrivit dans toute la France la formation de comités cantonnaux, qui seraient uniquement occupés de surveiller
l'enseignement élémentaire, et de rechercher les moyens

---

(1) Depuis, cette école a été transportée d'abord à la rue de Varennes,
ensuite à la rue de Fleurus. C'est une des meilleures de Paris.

les plus propres à le répandre : cet acte ne désigna aucune méthode particulière, mais il a rempli à souhait un objet fort important, en établissant des règles précises pour la formation des écoles primaires, et en appelant un grand nombre de citoyens à s'occuper d'une institution éminemment utile.

La société centrale de Paris a poursuivi ses travaux avec succès. La protection spéciale que M. le ministre de l'intérieur n'a cessé de lui accorder lui a fourni tous les moyens possibles de faire connaître dans le public les avantages de la nouvelle méthode, et de favoriser les entreprises particulières. Pour seconder plus efficacement cette impulsion, M. le préfet de la Seine, dans le cours de la même année, fonda, à Paris (rue Carpentier, n°. 4), une école normale proprement dite, dans laquelle sont admis tous ceux qui se vouent à l'instruction de la jeunesse. Le directeur (M. Nyon) donne à ses élèves toutes les connaissances pratiques dont ils peuvent avoir besoin ; et, lorsqu'ils ont subi les examens requis, ils reçoivent des diplômes de maîtres : cette institution en a déjà fourni plus de cent.

En 1816, une école de filles fut encore organisée à Paris, par les soins de la société; elle est située dans un vaste local, place de la Halle-aux-Draps, et conduite par une institutrice (madame Guignon), à qui l'on a confié plus tard la direction d'une seconde école normale pour les femmes : celle-ci a formé déjà plus de trente maîtresses. La plupart des écoles fondées dans les départemens par les élèves de M. Nyon, ont servi à leur tour de modèles, et quelques-unes même ont fourni de nouveaux maîtres. Un arrêté de la commission d'instruction publique a établi une école-modèle auprès de chacune des vingt-sept académies du royaume, et pourvu sur-le-champ aux dépenses qu'elles exigeraient. Enfin la méthode d'enseignement mutuel s'est introduite dans toute la France avec une rapidité et un succès fort supérieurs à ce qu'on pouvait raisonnablement en attendre, et, en moins de trois années, on a déjà fondé plus de quatre cents écoles (1). Tout porte donc à espérer que, dans un temps peu éloigné, plus de deux millions d'enfans qui restaient dans l'ignorance la plus complète, pourront recevoir chaque année les bienfaits d'un enseignement gratuit, suffisant pour leur vocation ultérieure (2).

---

(1) Dans plusieurs régimens, les colonels ont tenté avec succès de faire donner cette instruction élémentaire aux soldats : M. de Lasteyrie, colonel de la légion de la Nièvre, est le premier qui l'ait entrepris.

(2) On a d'autant plus lieu de se réjouir des succès de l'enseignement mutuel en France, que, d'un autre côté, aucun effort n'a été épargné par quelques personnes qui ont essayé de s'y opposer, et qui ont semblé se faire un malin plaisir de présenter sous un faux jour les honorables intentions de ceux qui se sont consacrés à cette entreprise. Il existe en France une congrégation religieuse, qui fut fondée à Reims en 1680, par l'abbé de la Salle, sous le nom de *frères de la doctrine*, ou *des écoles chrétiennes*. Elle se voua dès sa naissance à l'éducation de la jeunesse, et adopta le mode d'enseignement simultané, qui a été décrit, ainsi que nous l'avons vu, par Rollin et par Cherrier. Ce système était déjà une grande amélioration, et valait beaucoup mieux que l'enseignement individuel. On a cherché à opposer ces écoles à celles d'une création plus récente ; l'esprit de parti s'en est mêlé, et selon son usage, sans s'arrêter à l'examen des nouvelles méthodes, il s'est uniquement attaché à les décrier. Quelques brochures ont été publiées à cette occasion et répandues avec une grande libéralité dans tout le royaume. Les principales sont : 1°. des *nouvelles écoles à la Lancaster, comparées avec l'enseignement des frères des écoles chrétiennes, légalement établies depuis un siècle*; par M. Dubois-Bergeron. 2°. *L'institut des frères des écoles chrétiennes et les nouvelles écoles à la Lancaster cités au tribunal de l'opinion publique, ou Lettre d'un catholique (père de famille et membre d'un comité cantonnal pour la surveillance et l'amélioration des écoles primaires), à M. le comte Chabrol de Volvic, préfet de la Seine.* 3°. *Lettre sur les écoles à la Lancaster*, extraite du journal *l'Ami de la Religion et du Roi.* 4. *Lettre d'un curé de canton sur l'enseignement mutuel*, janvier, 1818, etc. Les auteurs de tous ces écrits partent toujours de la fausse supposition que les frères des écoles chrétiennes ont depuis long-temps mis en pratique la méthode d'enseignement mutuel, et ils dénoncent ensuite cette méthode comme n'ayant point été éprouvée, comme n'étant d'ailleurs qu'une mauvaise invention venue de l'étranger et d'un pays non catholique, introduite en France pendant les cent jours, dans l'unique intérêt d'un gouvernement militaire, etc. Il est inutile de s'arrêter à discuter des assertions fausses ou absurdes. Nous ferons seulement observer aux partisans des frères des écoles chrétiennes qu'il semble qu'ils ont tort de ne vouloir pas même admettre l'examen de la méthode qu'ils repoussent, puisqu'il est certain

L'ordonnance du 29 février 1816, dont nous avons déjà
parlé, autorisa les protestans de France à former aussi des
comités cantonnaux, et à ouvrir des écoles pour les enfans
attachés à cette communion. Les luthériens et les réfor-
més de Paris en ont déjà institué, dans cette ville, pour
les filles aussi-bien que pour les garçons ; celle des premiers est située dans la rue des Billettes, et l'autre dans la
rue du Coq. M. Allen, trésorier de la société pour l'Angleterre et pour l'étranger, étant venu en France en 1817, et
ayant parcouru les provinces méridionales, employa tous
ses soins pour engager les protestans à fonder autant d'é-
coles qu'il serait possible, et il les trouva tout disposés à
cette entreprise. On a choisi la ville de Bordeaux comme
point central : on y forme en ce moment un comité, et
déjà M. Martin y a fondé une école susceptible de servir
d'école-modèle et d'école normale, et dans laquelle on
rassemble un dépôt de tous les matériaux nécessaires à la
formation de semblables établissemens. M. Frossard, qui

que, quoiqu'une institution soit bonne en elle-même, le temps et l'expérience peuvent en amener de meilleures, et que d'ailleurs ils se trompent
beaucoup, en disant qu'on n'a pas besoin d'autres écoles que celles des
frères, puisqu'ils ne peuvent ignorer que celles-ci ne s'élèvent pas à plus
de cent dans le royaume, et qu'il y a dans ce même royaume, plus de
quarante mille communes : enfin nous ajouterons que les adversaires
de l'enseignement mutuel méconnaissent complétement la nature de ce
procédé lorsqu'ils prétendent voir une nouvelle doctrine, et quelquefois
même un système politique tout entier, là où l'on ne trouve qu'un instrument, un moyen d'éducation, susceptible d'être modifié suivant
les diverses applications qu'on en veut faire. Il parut dans le temps
une petite brochure, intitulée *Réponse à quelques assertions contenues
dans l'écrit de M. Dubois Bergeron, contre les nouvelles écoles élémentaires appelées par lui écoles à la Lancaster.* Quelques particuliers ont également écrit en faveur de ces dernières, mais la société a constamment
gardé le silence sur des provocations presque toujours grossières ; et, suivant
sans interruption le cours de ses travaux, elle s'est bornée à en faire connaître les résultats au public. Cependant, M. le ministre de l'intérieur lui
ayant demandé de faire écrire quelque chose sur ce sujet, nous avons lieu
de croire qu'un membre de la société s'en occupe. De plus ce ministre a
fait insérer dans le Moniteur du 13 janvier 1818, un article qui se fait
remarquer par la dignité et la modération du langage autant que par
l'excellence des principes, et la clarté avec laquelle ils sont exposés.

a acquis une grande expérience en peu d'années, se propose de parcourir le pays, pour assister à la fondation des écoles, et pour aider les nouveaux maîtres de ses conseils. Il a déjà exercé en Suisse cette honorable mission : dans le cours de l'année 1815, aidé de l'utile concours de M. le général Laharpe, ce jeune homme fonda des écoles à Lausanne et à Genève; et, depuis ce moment, le nombre en est considérablement augmenté dans cette dernière ville. Il y en a aussi une à Fribourg qui a été établie par M. l'abbé Girard.

La Russie se prépare également à accueillir la méthode d'enseignement mutuel ; elle devra ce nouveau bienfait au monarque qu'elle honore comme son père. L'empereur ordonna, il y a environ deux ans, que quatre jeunes gens, choisis dans l'institut pédagogique de Pétersbourg, se rendissent en Angleterre pour y étudier les méthodes de M. Lancaster et du docteur Bell ; ils ont parcouru ce pays et visité toutes les écoles ; et, après avoir séjourné quelque temps à Paris, ils se sont rendus en Suisse pour voir les établissemens de Pestalozzi et de Fellenberg. Le chancelier de l'empire, comte de Romanzoff, a fait venir d'Angleterre un jeune homme qui doit s'établir au milieu des propriétés de ce seigneur, et plusieurs autres personnes considérables en Russie ont le projet de suivre cet exemple. La plupart des régimens russes qui se trouvent sur la frontière de France ont vu aussi organiser dans leur sein des écoles d'enseignement mutuel.

Le prince Antoine Jablonowsky, qui a vécu long-temps à Paris, fait former en ce moment à Varsovie un établissement semblable en tous points à ceux qu'il a pu lui-même examiner en France.

Le ministre de l'intruction publique en Prusse s'est déclaré protecteur de la nouvelle méthode : quoique les écoles élémentaires soient depuis long-temps organisées avec beaucoup de soin dans ce royaume, il y a lieu de croire qu'elles pourront se servir avec fruit des procédés récens, et que leur utilité sera plus vivement appréciée dans les villes de fabrique.

Le gouvernement de Suède a envoyé dernièrement à Londres, un homme qu'il a chargé d'y étudier tout le système d'éducation primaire.

Le capitaine Kearney a passé quelque temps dans les écoles de la même ville, avec l'intention de se rendre ensuite en Espagne, pour essayer d'y introduire l'enseignement mutuel : quelques Espagnols en ont fait autant à Paris, et déjà le chevalier Downie est allé dans ce pays pour y faire la même tentative.

A Naples, l'abbé Scoppa a introduit la méthode dans la maison royale des pauvres où l'on compte plus de trois cents enfans, et l'on a lieu d'espérer que toutes les grandes villes d'Italie l'accueilleront également.

Le gouvernement français a envoyé en Corse M. Carlotti, qui vient de fonder une école à Bastia : il a aussi fait partir un maître pour le Sénégal, et les religieuses de Saint-Joseph ont apporté à l'île Bourbon les bienfaits de l'éducation élémentaire.

Enfin, et pour terminer cette longue nomenclature, ajoutons que le gouvernement d'Haïty s'étant directement adressé à la société des écoles pour l'Angleterre et pour l'étranger, celle-ci fit partir pour Saint-Domingue un jeune homme qui, au commencement de l'année 1817, ouvrit une école au Cap-Henri; depuis cette époque, il s'est formé dans l'île deux autres établissemens du même genre.

Tandis que la méthode d'enseignement mutuel se répandait ainsi dans toutes les parties du monde, la société anglaise que nous venons de nommer s'occupait aussi de l'amélioration de l'école-modèle et normale de Southwark, et de l'acquittement définitif des dettes qui l'avaient si long-temps embarrassée dans sa marche. Ces divers efforts avaient beaucoup diminué ses ressources, et le comité résolut, pour pouvoir soutenir dignement une telle entreprise de faire un appel à toutes les sociétés particulières avec

lesquelles il était en correspondance, et de demander des
secours à celles qui auraient des excédans de recette. Le comité de Bristol donna le premier exemple et eut quelques
imitateurs ; mais l'on reconnut bientôt que ce moyen était
insuffisant, et d'ailleurs beaucoup trop lent. On avait besoin
de dix mille livres sterlings pour suivre les travaux avec
succès; on s'adressa d'abord au gouvernement, qui n'accorda
rien ; il fallut recourir aux particuliers. La société donnait
toute garantie pour l'administration des fonds, et elle s'engagea de plus à restituer à tous les souscripteurs l'argent
qu'ils auraient versé, si, au 1er. janvier 1817, la somme de
dix mille livres sterlings n'était pas complétement rentrée.

Cette honorable association ne se vit point réduite à la
dure nécessité d'abandonner son entreprise : au terme fixé .
elle avait déjà reçu onze mille livres sterlings, et l'on conti-
nuait à lui envoyer de nouveaux dons (1).

Dès ce moment tous les comptes furent liquidés. Le local
qui avait servi à fonder la première école Lancastérienne
fut remplacé par un bâtiment neuf et solide composé d'un
corps-de-logis et de deux ailes, destinées à l'école des
garçons et à celle des filles. Dans le milieu sont logés le
maître, la maîtresse et tous les jeunes gens qui étudient
pour se voüer ensuite à l'enseignement : il y a aussi une
grande salle dans laquelle le comité tient ses séances. Les
deux écoles furent ouvertes le 4 juin de l'année dernière,
sous la présidence du duc de Sussex.

Nous terminerons ici cette notice historique sur une

(1) Un particulier qui, dans la même année, avait donné cinq cents
livres sterlings à la *Société nationale*, ne laissa pas de faire aussi un don à
l'autre société, et, mesurant sa générosité aux besoins, il lui envoya mille
livres sterl. Une personne inconnue donna à plusieurs reprises cinq cents
livres sterl. Son nom est resté ignoré jusqu'à sa mort, et l'on a appris
alors que c'était M. Richard Reynolds de Bristol. Peu de jours avant mon
départ de Londres, une lettre anonyme, écrite par une femme, porta à
la société un don de sept cents livres sterlings. Le patriotisme des Anglais
est connu depuis long-temps ; mais il me semble que l'on n'honore pas
suffisamment la noble simplicité de leur bienfaisance.

œuvre maintenant accomplie, et dont les générations futures n'auront plus qu'à recueillir les bienfaits. Qui pourrait se refuser à reconnaître dans ce beau résultat la main toute-puissante d'une Providence qui sait faire de grandes choses avec des moyens faibles en apparence? Lorsqu'en 1797, le docteur Bell disait à son imprimeur que, si tous deux pouvaient vivre mille ans, ils verraient la méthode qu'ils allaient annoncer, répandue sur toute la surface de la terre, eût-il pu penser que, vingt ans après, cette prophétie fût en quelque sorte réalisée? et quand le jeune Lancaster, privé de toute protection et de toute ressource, s'avisa, en 1798, de fonder une école pour les enfans des pauvres dans le quartier le plus misérable d'un faubourg de Londres, qui eût pu lui dire qu'il jetait les fondemens d'une doctrine destinée à créer une ère nouvelle dans l'histoire du monde civilisé?

PREMIÈRE PARTIE.

Description des écoles où l'on suit la méthode du docteur Bell et
qui sont dirigées par la société nationale de Londres.

CHAPITRE PREMIER.

PRINCIPES GÉNÉRAUX DE LA MÉTHODE.

SECTION PREMIÈRE.

Local de l'école.

L A forme du carré long est la plus convenable pour une
école où l'on suit la méthode du docteur Bell (1). On compte
pour chaque écolier six pieds au moins, et dix pieds au plus,
carrés. Les fenêtres doivent être placées à cinq pieds du
niveau du plancher. Les bancs et les pupitres sont posés le
long des murailles et de manière que les écoliers soient toujours en face du mur. Ces bancs, une table pour le maître,
et quelques petites caisses sont les meubles principaux, car
les écoliers se tiennent debout, au milieu de l'appartement,
pour la plus grande partie de leurs travaux : alors chaque division forme les trois côtés d'un carré, ou quelquefois un
demi-cercle : sur le côté qui est ouvert se place le moniteur
de la classe et son adjoint. Immédiatement à leur droite est
la première place, à leur gauche la dernière. Dans les commencemens, les leçons de lecture se prenaient ainsi debout,

---

(1) Dans plusieurs contrées de l'Angleterre, on a pris une grange pour
l'appliquer à cet usage.

et ensuite les écoliers allaient s'asseoir pour les étudier. Ce mouvement d'allée et de venue prenait beaucoup de temps, et les écoliers assis sur les bancs ne pouvaient pas être aussi bien observés par les moniteurs. Maintenant ils apprennent toutes leurs leçons debout, et ne sont renvoyés à leur place qu'accidentellement, et lorsqu'on veut leur faire écrire sur les tables quelque chose de ce qui leur a été montré. Cependant cette manière même a encore le double inconvénient de la perte du temps (quoiqu'elle soit moindre qu'auparavant) et du bruit qu'occasione le mouvement. Aussi M. Johnson, qui dirige l'école-modèle à Londres, a-t-il le projet de faire placer les bancs dans toute la salle, suivant l'ordre que prennent les écoliers quand ils sont debout, c'est-à-dire, en un carré par chaque division, afin qu'à la volonté et sur un signe du maître tous les écoliers d'une même classe puissent faire leurs exercices assis ou debout et sans avoir à se déranger.

SECTION DEUXIÈME.

Distribution des classes.

Tous les enfans qui sont rassemblés dans un même local, sont distribués en compagnies ou classes dont chacune est composée, autant qu'il est possible, des écoliers qui manifestent la même capacité par les mêmes progrès. Ainsi tout élève trouve de lui-même sa place; et suivant qu'il est appliqué ou prompt à apprendre, inattentif ou peu intelligent, il avance ou perd son rang, non-seulement dans la classe à laquelle il appartient, mais encore d'une classe à l'autre (1).

---

(1) Il faut bien prendre garde à ne pas confondre la distribution des classes, telle que M^r. Bell l'a introduite dans son école, avec celle que l'on met généralement en pratique. Partout le cours ordinaire de l'enseignement est partagé en différentes classes; à certaines époques fixées, les écoliers subissent des examens, pour passer d'une classe à une autre, et là ils reçoivent toutes les leçons qui y sont données, sans que leur progrès ou leur incapacité puissent amener aucun changement dans leur situation,

Le nombre de ces classes n'est pas déterminé et se compose de la combinaison de deux élémens, savoir : le nombre des écoliers et les rapports qui s'établissent approximativement par la manifestation des connaissances et des progrès de chacun d'eux.

Le docteur Bell pense qu'il faut que le nombre des élèves de chaque classe soit aussi fort que possible, toutefois sans dépasser jamais trente-six ou quarante au plus. Si les classes sont faibles, et qu'il y en ait par conséquent un plus grand nombre, il devient plus difficile de trouver de bons moniteurs. Ainsi, six classes, composées chacune de six écoliers, au lieu d'une seule classe qui en réunirait trente-six, exigeraient six moniteurs ; le maître ou le moniteur général aurait beaucoup plus de peine à surveiller, et d'ailleurs l'émulation, qui est le principal mobile, n'aurait pas assez de jeu dans un cercle aussi étroit (1).

Cette émulation s'établit aussi parmi les élèves d'une même division, d'abord parce qu'à l'ouverture de chaque leçon ils sont répartis dans chacune des classes, suivant leurs progrès antérieurs ; ensuite, parce que dans ces classes même

pendant ce même espace de temps. Ici au contraire il n'y a de classes que dans le courant d'une leçon, et leur composition varie sans cesse : elles sont formées suivant les progrès de chaque élève, dans chacune des branches d'enseignement à laquelle il prend part, et comme on peut affirmer qu'il n'arrive jamais qu'un écolier soit également exercé dans tous les objets de ses études, il est certain que cette dernière méthode vaut mieux que les précédentes.

(1) Cette observation est importante : l'expérience a montré au docteur Bell qu'il peut-être quelquefois très-utile de réunir la seconde classe à la première, surtout si l'une et l'autre ne sont pas très-nombreuses. Dans des cas semblables l'espoir d'obtenir une pareille distinction a exercé souvent une grande influence sur la dernière classe de l'école, et l'on a vu quelquefois une division tout entière, animée de ce désir, faire plus de progrès en une semaine que les autres dans un mois. Cependant il convient d'user sobrement de ce moyen, afin d'éviter l'inconvénient de la trop grande inégalité des forces dans une même classe, puisqu'il en peut résulter que les plus avancés perdent leur temps, tandis que ceux qui le sont moins ne peuvent suivre.

les rangs sont mobiles dans le cours d'un seul exercice. Si un écolier fait une faute pendant la leçon de lecture ou tout autre exercice, il cède sur-le-champ sa place à celui qui vient après lui, pourvu que celui-ci ait reconnu et redressé la faute; dans le cas contraire, l'épreuve passe au suivant, et le plus habile se place naturellement avant tous les autres. Un enfant inattentif est interpelé à l'improviste par le moniteur de la classe; et s'il ne peut répondre à la question qui lui est faite, ou s'il arrive qu'il ne sache pas où s'est arrêté celui qui le précède, il perd soudain son rang, et quelquefois même, suivant les circonstances, on le fait descendre de plusieurs places. Les fautes grossières, une mauvaise conduite, font mettre celui qui en est coupable, à la queue de la division; et, s'il continue à se montrer peu appliqué, on le tient long-temps à ce poste de pénitence. Dans ce mouvement des places, celui qui avance passe toujours devant le front de la division, et celui qui recule marche au contraire derrière ses camarades. A la leçon d'écriture et aux autres exercices où l'on a besoin d'être assis au pupitre, les élèves sont aussi rangés dans les bancs conformément au même principe. L'enfant qui a eu quelque temps de suite une des premières places de sa division passe au dernier rang de la classe supérieure : s'il parvient au bout de quelques jours au milieu de cette nouvelle classe, il y reste ; quand il ne peut s'y maintenir, on le fait rentrer dans la classe qu'il avait quittée. Celui qui ne fait pas de progrès suffisans descend à la première place de la classe inférieure : là, s'il ne montre pas en peu de jours une véritable supériorité, il perd ses droits antérieurs, et ne les retrouve qu'après des épreuves fréquentes et qui doivent être toujours heureuses. Quand il s'est maintenu pendant quelque temps dans ses succès, on lui permet une épreuve dans la classe qu'il a quittée et des efforts soutenus peuvent seuls l'y faire demeurer.

A l'aide de ces divers moyens, il est impossible qu'une classe soit jamais retardée par quelques écoliers paresseux ou incapables : chaque individu est constamment occupé,

toutes ses facultés sont employées, il fixe lui-même le rang
qui lui appartient, et peut ainsi porter au plus haut degré
le développement de son intelligence : aussi tous reconnais-
sent bien vite que leur sort étant entre leurs mains, c'est à
eux seuls qu'ils doivent attribuer l'honneur ou les punitions
qu'ils reçoivent, et cette certitude excite en même temps
dans leur âme le sentiment de l'équité et le noble désir du
succès (1). Enfin ce mode de distribution abrége beaucoup
le travail du maître ; chaque classe ne lui représente qu'un
individu, et souvent même elle l'occupe moins que ne ferait
un seul écolier, puisqu'elle trouve toujours dans son sein et
les connaissances dont chacun de ceux qui la composent a
besoin, et les moyens réguliers d'y parvenir.

SECTION TROISIÈME.

D'une autre manière de classer les élèves.

À MADRAS, comme dans les premières années de l'existence des écoles anglaises du docteur Bell, les élèves de
chaque classe, lorsqu'ils apprenaient une leçon, assis sur
leurs bancs, étaient rangés deux à deux, sous la dénomination de *tuteurs* et *pupilles*, les premiers aidant aux seconds à répéter et à mieux apprendre leur tâche. Avant
que les classifications fussent devenues aussi exactes qu'elles
le sont à présent, il était encore plus difficile que tous
les élèves d'une classe fissent les mêmes progrès, et mar-
chassent sur le même rang ; et, comme dans une division
nombreuse il y a toujours quelques écoliers qui ont besoin
d'être suivis de plus près et avec plus de soin que le moniteur de la classe ou son adjoint ne peut lui en accorder,
on avait imaginé de ranger les élèves deux à deux, pour

(1) « Comparez, dit le docteur Bell, comparez cette méthode avec celles
» qui étaient autrefois en usage. Les procédés anciens semblent ne pouvoir
» avoir d'autre résultat que d'arrêter le développement complet de l'intel-
» ligence, de jeter le découragement parmi tous ceux qui sont médiocres
» et d'interdire tout progrès aux faibles et aux timides. »

le moment où ils vont étudier en exercice, de mettre le plus faible à côté du plus fort, et de charger celui-ci de prêter assistance à son camarade, et ainsi de suite dans toute la division. Par ce moyen, une moitié des écoliers servaient de répétiteurs à l'autre moitié, et ceux qui en étaient chargés y avaient évidemment l'avantage de mieux apprendre aussi : c'était encore un moyen d'émulation ; le tuteur voulait conserver sa dignité, et le pupille était excité à y prétendre.

Dans les écoles où ce procédé est encore suivi, après que les élèves ont pris leur leçon debout et dans l'ordre qui leur est assigné, le premier de la classe va se joindre au dernier, le second du haut bout au second de l'autre bout, et ainsi de suite ; et c'est dans cet ordre qu'ils vont s'asseoir à leurs bancs pour étudier de nouveau. Quand le plus habile a étudié pour son compte, il vient au secours de son voisin, et lui aide à résoudre les difficultés qui l'embarrassent : toute cette instruction se donne à voix basse. Au bout de dix minutes, la division reprend sa place autour du maître pour répéter la leçon qui vient d'être apprise, et les enfans se rangent, à un signal donné, dans l'ordre qu'ils avaient pris sur leurs bancs.

Le docteur Bell a supprimé ce procédé, comme entraînant trop de mouvement et de bruit, et maintenant il n'est plus en usage que très-rarement, et seulement dans les classes inférieures où il se trouve quelquefois des commençans qu'il faut surveiller d'une manière toute particulière.

SECTION QUATRIÈME.

Moniteurs.

CHAQUE division a son moniteur particulier, choisi parmi les élèves qui la composent, et qui est chargé de les surveiller, de les aider dans l'étude de leurs leçons, et de les leur faire répéter. Il a droit d'inspection sur la conduite et

les travaux de tous les écoliers de sa classe (1). Le choix
d'un tel adjoint est donc fort important, et le maître ne
saurait y donner trop d'attention (2). Comme il est très-
utile que le moniteur connaisse bien la force de tous les
élèves avec qui il a affaire, il convient aussi de ne pas en
changer sans une nécessité bien reconnue, et de maintenir
celui qui est en place aussi long-temps qu'il est possible.
Ordinairement, après les heures de l'école, le maître leur
donne un enseignement particulier. Tout moniteur assiste
et prend part aux exercices aussi-bien que ses camarades,
et répond lorsque son tour arrive. Le bon exemple qu'il
donne a beaucoup d'influence sur toute la division, et c'est
là que se place fort à propos l'observation de Quintilien,
que nous avons prise pour épigraphe.

Chaque moniteur a un *adjoint* ou *aide*, qui le seconde et
le remplace même en cas d'absence (3). En général, l'adjoint est confondu parmi ses camarades pendant le cours des
exercices; et, lorsque le maître vient faire lui-même un examen dans la classe, le moniteur et son second rentrent dans
les rangs, et sont appelés à répondre comme tous les autres.

Le maître choisit pour son adjoint le meilleur de tous les
écoliers, qui remplit auprès de lui les fonctions de l'*aide-*

(1) Le docteur Bell appelle ces écoliers *teachers* (*maîtres, instructeurs*);
dans les écoles lancastériennes, on les a nommés *moniteurs*, et cette dernière dénomination a été adoptée en France, en ce qu'elle présente l'avantage de désigner d'une manière spéciale les élèves qui remplissent les
fonctions de répétiteurs et de surveillans.

(2) Dans une école organisée depuis quelque temps, ce choix est facile,
le talent ne tardant pas à se produire, peut-être plus encore chez les
enfans que chez les hommes. Lorsqu'une école commence, il est impossible
au maître de connaître la capacité de ses élèves; pour ce cas, le docteur
Bell conseille de s'en remettre au choix des classes elles-mêmes, ou
du moins des deux ou trois premières, persuadé que les enfans sont bons
juges de la capacité de leurs camarades.

(3) La même raison fait désirer au docteur que le maître nomme le
moniteur adjoint sur la présentation du moniteur de la classe.

moniteur dans les classes : on l'appelle *moniteur général* (1). Dans les écoles nouvellement organisées, il est d'une grande utilité, surtout pour établir une bonne discipline, et pour veiller au maintien de l'ordre et du silence. Aussi, lorsque les écoles sont nombreuses, choisit-on souvent des *sous-moniteurs généraux*, à qui l'on confie spécialement l'inspection de deux ou trois classes ou de tel ou tel exercice. Au besoin, le maître nomme, sur le moment même, un inspecteur qui reçoit mission ou de rétablir l'ordre, ou de veiller à l'arrangement des livres, des tables, etc. Ses fonctions cessent avec la cause qui les a fait naître. Quand le maître a besoin de donner un ordre ou d'indiquer par un signe une volonté à laquelle toute l'école doit se soumettre, le docteur Bell pense qu'il ne faut pas qu'il s'adresse aux classes directement, mais qu'il doit faire passer toutes ses décisions du *moniteur général* aux *moniteurs particuliers*, ou les faire connaître immédiatement à ceux-ci. L'expérience a prouvé que, lorsque les moniteurs ont bien saisi l'ordre qui leur est donné, il leur est beaucoup plus facile qu'au maître lui-même de le faire exécuter promptement par leurs camarades.

SECTION CINQUIÈME.

Le Maître.

ON voit par là que l'unique affaire du maître est de surveiller l'ensemble de l'école, ainsi que tous les moniteurs chargés de faire suivre ses ordres. Placé sur un siége élevé, à l'une des extrémités de l'appartement, il exerce facilement cette surveillance. Il doit aussi donner son attention à l'enseignement dans chacune des divisions. Une ou deux fois la semaine il fait des examens dans toutes les classes séparément, et assiste aux répétitions que dirigent les moniteurs.

---

(1) Chez M. Bell, l'adjoint du maître est appelé simplement *moniteur* et dans les écoles lancasteriennes *monitor general of order*, moniteur général pour l'ordre.

Sur toutes choses, son habileté consiste à savoir employer ceux qui lui sont adjoints de la manière la plus utile, et à ne pas entreprendre plus qu'un homme ne peut faire, car il lui serait matériellement impossible de pénétrer sans cesse dans tous les détails. On ne saurait nier que l'un des plus grands avantages du nouveau système est de faire que l'œuvre du maître soit facile, et se réduise uniquement à l'inspection ; mais aussi il est indispensable que cette inspection soit conduite avec intelligence.

SECTION SIXIÈME.

Exercices.

La première règle de l'enseignement est que les exercices soient courts et faciles, c'est-à-dire, bien appropriés aux facultés et successivement aux progrès de tous les écoliers, et que l'on ne passe jamais à une autre leçon sans que la précédente soit bien sue par tous les élèves de la division. A cet effet, toute leçon est d'abord distribuée en petites parties ; et, après que chacune d'elles a été l'objet d'une étude spéciale, on reprend l'exercice dans son ensemble, et l'on s'arrête sur tous les passages difficiles. Cet ordre dans les études est combiné de façon qu'aucune leçon ne dure plus d'un quart d'heure dans les classes inférieures, et d'une demi-heure dans les classes plus élevées.

Depuis quelque temps, le docteur Bell s'est mis à faire donner les leçons de lecture, dans les classes inférieures, à l'aide de l'écriture ; toutes deux marchent simultanément. On copie avec un livre, ou avec l'aide d'un exemple, d'abord sur le sable, ensuite sur l'ardoise ; on renouvelle plusieurs fois cet exercice ; puis on ferme le livre, ou on retire l'exemple, et on recommence sous la dictée du moniteur. Quant à la lecture, le moniteur lit d'abord lentement et à haute voix la leçon qui est indiquée : tous les écoliers répètent immédiatement après lui ; ensuite chaque enfant recommence dans l'ordre où il se trouve placé, et les au-

tres prononcent comme lui, à haute voix, ce qu'il vient
de dire. S'il se trompe, celui qui vient après lui, et qui le
reprend, occupe sa place; lui cependant répète une seconde fois, et, jusqu'à ce qu'il ait bien dit, dût cette
épreuve le faire descendre au bout de la division. Chacun des enfans recommence le même exercice dans son
rang, et, pour cette seconde fois, tous ceux qui viennent
après ne répètent qu'à voix basse. Enfin, quand tous y ont
ainsi passé, on reprend en détail toutes les parties de l'exercice; chaque écolier lit une portion de sa leçon, et dans le
commencement cette part est faite aussi petite qu'il est possible : ainsi, à l'étude de l'alphabet, ou lorsqu'on épelle,
elle ne consiste qu'en une seule lettre. On trouve dans cette
manière le double avantage de fixer en même temps l'attention de tous les écoliers, et de leur faire retenir sans
effort un enseignement très-simple, comme aussi de les tenir constamment en haleine, puisqu'en fort peu de temps
tous sont appelés à prendre part à l'exercice. Dans ces
premières leçons, le maître doit veiller encore à donner
aux enfans l'habitude de répéter à voix basse ce que l'un
d'eux prononce à haute voix; les exercices subséquens
sur les mots de plus d'une syllabe n'ont plus lieu par
syllabes; ceux qui se font ensuite sur les phrases se distribuent par mots; plus tard encore, les passages sont coupés
en petites phrases, et l'on finit par laisser à chaque écolier
le soin de régler lui-même la portion de la leçon sur laquelle il doit s'exercer.

Lorsqu'on étudie sur un sujet donné dans une des classes
supérieures de l'école centrale de Londres, après que le
moniteur a fait répéter la leçon à tous les écoliers, ceux-ci,
suivant l'ordre dans lequel ils sont placés, reprennent le
même exercice entre eux, et s'interrogent mutuellement,
chacun d'eux choisissant à son gré la question à laquelle
son voisin devra répondre, et se trouvant ainsi forcé, dès
le commencement de la leçon, à donner une attention soutenue à tout ce qui est dit par ses camarades ou par le

maître. Cet usage peut être considéré comme le développement le plus parfait du principe d'enseignement mutuel, puisque par lui tous les écoliers sont convertis en maîtres et en examinateurs, et que, dans ce cas, le moniteur lui-même et son adjoint n'ont plus qu'à veiller à la régularité de l'instruction que les élèves se communiquent mutuellement.

L'écriture sur le papier et avec de l'encre n'est enseignée dans les écoles du docteur Bell qu'après de longs exercices sur le sable et à l'ardoise, lesquels, comme nous avons vu, servent en même temps de leçons d'écriture.

On suit la même méthode pour l'enseignement du calcul et pour celui de la religion : dans toutes les applications on voit dominer ce principe fondamental, de mettre un soin extrême au choix des exercices, de sorte qu'ils soient appropriés aux facultés des enfans d'une même classe, et qu'aucun d'eux ne puisse jamais rester en arrière.

SECTION SEPTIÈME.

Livres.

LES livres que l'on emploie dans les écoles du docteur Bell sont en général minces et de petit format ; ce qui présente deux avantages : ils sont usés moins vite, et ils coûtent moins cher. L'alphabet et les exercices de lecture se trouvent dans les numéros 1 et 2 des petits livres publiés par la société nationale, et les premiers principes de l'enseignement religieux sont déposés dans les numéros suivans ; ils contiennent les discours de Notre-Seigneur sur la montagne, les paraboles, les miracles, d'autres discours et une histoire de la vie de Jésus-Christ ; puis viennent un *abrégé historique de la Bible, par Osterwald*, et le catéchisme par demandes et par réponses ; celui-ci est étudié avec le plus grand soin, et plus tard on le fait même apprendre par cœur à tous les enfans (1). On ne leur donne les livres de psaumes, ou d'autres livres saints., qu'après qu'ils savent lire couramment, et beaucoup plus pour qu'ils connaissent ces ouvrages que pour en faire l'objet d'une étude élémentaire.

SECTION HUITIÈME.

Récompenses et punitions.

LA nouvelle méthode contient en elle-même le mode le plus efficace de récompenses et de punitions, et les répartit avec une impartialité absolue. Le concours ouvert pour les places, suivant lequel chaque écolier obtient toujours le rang qui lui est dû, la chance constante d'avancement et le danger habituel d'être reculé, toute cette activité enfin dans la distribution de l'honneur ou des punitions suffisent amplement pour remplacer le système correctionnel des anciennes écoles. Aussi l'on voit souvent l'écolier qui perd sa place la quitter les larmes aux yeux, tandis que celui qui vient d'obtenir un succès semble animé d'une ardeur nouvelle.

Indépendamment de ce ressort moral, dont la puissance est très-étendue, il y a aussi d'autres peines et d'autres récompenses dans certaines écoles du docteur Bell, où l'on n'a pas encore admis toutes les améliorations qui ont eu lieu successivement. On y donne des marques d'honneur ou des récompenses en argent ; celles-ci se répartissent de plusieurs manières, en argent ou en livres, et quelquefois aussi en habillemens. On les accorde après les examens de trimestre ou de semestre à ceux des moniteurs ou des écoliers qui se sont le plus distingués par leur bonne conduite et par

---

(1) La société formée à Londres pour répandre l'enseignement et l'étude de la religion a fait imprimer tous ces livres d'école au rabais (comme l'a fait aussi la société biblique), et vend chacun de ces livres pour le prix modique de six sous anglais : il faut remarquer que ce livre peut servir successivement pour six écoliers, ce qui ne le fait revenir qu'à un sou pour chacun.

leurs succès. On donne aussi des primes en argent après
les examens de la semaine : le moniteur qui a bien rempli
ses fonctions, et dont la classe a fait des progrès, reçoit
une petite part de la somme qui lui est destinée (1) ; et
l'autre part est portée sur son compte dans un livre fait
exprès, afin qu'il ramasse ainsi une petite somme qui lui
sera remise au moment où il quittera l'école, à moins
qu'une mauvaise conduite ne la lui fasse perdre plus tard.
Les meilleurs écoliers reçoivent aussi quelquefois de ces
récompenses ; mais plus souvent on leur donne un billet
après l'école du soir. Lorsqu'ils ont gagné cinq ou six billets pareils, on les leur échange pour un demi-sou.

Du reste, dans l'école centrale de Londres, comme dans
toutes celles qui sont bien organisées, ces modes de récompenses ne sont plus en usage ; pour le moniteur un regard
bienveillant du maître, pour l'écolier, l'honneur d'avoir
une bonne place dans sa division, sont des moyens d'émulation plus que suffisans.

Quant aux punitions, on peut dire aussi que les procédés
de la méthode et la régularité de tous les mouvemens dis-
pensent habituellement d'y avoir recours. Il y a cependant
certaines fautes qui comportent des peines spéciales : celui
qui vient trop tard, ou qui ne vient pas du tout aux exercices du jour, sans pouvoir donner une excuse valable, est
retenu le soir ou le lendemain après que tous ses camarades
sont partis. Celui qui se conduit mal ou qui fait quelque
sottise est, suivant les circonstances, séparé de ses compagnons. Les punitions corporelles sont complétement inter-
dites. Le docteur Bell avait adopté à Madras l'usage d'un
livre noir, dans lequel il inscrivait toutes les fautes des écoliers : à la fin de la semaine chaque coupable était traduit,
en présence de toutes les classes assemblées, devant un jury
qui avait été choisi par les enfans eux-mêmes, et qui prononçait un jugement : cette méthode est encore suivie dans

---

(1) C'est ordinairement un schelling (24 sous) au bout de la semaine.

quelques écoles avec de légères modifications. A la fin de la
semaine, chaque moniteur choisit un des meilleurs élèves
de sa classe, et ces enfans, dont le nombre varie suivant
celui des classes, se réunissent en jury, sous l'inspection du
maître. Celui qui est accusé d'une faute comparaît ; il entend
la lecture de l'article qui le concerne dans le *livre noir;* on
admet des témoins et l'on écoute sa défense ; puis le maître
recueille les opinions des jurés, et le jugement est rendu à
la majorité des voix, avec cette réserve cependant que le
maître a la faculté de le modifier et même de le casser. La
peine la plus ordinaire consiste à faire rester le petit coupable dans l'école pendant les momens de récréation, ou à
le faire mettre dans un coin, tout seul, pour un temps plus
ou moins long. Le docteur Bell assure qu'il a eu presque
toujours à se louer de l'équité et de l'impartialité des juges.

SECTION NEUVIÈME.

Registres de l'école.

On emploie aussi plusieurs registres destinés à constater
tous les résultats et à faire connaître la marche de l'école.

Le premier est le *registre d'entrée*, où l'on inscrit le numéro d'ordre de chaque écolier, le jour de son entrée, son
nom, son âge, le nom, l'état et la demeure de ses parens.

Le second a pour objet de constater *les travaux* des écoliers
de chaque classe, et est tenu par les moniteurs de classe,
ou par leurs adjoints. Le maître marque dans le *livre d'école*
de chaque moniteur, le numéro de sa classe, le nom du moniteur et l'époque où le livre a été commencé ; chaque jour,
à l'ouverture de l'exercice de lecture, d'écriture ou d'enseignement religieux, le moniteur indique au crayon le point où
la leçon a commencé, et plus tard celui où elle a fini. A l'issue
de l'école, ces notes sont transcrites sur le livre de classe,
dont une moitié est destinée à cet usage. Là sont consignés
non-seulement les diverses portions des exercices de la journée, mais encore le temps qu'on y a employé ; et, à la fin de

chaque semaine , on fait le relevé des leçons qui ont été apprises dans chaque classe, et du nombre d'heures qui y ont
été consacrées. Dans les classes supérieures, où l'on écrit avec
la plume et l'encre , la dernière page du livre d'écriture est
partagée en trente et une lignes pour autant de jours du mois,
et à la fin de l'exercice chaque écolier est tenu d'inscrire
en ordre sur une ligne ce qu'il a fait dans le cours de la leçon ;
au bout de la semaine il y a lieu aussi à une addition qui
constate un résultat. La seconde moitié du livre de classe
est consacrée à faire connaître le plus ou moins d'assiduité
de chaque enfant à fréquenter l'école et le rang que tout
éleve occupe dans sa classe. Pour cet effet , on fait sur une
page autant de lignes qu'il y a d'écoliers dans la division ;
et s'il doit y avoir école tous les jours de la semaine , on
partage la même page en neuf colonnes verticales : la première contient le nom de l'écolier , les six suivantes indiquent les six jours de la semaine. Quand les leçons sont terminées , on inscrit sur cette feuille la place que chaque écolier a eue dans sa division , et qui est indiquée d'avance par
des numéros d'ordre , 1, 2, 3, etc. A la fin de la semaine, on
additionne les chiffres qui sont sur une même ligne en face
du nom de l'enfant , et on en porte la somme à la huitième
colonne : celui qui a la plus petite somme est , par conséquent,
celui dont la place a toujours été le plus près du numéro 1 ,
dans sa division ; on lui donne donc le numéro 1 dans la
neuvième colonne , et l'on voit ainsi chaque semaine qui a été
le premier , le second, le troisième , etc. Pour celui qui a
été absent , au lieu du numéro d'ordre , on porte sur la colonne la lettre a (absent) ; si quelqu'un est venu trop
tard, on lui compte le nombre des minutes qu'il a perdues ;
l'enfant qui a demandé la permission de ne pas venir est ex-
cusé par une marque spéciale; si une indisposition l'a retenu,
on l'indique également. Celui qui , dans le courant de la semaine est venu trop tard une seule fois, quel qu'ait été d'ailleurs son rang dans la division , se trouve placé à la neuvième colonne après tous ceux qui sont venus régulière-

ment ; et si l'inexactitude a été plus fréquente, on est encore mis plus bas. Le premier reçoit, dans beaucoup d'écoles, un *billet* à titre de récompense.

Un autre registre est employé à faire connaître la marche et les progrès de chaque élève dans toutes les classes. La première partie rappèle les indications du registre d'entrée, le numéro d'ordre, le jour d'entrée, l'âge et le nom de l'écolier : dans la seconde partie, chaque page est coupée par douze colonnes qui ont elles-mêmes une subdivision, et où l'on écrit par mois la page et le point fixe du livre dans lequel l'enfant prend sa leçon ; ces renseignemens se trouvent déjà consignés sous une autre forme dans le livre de classe.

Au commencement d'une nouvelle année, on reporte sur une autre feuille les mêmes indications pour chaque élève et l'on continue à inscrire à côté de son nom le résultat de ses études chaque mois. L'examen du tableau de l'année qui se termine, conduit à constater l'ensemble des progrès qui ont été faits dans l'école, et l'on a soin d'y joindre quelques exemples, pris dans ceux qui se sont le plus distingués comme dans ceux qui sont restés le plus en arrière.

Ces registres sont un puissant moyen pour exciter l'activité et pour prévenir la négligence dans les classes, et ils facilitent singulièrement la surveillance du maître et des inspecteurs. Si les moniteurs n'étaient pas soumis à inscrire régulièrement dans leurs livres d'ordre les exercices qu'ils dirigent, et à indiquer le moment et le point où chacun d'eux a commencé et fini, le maître ne pourrait jamais savoir en détail ce qui s'est fait dans chacune des classes. Le livre de classe où l'on transcrit les résultats des livres des moniteurs peut seul faire connaître au maître et au *moniteur-général* l'état de l'école, les progrès et le degré d'assiduité de chaque élève. Et comme les enfans ne restent pas toujours dans l'école, le dernier registre devient nécessaire pour constater les progrès de chacun d'eux depuis son entrée jusqu'à sa sortie : celui-ci est principalement destiné à exciter le zèle et le courage du maître ; on l'appelle *paido mètre* : au bout de quelques années, on peut y trouver des résultats intéressans et propres à faire reconnaître les effets généraux de la méthode, et le docteur Bell dit avec raison qu'un jour peut-être ces livres auront pour le monde intellectuel autant d'importance qu'en ont pour le monde physique les tables des observatoires.

La régularité et l'exactitude sont, comme de raison, les principales conditions de la tenue de ces registres ; sans elles, et si le désordre commençait une fois à s'y introduire, il serait impossible d'en sortir.

SECTION DIXIÈME.

Examens.

A la fin de chaque semaine on fait des examens, auxquels sont admis ordinairement quelques étrangers. Le maître et le *moniteur général* parcourent chaque classe, et font des questions sur toutes les leçons qui ont été apprises dans la semaine ; pendant ce temps, les écoliers des autres divisions continuent leurs travaux accoutumés. C'est alors que se décernent les récompenses, dans les écoles où elles sont encore conservées : on ouvre aussi le *livre noir*, on le présente solennellement à toute l'école ; les négligens sont punis ou réprimandés, et ceux qui ont commis des fautes plus graves sont mis en jugement, suivant les procédés que nous avons exposés.

CHAPITRE SECOND.

APPLICATION DES PRINCIPES GÉNÉRAUX DE LA MÉTHODE.

DANS les écoles de la société nationale, on apprend aux enfans de l'un et de l'autre sexe la lecture, l'écriture, le calcul et la religion : on y ajoute, pour les filles, un enseignement particulier pour le tricot et pour la couture.

SECTION PREMIÈRE.

Lecture.

L'ENSEIGNEMENT de la lecture se divise en quatre parties : 1°. l'enseignement de l'alphabet, des chiffres et de l'accentuation ; 2°. l'assemblage des lettres pour épeler les syllabes, ou les mots à une syllabe ; 3°. la lecture des mots à plusieurs syllabes ; 4°. enfin, la lecture des phrases et des périodes.

On emploie deux moyens principaux pour apprendre à lire : le premier consiste à faire tracer les lettres, les syllabes et les chiffres, d'abord sur le sable, et ensuite sur l'ardoise ; le second réside dans la lecture proprement dite des lettres et des mots : ainsi, l'enseignement de l'écriture se trouve lié à celui de la lecture, et l'un et l'autre se prêtent un secours réciproque.

Il y a encore d'autres subdivisions dans l'enseignement de la lecture. D'abord on fait reconnaître une à une toutes les lettres de l'alphabet ; puis on fait épeler par syllabes ou par monosyllabes, et plus tard par exercices sur des mots composés, en ayant soin qu'à la fin de chaque syllabe l'enfant ne répète pas celle qui précède. On fait lire ensuite des mots composés, par syllabes et sans épeler ; on apprend à prononcer les mots, en observant les pauses convenables entre ceux qui ne sont pas liés par le sens de la phrase ; enfin, on fait lire des phrases entières, en dirigeant l'attention sur la manière d'accentuer et de prononcer correctement.

Les premiers exercices de lecture sont contenus dans les deux petits livres d'école publiés par la société nationale, sous le titre *the national societys Books*, n°. 1 et 2. On trouve, dans la première partie du premier volume, tous les alphabets imprimés et écrits ; dans la seconde, des exercices pour épeler les syllabes et les monosyllabes ; dans la troisième, d'autres exercices pour les mots composés, partagés par syllabes. Le second volume contient de petites leçons de lecture, d'abord par monosyllabes, ensuite par mots à plusieurs syllabes. Toutes ces leçons sont distribuées avec beaucoup de soin, et dans une progression fort régulière.

On met d'abord sous les yeux de l'enfant un alphabet imprimé. Celui qui ne sait rien commence par tracer sur le sable, avec l'index de la main droite, les caractères qui lui sont offerts pour modèles ; et, à cet effet, il a sous la main une espèce de caisse longue de trois pieds, large de dix pouces, garnie d'un rebord qui empêche le sable de s'échapper, et dans laquelle on peut à tout moment rétablir une surface plane, par une légère secousse. Cette méthode offre plusieurs avantages ; l'enfant trouve en lui-même l'instrument avec lequel il peut apprendre à tracer des caractères, et il s'en sert avec beaucoup plus de facilité que d'une plume, ou de tout autre poinçon. L'expérience a prouvé que ce procédé l'intéresse promptement et excite son attention ; il sert encore à faire connaître la forme des lettres aux commençans, beaucoup mieux et beaucoup plus vite que toute autre manière, en les appelant eux-mêmes à tracer ces formes, au lieu qu'ils en perdent bientôt l'impression, lorsqu'elle n'est produite en eux que par le secours de la vue : enfin, n'est-ce pas un grand avantage, que l'écolier apprenne à lire et à écrire simultanément ?

L'alphabet est le commencement de toutes les études; aussi le maître doit-il avoir grand soin de surveiller d'une manière spéciale la classe où l'on trace sur le sable, puisque, dans aucune circonstance de l'enseignement ultérieur, l'enfant ne sera aussi dépendant de celui qui doit lui montrer. On ne saurait faire trop d'attention au choix du moniteur de cette classe ; il est pris ordinairement dans l'une des premières divisions, et, en cas de besoin, on lui donne un ou plusieurs adjoints ; car, dans les premiers jours, et jusqu'à ce que l'enfant sache tracer au crayon une douzaine de lettres, il a besoin que quelqu'un soit constamment auprès de lui. Dans ce cas, on peut nommer plusieurs adjoints qui se succèdent, afin que chacun d'eux ne perde pas trop de temps.

Quant au procédé technique pour apprendre à tracer sur le sable, voici comment il est pratiqué. Le moniteur ou l'adjoint montre à l'enfant sur le tableau d'alphabet qu'il a devant les yeux, et qui remplit aussi la première page du livre d'école, une lettre telle que l'I, par exemple, et il la trace lui-même sur le sable. L'enfant commence par suivre cette trace avec l'index ; et souvent, dans ce premier essai, le moniteur est obligé de le diriger. On efface le trait par une légère secousse à la table, et c'est alors que l'enfant est invité à imiter seul le modèle qu'il a sous les yeux. Cette opération se renouvelle sous la direction du moniteur, jusqu'à ce qu'elle soit exécutée couramment ; puis on enlève le tableau, et l'enfant cherche à reproduire la même figure, uniquement en l'entendant nommer. On passe à une autre lettre, pour laquelle les mêmes épreuves ont lieu, et on demande à l'enfant de tracer de nouveau la lettre qu'il a faite la première. Quand les deux lettres sont à côté l'une de l'autre, on les lui fait connaître et prononcer ensemble ; c'est le premier pas pour épeler : on ne passe à une nouvelle que lorsqu'il sait bien distinguer les deux premières, et qu'il les assemble facilement.

On avait d'abord proposé de diviser les lettres en *rectilignes*, *angulaires et courbes*, dans l'espoir que cette distinction des formes offrirait plus de facilité à l'enfant (1) : mais on a reconnu qu'il suffit de lui présenter au commencement les figures les plus simples ; telles que celles des lettres I, L, T, O, qui servent elles-mêmes de modèles pour les formes de toutes les autres : l'on peut ensuite reprendre l'alphabet dans l'ordre naturel. (2)

Toutefois la méthode de faire tracer sur le sable offre cet inconvénient, que tout ce qui a été écrit disparaît tout de suite, d'où il résulte la nécessité de répéter plus souvent le même exercice et de revenir plus fréquemment aussi sur ceux qui ont précédé. Pour y remédier, le docteur Bell a introduit depuis quelque temps l'usage de joindre l'écriture sur l'ardoise aux exercices sur le sable : par ce moyen le maître peut mieux observer l'application et les progrès des écoliers, et ceux-ci sont préparés de bonne heure à manier une espèce de plume. Chaque enfant reçoit pour cet exercice une petite pièce d'ardoise, sans cadre, longue de neuf pouces et large de six, laquelle est suspendue derrière son dos par une petite ficelle ; on lui donne aussi un crayon.

Lorsque les écoliers ont appris à tracer sur le sable la lettre la plus facile, l'I, par exemple, ils se mettent à leurs pupitres, et chacun d'eux, sous la direction d'un maître (car, ainsi que nous l'avons déjà dit, il faut un maître spécial pour les premiers exercices), chacun d'eux essaie de conduire son crayon le long de la trace qu'il trouve sur la carte de l'alphabet, à la même figure, afin de s'accoutumer par là au mouvement de la main. Après qu'ils s'y sont familiarisés, ils font le même trait sur l'ardoise, avec le

_____

(1) Le docteur Briggs avait adopté cette division dans l'école de Kendal, voici comment il l'avait faite :
Première série : J, H, T, L, E, F.
Deuxième :   A, V, W, M, N, Z, K, Y, X.
Troisième :   C, G, O, Q, J, U, D, P, B, R, S.

(2) Pour faire apprendre l'alphabet plus vite et pour animer l'enfant dans ses premières leçons, le docteur Bell conseille au moniteur d'amener son écolier à faire une lettre un certain nombre de fois dans un temps donné, et il va jusqu'à demander vingt fois dans une minute.

crayon, et recommencent la même leçon jusqu'à ce qu'ils
soient parvenus à imiter exactement le modèle. Ils écrivent
successivement et de la même manière les lettres L, T, O;
alors la classe se forme en carré ou en demi-cercle; le
moniteur commence par lire les quatre lettres I, L, T, O,
à haute voix, dans tous les sens, lentement et en mettant
entre chacune un intervalle suffisant pour les bien distinguer. Tous les écoliers répètent après lui à haute voix, et
en même temps chacun d'eux indique sur l'ardoise et avec
son crayon, la lettre qui est prononcée. La leçon commence :
le premier lit, comme l'a fait le maître, et perd sa place,
s'il se trompe : les autres répètent à haute voix ce qu'il dit;
chacun lit, une fois à son tour, les quatre lettres : on en
vient après à faire nommer une lettre par le premier, la suivante, par celui qui lui succède, et ainsi de suite ; enfin le
moniteur dicte les lettres à tous les écoliers qui les écrivent dans le même ordre sur l'autre côté de l'ardoise, et
chacun d'eux lit à haute voix ce qu'il a écrit, afin que l'on
reconnaisse et que l'on corrige les fautes.

Ces divers exercices, dont les leçons ultérieures ne seront
que le développement, doivent être suivis avec beaucoup
de soin et répétés jusqu'à ce qu'ils soient devenus fami-
liers à tous les élèves.

Lorsque ces quatre lettres sont bien connues, les enfans
passent à la ligne suivante de l'alphabet qu'ils trouvent sur
le livre d'école, et celle-ci présente les quatre premières
lettres A, B, C, D, sur lesquelles on procède, comme
pour l'autre exemple, d'abord avec le sable, ensuite au
pupitre, et enfin debout.

Ordinairement, quand ces deux exercices ont été étudiés et bien dirigés par le maître, il devient inutile de les
appliquer aux autres lettres de l'alphabet, et l'on apprend
à les connaître plus vite. Le premier écolier dit la lettre E ;
le second F, le troisième G, le quatrième H, le cinquième H, le sixième G, le septième F, le huitième E, le neuvième E ; et l'on continue en remontant. A ces divers exer-

cices l'on a soin de surveiller aussi la prononciation et l'i-
nattention ou les fautes sont punies par la perte de la place.

L'alphabet ainsi distribué de quatre en quatre lettres
étant bien connu, toute la division retourne aux bancs et
chacun est obligé de l'écrire de mémoire sur l'ardoise. Plus
tard, on procède debout au même exercice, sous la dictée
et sans s'astreindre à l'ordre des lettres. Après cette leçon,
qui commence à devenir importante, le résultat en est mis
sous les yeux du maître, afin qu'il puisse juger des progrès
des écoliers : il faut en conséquence que l'ardoise ne soit net-
toyée que lorsqu'elle est remplie des deux côtés, et même
alors on n'efface qu'un côté, et l'on conserve, autant qu'il est
possible, la trace des derniers travaux de chaque élève,
soit pour l'usage du maître, soit pour pouvoir les montrer
aux personnes qui visitent l'école.

Dès que le grand alphabet a été suffisamment étudié, on
passe aux petites lettres; et, dans le cours de cet exercice,
on donne une attention particulière à celles-ci., b, d, p, g.
Elles sont toujours mises ensemble, et les enfans apprennent mieux à les distinguer, si l'on a le soin de leur faire
observer que toutes se composent d'abord d'un o, et ensuite de traits placés à droite, à gauche, en haut et en bas :
immédiatement après cet exercice viennent la lecture et l'é-
criture des chiffres.

Voilà trois études bien complètes et qui font la base de
l'enseignement. Quand elles sont terminées, on fait connaître aux enfans le petit alphabet écrit. La dernière édition des livres d'école contient un exemple d'écriture courante. On commence de même par les lettres i, l, t, o,
puis les voyelles a, e, i, o, u, enfin tout le reste de l'alphabet dans l'ordre ordinaire, ou même, tout de suite
après, on prend les exercices des syllabes, la, lo, li, lo, lu,
par où les enfans apprennent en même temps à épeler : cet
alphabet est le plus important, puisqu'il servira désormais
à tous les usages; ordinairement une semaine suffit pour
le bien apprendre.

Les exercices sur les syllabes suivent ceux que l'on a faits sur les lettres, et, comme pour celles-ci, les enfans apprennent plus facilement et mieux en écrivant d'abord sur l'ardoise et en lisant ensuite. Dans les écoles où l'usage de l'ardoise n'est pas encore adopté, ils commencent par épeler en tout sens une syllabe donnée, chacun nommant une lettre à son rang et celui qui le suit prononçant la syllabe entière. La leçon est composée de cinq ou six syllabes, par exemple, *la*, *le*, *li*, *lo*, *lu* : le moniteur désigne l'écolier qui commencera et qui dit le premier *l* ; le suivant dit *a*, le troisième *la*, le quatrième *l*, le cinquième *e*, le sixième *le* et ainsi de suite : le quinzième ayant dit *lu*, celui qui suit recommence en remontant.

Lorsqu'ils sont un peu plus exercés, ils prennent la série ascendante sans épeler chaque syllabe, *lu*, *lo*, *li*, etc. ; le moniteur donne l'ordre *livres fermés !* et fait épeler les syllabes en tout sens, sans livre ni tableau, puis on reprend les livres et l'on passe à la ligne suivante : ces exercices sont aussi fort importans et exigent beaucoup de soins de la part du maitre. Quand on a parcouru un page, ligne par ligne, on la reprend par pièces détachées, on fait lire deux ou trois lignes de suite, et les difficultés qui se présentent sont de nouveau expliquées : enfin les écoliers se mettent à lire la page entière sans épeler, et suivant l'ordre des places.

Dans aucun cas, un exercice de ce genre ne doit durer plus d'un quart-d'heure, et avant toute chose, il faut que le maitre prenne garde à ne pas faire passer d'une leçon à l'autre avant que la précédente soit bien connue ; car l'expérience a prouvé combien il est nécessaire, dans les commencemens surtout, de prévenir les dégoûts que pourrait essuyer un enfant s'il rencontrait des difficultés qui seraient déjà aplanies pour les autres et qui n'auraient pas été suffisamment éclaircies pour lui.

Ces dernières considérations ont déterminé le docteur Bell à reproduire les mêmes exercices sous une autre forme, et voici ce qui se pratique à ce sujet dans l'école centrale de Londres : les enfans écrivent de même les syllabes sur l'ardoise et les lisent ensuite, ainsi qu'ils ont fait déjà pour l'alphabet. Pour leur faciliter cette étude, on a fait imprimer les trois premières pages du livre d'école, dans lesquelles on trouve des exemples de syllabes, en caractères d'écriture courante, au lieu des caractères d'imprimerie; en sorte que les enfans n'ont plus qu'à faire de véritables *fac simile*, lorsqu'ils vont à leur pupitre écrire les lettres ou syllabes sur l'ardoise, pour les lire ensuite debout et à haute voix. Le moniteur dicte une syllabe, les enfans répètent, et chacun d'eux écrit, en copiant exactement le modèle qu'il a sous les yeux ; puis tous se lèvent ensemble et lisent ce qu'ils ont écrit eux-mêmes, comme dans l'autre pratique, ils lisaient ce qu'on leur montrait sur le livre, en caractères d'imprimerie. Aux exercices suivans, qui ont également lieu au milieu de l'appartement, on reprend l'opération que nous avons déjà décrite pour montrer comment on épèle le livre étant fermé.

Si l'exercice est *bla*, *ble*, *bli*, *blo*, *blu*, le premier écolier dit *b*, et tous les autres écrivent cette lettre sur l'ardoise ; le second dit *l*, le troisième *a*, le quatrième *bla*, le cinquième *b*, le sixième *l*, le septième *e*, ainsi de suite. Les cinq syllabes étant écrites, tous les enfans les lisent, puis le moniteur les fait épeler en tout sens et chaque lettre bien prononcée est écrite par toute la classe de l'autre côté de l'ardoise. On continue ces exercices jusqu'à ce que chaque écolier sache couramment transporter les lettres, les syllabes et les mots composés du livre sur l'ardoise, et ensuite les écrire en les entendant dicter.

Les accens et signes qui sont placés à la fin de la seconde partie du premier livre d'école, deviennent aussi l'objet de la même étude, d'abord sur le sable, ensuite sur l'ardoise, et les enfans apprennent ainsi à en connaître la valeur, lorsqu'ils les rencontrent par la suite.

Quand les syllabes et les monosyllabes ont été bien en-

seignés, les plus grandes difficultés sont passées, puisque
les mots les plus longs, qui se présenteront dans les exercices
ultérieurs, seront d'abord lus et étudiés par syllabes détachées,
comme précédemment les monosyllabes ont été appris par
lettres. La troisième partie du livre d'école contient cinq
pages de mots composés, divisés par syllabes. Les écoliers
les lisent d'abord séparément, comme si elles formaient des
mots, et, après les avoir épuisées, ils les prononcent ensemble
et d'une seule fois, de manière à dire le mot en entier,
mettant un court intervalle entre chaque syllabe, et faisant
une plus longue pause après avoir prononcé le mot : par
exemple : *avantage*, ils lisent, le premier *a-*, le second *van-*,
le troisième *ta-*, le quatrième *ge-*, le cinquième *avantage*;
le mot suivant est lu de la même manière, par ceux qui
viennent après : du reste on ne s'arrête pas long-temps à la
lecture des mots par syllabes; on choisit les mots les plus
difficiles, on les fait épeler quelquefois, pour rappeler cette
méthode, mais alors même on abrége et l'on fait prononcer
de suite toutes les lettres, sans épeler par syllabes.

On passe alors à l'exercice de l'écriture sur les mots composés. Dans les leçons précédentes les lettres ont été pro-
noncées et écrites séparément par chaque écolier; il en est
de même ici pour les syllabes. Sur le même mot *avantage*,
le premier dit la syllabe qui se compose de la seule lettre *a*,
et tous l'écrivent sur l'ardoise : le second dit, *van*, le troisième
ta, le quatrième *ge*, tous continuent d'écrire, et le cinquième
dit le mot entier. A la leçon des syllabes, on prenait ordinairement une ligne pour l'exercice; ici on en prend plusieurs, et plus tard même une page entière. On commence,
comme auparavant, par écrire au pupitre, puis on lit debout
et à haute voix, enfin le moniteur dicte des mots qui sont
écrits sous sa dictée.

Tel est l'enseignement contenu dans le premier volume
du livre d'école. En voici les résultats. Tout exercice pour
épeler est en même temps exercice d'écriture et *vice versâ*.
Les mots sont lus deux fois : avant de les lire, on les copie

sur le livre; puis, quand on les a lus d'un seul trait et épelés par syllabes, sans livre, on les écrit encore, en sorte que toute leçon de lecture commence et finit par l'écriture.

Les études que nous venons d'exposer sont tout-à-fait fondamentales et préparent les élèves à entrer facilement dans les exercices du second volume, qui sous la forme de nouvelles leçons, par mots divisés en syllabes, contient en même temps d'utiles préceptes de morale. A l'exactitude de la prononciation de chaque mot, on ajoute l'enseignement pour les différentes pauses et les inflexions de voix qu'il convient d'observer : d'abord on prend une phrase courte, et l'on s'y arrête autant qu'il est nécessaire pour que tous les écoliers parviennent à la lire couramment ; on continue, et peu à peu les phrases qui font l'objet d'un exercice sont prises plus longues, ou l'on en assemble plusieurs.

Au commencement de la leçon le moniteur lit à haute voix le passage qui fera le sujet de l'étude du jour, en ayant soin d'observer les repos que le sens indique. Puis les écoliers relisent le même passage, l'un après l'autre, et tous répètent à haute voix. Chacun d'eux reprend une seconde fois, et les autres suivent tout bas. Enfin viennent les exercices par mots ou petites phrases détachées, où chaque élève à son tour lit une partie du passage déterminé. Après quelques leçons semblables, la classe est d'ordinaire assez bien préparée pour commencer l'usage d'un nouveau mode qu'elle suit, si elle en est capable, jusqu'à la fin du livre, et qui consiste en ce que chaque écolier, dans son rang, lise sans s'arrêter, jusqu'à ce que le moniteur le lui prescrive, après avoir mesuré la longueur de l'exercice sur la force de ceux qui composent la division : celui qui vient après reprend la même lecture, et l'on continue ainsi jusqu'au dernier de la classe. Avant de quitter cette leçon, le moniteur reproduit les mots qui peuvent avoir embarrassé quelques-uns des écoliers, et il les fait épeler ou écrire sur l'ardoise. Si l'on épèle, c'est ordinairement ou par lettre, sans indiquer les syllabes, ou par syllabes, sans prononcer les lettres séparément ; l'une ou

l'autre de ces méthodes est suffisante ; il n'arrive pas même
très-souvent que l'on ait besoin d'y avoir recours, et dans
une classe bien conduite, qui est déjà parvenue à ce point
de l'enseignement, il se présente tout au plus un ou deux
exemples semblables dans le cours d'une leçon. Quelquefois,
pour rappeler le passé, on fait faire cet exercice à toute la division, comme il avait lieu lorsqu'on en était à cette portion
de l'étude.

Enfin, les élèves arrivent à la seconde partie du second
volume de l'école, laquelle ne diffère de l'autre, qu'en cela
que les mots n'y sont plus divisés en syllabes, mais qu'ils se
présentent tels qu'on les rencontre dans tout livre imprimé.
On entremêle assez souvent les exercices qui sont contenus
dans ce volume, en sorte que la moitié d'une leçon est employée à lire des mots où la séparation des syllabes est indiquée, tandis que dans l'autre moitié du même exercice,
les enfans essaient de lire plus couramment et sans être distraits
par aucun des procédés que l'on met d'abord en pratique
pour faciliter leur travail. C'est surtout dans ces dernières leçons que l'on s'applique à faire bien indiquer tous
les intervalles d'un mot à un autre, et à faire prononcer sans
interruption les mots qui sont liés. Plus tard, chaque écolier
lit un paragraphe entier, et ces exercices ont pour objet principal de donner aux enfans les habitudes d'une lecture régulière et bien accentuée. Lorsqu'ils sont arrivés à la fin du
second volume, le cours de lecture est terminé, et tous ceux
qui composent la classe peuvent désormais lire couramment
les livres qui sont reçus dans l'enseignement de l'école et qui
se rapportent tous à l'étude de la religion.

SECTION DEUXIÈME.

Écriture.

Nous aurons peu de chose à dire à ce sujet, puisque nous
venons de montrer que l'enseignement de l'écriture est im-

médiatement lié à celui de la lecture, et que tous les deux marchent de front (1).

L'alphabet imprimé aussi-bien que l'alphabet écrit, celui des lettres majuscules et celui des petites lettres, sont faits d'abord sur le sable, puis sur l'ardoise, en commençant par les figures les plus simples, et en suivant par gradation jusqu'aux plus difficiles. Quand l'écolier est parvenu à écrire couramment sur l'ardoise, on lui donne, pour récompense de ses travaux, un cahier sur lequel il écrira désormais avec de l'encre et une plume, et copiera chaque jour, à une heure déterminée, les exemples qui seront mis sous ses yeux. Pour ce nouvel exercice, on suit également le principe de progression que nous venons d'indiquer. Lorsque la leçon commence à devenir plus longue, et que l'écolier prend l'habitude de tracer plus vite les caractères, des motifs d'ordre et d'économie font qu'on lui donne du papier rayé d'avance, et où sont déterminées les proportions qui doivent exister entre les lettres ordinaires et celles qui dépassent la ligne en haut ou en bas. Le cahier étant fini, et si l'enfant a fait des progrès suffisans, le nouveau papier n'est plus rayé. A la leçon d'écriture, les enfans sont toujours assis sur leur bancs et rangés suivant leur capacité, le plus fort occupant le haut du banc, sur la gauche.

Le docteur Bell conseille d'employer quelquefois aux exercices proprement dits d'écriture, une portion du temps de la leçon de lecture, afin que tout cet enseignement soit bien lié.

SECTION TROISIÈME.

Arithmétique.

COMME les syllabes sont décomposées par lettres, et les mots par syllabes, de même les nombres sont susceptibles

---

(1) Du reste il n'y a pas très-long-temps que cette méthode a été généralement adoptée dans les écoles du docteur Bell : M. Lancaster l'introduisit dans les siennes dès le principe.

d'être décomposés en chiffres, et c'est là le premier objet
de l'étude, en ce qui concerne l'arithmétique. Nous avons
déjà vu que peu après qu'un écolier est entré en classe,
on lui apprend à connaître et à tracer les dix chiffres sur
le sable et sur l'ardoise. Cet exercice est renouvelé jusqu'à ce qu'il sache les lire, les copier et les écrire sous la
dictée, dans quelque ordre que ce soit, et sur des lignes
tantôt horizontales et tantôt verticales. Après les unités, on
fait étudier sur les dizaines, sur les centaines, et puis on
dicte et on fait lire et écrire des nombres composés de
chiffres diversement combinés : le moniteur les donne lui-
même, ou les fait donner par un écolier. Celui à qui il fait
un signe est obligé à dire sur-le-champ un chiffre ; le suivant en nomme deux, dont l'un est un zéro, par exemple
90. — Le troisième, deux sans zéro, 63. — Le quatrième,
trois chiffres, dont deux zéros, 500. — Le cinquième, trois
chiffres avec un zéro au milieu, et ainsi de suite. Ces divers exemples, que l'on peut multiplier à l'infini, appliqués
à une série de trois chiffres, suffisent pour faire connaitre
toutes les variations de ce genre d'écriture.

En effet tout nombre, quelle que soit d'ailleurs la quantité
de chiffres dont il se compose, pouvant être divisé en séries de trois chiffres chacune, il devient facile à l'écolier
qui connait bien les variations possibles dans toute série
d'appliquer le même principe à un nombre de chiffres in-
déterminé ; il ne lui reste plus qu'à partager le nombre
entier en autant de séries de trois qu'il s'en présentera,
en indiquant la première série par une *virgule*, la seconde
par *point et virgule*, et en marquant la première période
formée par ces deux séries d'un point au-dessus du dernier
chiffre, toujours de droite à gauche pour chacune de ses
opérations.

Voici comment se pratiquent les exercices pour nombrer
et noter les chiffres.

Le moniteur fait dire un chiffre par un écolier, et tous
les autres l'écrivent à l'extrémité gauche de l'ardoise ; le

6

suivant en nomme un second, qui est placé sur la même ligne à droite du premier, et ainsi de suite, tant qu'on veut, et il en résulte sur chaque ardoise le tableau suivant :

5 3 6 3 0 8 2 3 9 7 0 4 6 0 ·1 0 0 4 0 1 3 8 0 5 8.

Sur un signal donné, toute la classe s'arrête. L'écolier qui vient après celui qui a posé le dernier chiffre, commence à lire et nommer le premier chiffre ; le second, le chiffre qui suit, etc. Toute la série ayant été ainsi lue de gauche à droite, on la reprend de droite à gauche, puis on procède à partager le nombre entier de trois en trois chiffres. L'élève dont le tour arrive commence et dit à ses camarades : *Comptez trois chiffres de droite à gauche, et faites une virgule entre* o *et* 8 ; toute la division le suit, et le second continue : *Comptez trois chiffres depuis la virgule, de droite à gauche, et faites un* point et virgule *entre le* 1 *et le* o. L'exercice étant fini, le nombre se trouve ainsi partagé :

5 ; 363, 082 ; 397, 046 ; 010, 040 ; 138, 058.

Alors, pour commencer la nouvelle leçon, chacun lit une série ; le premier 5, le second 363, etc. Sur un nouveau signal, on procède à indiquer les périodes de six chiffres ; un écolier dit : *Faites un point sur le chiffre qui est à la gauche du premier* point et virgule, *et qui indique des millions* ; les autres marquent le point, et le suivant continue : *Faites deux points sur le chiffre qui est à la gauche du second* point et virgule, *et qui indique des billions*, et ainsi de suite jusqu'à ce que le nombre soit marqué comme ici :

5 ; 363, 082 ; 397, 046 ; 010, 040 ; 138, 158.

On recommence à lire par demi-périodes, et l'on apprend à connaître, par la valeur affectée à chaque signe, la division en centaines, mille, millions, etc. Après un exercice aussi détaillé, et sur un tel exemple, l'écolier pourra lire et écrire sans effort tout autre nombre.

Avant de passer aux quatre règles, les enfans doivent étudier et bien connaître les tableaux d'addition, de soustraction, de multiplication et de division. Les tableaux des deux premières et ceux des deux dernières opérations sont joints ensemble. On commence par les tableaux d'addition et par les exemples. Chaque élève écrit sur l'ardoise à mesure que l'un de ses camarades dicte une ligne, et il en résulte un sujet d'exercice :

$$1 + 1 = 2$$
$$1 + 2 = 3$$
$$1 + 3 = 4$$

Ce tableau est lu dans tous les sens par les écoliers : le premier dit *un*, le second *et un*, le suivant *font deux*; le quatrième *un*, le suivant *et deux*, le sixième *font trois*; le septième *un*, le huitième *et trois*, le neuvième *font quatre*. On continue : *trois*, le suivant *et un*, le suivant *font quatre*; le suivant *deux*, le suivant *et un*, l'autre *font trois*, etc. — Cette même leçon sert aussi pour la soustraction. Voici comment on la lit : *un de deux*, *reste un*; — *un de trois*, *reste deux*; — *deux de trois*, *reste un*; — *trois de quatre*, *reste un*.

Après ce premier tableau, on passe au suivant :

$$1 + 4 = 5$$
$$1 + 5 = 6$$
$$1 + 6 = 7$$

et ainsi de suite, jusqu'à $1 + 12 = 13$. Du reste, rien n'est déterminé pour la durée d'aucun de ces exercices, et le maître s'y arrête jusqu'à ce qu'il soit parvenu à ce que ses élèves répondent sans hésiter aux questions prises en tout sens, comme par exemple, 11 et 1? — *font douze*; 1 et 7? — *font* 8, etc.

On passe à la seconde colonne qui commence par $2 + 2 = 4$ et l'on suit les mêmes exercices jusqu'à $12 + 12 = 24$.

Ensuite on étudie les tableaux de multiplication, depuis $2 \times 2 = 2$ jusqu'à $12 \times 12 = 144$, et ces tableaux servent de même pour faire connaître les premiers élémens de la division.

Lorsque les écoliers ont appris par petites portions les deux ou trois premiers tableaux, ils sont d'ordinaire capables d'en apprendre un dans un exercice, et bientôt après de commencer les règles.

Le moniteur dicte un nombre à son gré, et tous les enfans l'écrivent sans avoir de modèle sous les yeux : avant de procéder au calcul, chacun d'eux lit le nombre qu'il a écrit, afin que l'on puisse vérifier s'il n'a point fait de faute, et l'on visite toutes les ardoises qui, sur un signal donné, sont tournées vers le moniteur. Pour faire l'opération, chaque écolier en dicte à son tour un fragment et tous les autres écrivent en même temps. Celui qui se trompe en dictant un chiffre perd son rang, comme à la leçon de lecture ; après que l'opération et la preuve ont été faites, le moniteur visite une seconde fois les ardoises, et les écoliers sont disposés dans un ordre nouveau, suivant l'habileté de chacun à écrire les chiffres et à calculer. Enfin les nombres sur lesquels doivent s'apprendre les règles de l'arithmétique, sont ordinairement dictés d'après le livre, par les élèves qui prononcent l'un après l'autre une petite partie de l'exemple qu'ils ont sous les yeux.

On a jugé convenable pour tous les exercices de calcul de faire les classes aussi nombreuses qu'il est possible ; aussi l'on voit souvent dans une école plusieurs divisions de trente-six enfans chacune, occupées sur un même modèle, et tous les élèves écrivant en même temps ce qu'un seul dicte à haute voix.

Nous croyons devoir ajouter quelques exemples pour montrer comment on procède dans les rangs à chaque règle d'arithmétique.

Addition et soustraction simples.

Supposons que l'exemple donné se présentât comme il suit, sur le tableau, après que l'on aurait fait l'opération et la preuve :

$$
\begin{array}{r}
54 \\
\hline
365 \\
6 \\
523 \\
\hline
948 \\
894 \\
\hline
54
\end{array}
$$

Voici comment on serait arrivé à ces divers résultats.

Le premier nomme 54, le suivant 365, le troisième 6, le quatrième 523, et le moniteur fait le signal pour que l'on s'arrête. A ce moment les écoliers ont déjà écrit sur l'ardoise et l'un sous l'autre, les nombres qui ont été dictés, et quand le moniteur interrompt, ils passent un trait sous le dernier nombre. Chacun, à son tour, lit l'un des nombres qu'il a écrits sur son ardoise, pour répéter l'exercice de la lecture et pour corriger les fautes qu'il peut avoir faites : celui qui se trompe en lisant perd son rang ; le moniteur fait montrer toutes les ardoises et les parcourt de l'œil : s'il découvre encore une faute, celui qui l'a faite descend quelquefois de plusieurs places.

Alors on prescrit à un élève de commencer l'addition. Celui-ci prenant d'abord du bas en haut, dit : 3 *et* 6 *font* 9 ; le suivant répète le nombre 9 et dit 9 *et* 5 *font* 14, le suivant, 14 *et* 4 *font* 18 ; celui qui vient après, dit : *Posez le* 8 *sous le* 3 *et retenez* 1 (une dizaine), *pour la colonne suivante.* Pour la première colonne, et surtout dans les commencemens, on fait répéter à chaque écolier le nombre que son camarade a dit avant lui ; plus tard, cette formalité est supprimée, et l'on procède comme nous allons voir. L'écolier suivant (reprenant à la seconde colonne et toujours de bas en haut) dit : 1 *qu'on a retenu et* 2 *font* 3 ; celui qui vient après (sans répéter le 3), *et* 6 *font* 9 ; le suivant, *et* 5 *font* 14 ; le quatrième, *posez le* 4 *sous le* 2 *et retenez* 1 *pour la colonne suivante ;* le cinquième, 1 *qu'on a retenu et* 5 *font* 6 ; le sixième, *et* 3 *font* 9 ; le septième, *posez* 9 *sous le* 5. Le huitième lit le nombre entier, *neuf cent quarante-huit* ; celui qui vient après, dit à toute la division : *séparez le nombre d'en haut par une ligne et additionnez le reste dans l'autre sens.* Le suivant commence par la première colonne à droite et du haut en bas, 5 *et* 6 *font* 11 ; le second, *et* 3 *font* 14 ; l'autre, *posez* 4 *sous le* 8 *et retenez* 1 *pour la colonne suivante,* et ainsi de suite, jusqu'à ce qu'un des écoliers ait, à son rang, nommé le second nombre *huit cent quatre-vingt-quatorze.* Celui qui vient après lui, dit alors : *soustrayez le dernier nombre de celui qui est au-dessus ;* le suivant continue, *ôtez* 4 *de* 8 *reste* 4 ; le second, *posez le* 4 *sous le* 4 ; le troisième, 9 *de* 4 *impossible, emprunrez* 10, *et dites* 9 *de* 14 *reste* 5 ; le quatrième, *posez le* 5 *sous le* 9 ; le cinquième, 8 *de* 8 *reste* 0 ; le sixième lit 54 ; le suivant demande, *la preuve est-elle juste ?* Celui qui vient après, répond *elle est juste.* — Pourquoi ? — Le dernier, *parce que le premier et le dernier nombre sont égaux.*

Multiplication et division simples.

'Ces deux règles s'apprennent également ensemble. Voici un exemple pris sur une ardoise où l'opération a été faite,

$$
\begin{array}{r}
13{,}746 \\
3 \\
\hline
\end{array}
$$

$$
3 \left\{
\begin{array}{r}
41{,}238 \\
13{,}746 \\
\hline
\end{array}
\right.
$$

Le premier élève dit : *multipliez* 13 *mille* ; le suivant, 746 ; le troisième, *par* 3. Tous tirent une ligne sous le 3, et le quatrième dit : 3 *fois* 6 *font* 18; le cinquième, *posez* 8 *sous le* 3 *et retenez* 1 ; le sixième, 3 *fois* 4 *font* 12 , *et un que j'ai retenu font* 13 ; celui qui vient après, *posez* 3 *sous le* 4 *et retenez* 1, et ainsi de suite. — L'opération terminée, celui qui a la parole lit les deux premiers chiffres, *quarante-un mille* ; le suivant, *deux cent trente-huit* ; le troisième dit : *divisez ce nombre par* 3 ; tous tirent une ligne sous le dernier nombre, et posent sur la gauche le 3 qui devient le diviseur; un élève dit : *3 en* 4 , 1 *fois, et il reste* 1 ; celui qui vient après, *posez* 1 *sous le* 4 *et retenez* 1 *pour le chiffre suivant* ; le troisième, *3 en* 11 , 3 *fois, et il reste* 2 , etc. Après l'opération, un écolier lit *treize mille* ; son camarade après lui, *sept cent quarante-six*. — *La preuve est-elle juste ? — Oui. — Parce que le dernier nombre est égal au premier.*

Addition et soustraction composées.

EXEMPLE (1).

l.	s	d.	
46	12	4	3/4
7	9	11	1/4
40	19	1	1/4
95	1	5	1/4
48	9	0	1/2
46	12	4	3/4

Après que les écoliers ont dicté et lu à haute voix chacune de ces sommes, on commence par additionner les fractions, en prenant de bas en haut tous les diviseurs : le premier dit donc 1 *et* 1 *font* 2 ; le second, *et* 3 *font* 5 ; *le troisième*, 5/4 (*cinq*

---

(1) Nous dirons, pour cet exemple et pour tous ceux d'opérations semblables, que la division étant la même pour les livres, schellings et deniers sterlings, que pour les livres, sous et deniers de France , on peut supposer que ces exemples sont appliqués à celles-ci.

quarts) *de denier font* 1 *denier et* $\frac{1}{4}$: le suivant *je pose* $\frac{1}{4}$ *et je retiens un pour la colonne des deniers* ; celui qui vient après continue dans le même ordre : 1 *que j'ai retenu et un font* 2; l'autre, *et* 11 *font* 13; le suivant, *et* 4 *font* 17; son voisin , *je pose* 5 *sous les deniers* , *et je retiens* 1 *pour la colonne suivante.* Après que le résultat de l'addition est connu, on procède à la preuve, en faisant (comme nous l'avons déjà dit, et toujours suivant la même marche d'exercice entre les élèves,) retrancher le premier nombre, et additionner les deux suivans : la preuve se fait de même, en faisant soustraire le total de la seconde addition du total de la prémière.

Multiplication et division composées.

EXEMPLE :

$$87 \quad 16 \quad 7 \quad \tfrac{1}{4}$$
$$6$$

$$6 \left[\begin{array}{cccc} 526 & 19 & 10 & \tfrac{1}{4} \text{ ou } \tfrac{1}{7} \\ \hline 87 & 16 & 7 & \tfrac{3}{4} \end{array} \right.$$

Le premier commence à lire, *multipliez* 87 l. ; le second, 16 *schellings*, le troisième 7 *deniers* le quatrième *trois quarts*, le cinquième *par* 6.

Ensuite l'opération se fait toute entière suivant les procédés déjà exposés, et par le concours de tous les enfans de la même classe.

C'est de cette manière qu'on fait faire de nombreux exercices sur chacune des quatre règles de d'arithmétique (1) : cependant le moniteur a le droit d'interpeler un écolier de la classe avant que son tour soit arrivé, et de lui faire une question : quelquefois aussi, et pour éprouver les forces

(1) On verra plus tard , dans l'exposition des méthodes françaises , l'analyse des procédés qui sont suivis dans quelques écoles et dûs aux soins de M. l'abbé Gaultier : ces méthodes nous paraissent préférables à celles que nous venons d'analyser , en ce qu'elles font mieux comprendre aux enfans les diverses opérations dont se compose tout calcul.

individuelles., on donne à tous les élèves de la division,
une règle à faire en même temps , mais sans que tous y concourent à la fois , et s'entr'aident ainsi les uns les autres :
chacun travaille pour son compte et à voix basse ; celui qui
a fait le plus vite, et qui ne s'est pas trompé , devient le premier de la classe.

SECTION QUATRIÈME.

Religion.

L'ENSEIGNEMENT religieux que l'on donne aux enfans dans
les écoles de la société nationale est distribué avec beaucoup
de soin , et de telle manière qu'il marche de front avec
toutes les autres études , commençant par les objets le plus
faciles et s'élevant successivement.

Dès qu'il entre dans une école , un enfant est exercé sur la
première de toutes les prières chrétiennes : chaque jour on
lui fait apprendre par cœur une phrase de *l'oraison dominicale* , puis de petites prières pour le matin et pour le soir ,
pour les repas, pour l'église et pour l'école. Tous les jours
à l'ouverture des classes on consacre environ un quart d'heure
en pieux exercices, même avant que les enfans sachent
lire. Le moniteur de la classe prononce une partie de la
prière à haute voix et en observant les repos entre chaque
phrase : par exemple *notre Père — qui étes aux cieux*, etc.
Toute la classe répète à haute voix la même phrase, et ensuite
chaque écolier prononce à son tour un mot ou une phrase,
suivant l'étendue de l'exercice.

Dès que les enfans sont en état de lire , l'enseignement religieux se trouve lié naturellement à toutes les leçons de lecture, et , comme nous l'avons déjà dit, ces leçons sont toutes
composées de passages tirés de l'écriture sainte ou d'autres
livres de piété. Le catéchisme de l'église anglicane est
étudié surtout avec beaucoup de soin , et l'on se sert en gé-

néral de celui qui est composé par demandes et par réponses (1). Dans l'école centrale de Londres, on a adopté aussi
l'introduction à la religion chrétienne par Crossman (2), et
un autre livre où sont exposées les *plus importantes vérités
de la religion chrétienne* (3). Mais parmi les ouvrages spéciaux sur lesquels se fondent tous les exercices, celui que
l'on étudie avant tous les autres est un petit recueil qui
contient les discours de Jésus sur la montagne (4). Ici, comme
pour toutes les autres leçons de même nature, on commence
par faire faire les exercices sur un passage, suivant le mode
que nous avons déjà exposé, puis on fait des questions dont
les réponses doivent servir de commentaires à ce qu'on vient
de lire et en faciliter l'intelligence. Par exemple, après qu'on
a bien lu dans une classe la phrase suivante, *lorsque Jésus
vit le peuple, il alla sur une montagne*, on demande *que vit
Jésus ? — Qui est-ce qui vit le peuple ? — Que fit Jésus
quand il vit le peuple ? — Qui alla sur la montagne ?* etc.
A mesure que les écoliers avancent, on prend des passages
plus longs, et on leur fait des questions plus difficiles.

Pendant long-temps les moniteurs ont été chargés exclusivement dans toutes les classes de ces exercices sur le catéchisme ou d'autres livres de religion; ils faisaient eux-mêmes
les questions sur ce qui venait d'être lu, et les écoliers ré-
pondaient chacun à son tour : maintenant, dans les hautes
classes de l'école centrale de Londres, c'est entre les écoliers
mêmes que se font les demandes et les réponses, et les mo-

---

(1) *The church catechism broke into short questions : with the answers at
length, instead of references by figures.* Dix-septième édition, à Londres, 1815.

(2) *Crossman's introduction to the knowledge of the christian religion.*
Londres, 1814.

(3) *A catechical instruction, being an account of the chief truths of the
christian religion explained to the meanest capacity by way of question
and answer.* Londres, 1816.

(4) *Our blessed saviour's sermon on the mountain.* Londres, 1819. (D'a-
près saint Mathieu, chap. 5, 6, 7.)

niteurs n'ont qu'à en surveiller l'exactitude. On éprouve un
véritable plaisir à voir les enfans s'interroger mutuellement
et rechercher toutes les difficultés auxquelles ils peuvent
atteindre, dans les passages qui ont fait l'objet de la lecture :
j'y ai souvent assisté, et j'ai eu fréquemment l'occasion de
m'étonner de la sagacité qui dictait le choix des questions,
comme aussi de la justesse des réponses. C'est dans ces exercices surtout qu'on trouve une preuve évidente de l'excellence de ce principe d'éducation que le docteur Bell ne cesse
de recommander et de faire appliquer à toutes les branches
de l'enseignement, et qui consiste à suivre pas à pas les
progrès de chaque élève et de chaque classe, et à les prendre
pour unique règle de conduite. Ici, par exemple, on permet
d'abord aux écoliers d'avoir le livre sous les yeux, pour y
chercher leurs premières réponses, plus tard ils sont obligés
de parler d'eux-mêmes et sans livres et soumis aux chances
du mouvement des places ; on prend ensuite des passages
plus difficiles ; leur attention est toujours soutenue et leur
facultés se trouvent, autant du moins qu'il est possible,
toujours au niveau de l'enseignement.

Après les discours de notre Seigneur sur la montagne, on
prend ordinairement un petit livre qui contient les paraboles
de Jésus-Christ et ensuite un autre où sont exposés les
miracles ; plus tard on étudie encore d'autres discours
et la vie même du *Sauveur.* Quand tous ces livres ont
été bien lus, on fait d'autres exercices sur *l'abrégé historique
de la Bible* , par Osterwald , et enfin les élèves font en commun des lectures dans la Bible même.

Section cinquième.

Tricot et couture.

Les filles, dans les écoles spéciales qui leur sont affectées,
sont également distribuées en classes pour l'enseignement de
la lecture, de l'écriture, du calcul et de la religion, et elles

ont aussi des *monitrices* choisies dans chaque classe, et exerçant les fonctions que nous avons déjà décrites.

Celles qui, en entrant dans l'école, ne savent pas encore tricoter, sont mises dans la dernière classe et commencent par faire des jarretières : plus tard elles obtiennent la permission de faire des bas, et dès qu'elles en ont conduit un jusqu'au bout, elles sont admises dans la classe suivante.

On leur apprend à faire des ourlets, d'abord sur une bande de papier, ensuite sur de petites pièces d'étoffe : quand elles ont acquis une adresse suffisante dans ces premiers exercices, on passe à de plus difficiles, et successivement elles apprennent à faire diverses espèces de coutures, des reprises, des boutonnières, etc. Puis on leur enseigne à raccommoder des bas et à faire des points croisés; enfin on leur met entre les mains un canevas, sur lequel elles s'exercent à marquer en grandes et en petites lettres et en chiffres, et lorsqu'elles ont parcouru ces divers objets d'étude, on les fait entrer dans les classes où leurs compagnes travaillent déjà au profit de l'établissement; en sorte que ces écoles d'enseignement deviennent en même temps des écoles d'industrie (1).

Ordinairement les travaux d'aiguilles occupent les jeunes filles pendant la séance du soir, et celle du matin est consacrée aux diverses autres études de lecture, d'écriture, etc.

Dans quelques écoles, on permet aux jeunes filles d'apporter, un jour de la semaine, l'ouvrage que leur donnent leurs mères et d'y travailler, ou bien de faire sur leurs vêtemens les réparations qui peuvent être nécessaires ; ce dernier usage est fort utile, en cela qu'il les accoutume à l'ordre et au soin de leur personne.

---

(1) Ce fut M. Lancaster qui commença à faire apprendre ces divers travaux d'aiguilles d'après la méthode d'enseignement mutuel : comme on suit les mêmes procédés dans les écoles de la société nationale, nous renvoyons pour de plus amples détails à la seconde partie, dans laquelle nous exposerons la méthode lancastérienne.

CHAPITRE TROISIÈME.

SYSTÈME MONITORIAL DANS LES ÉCOLES DE LA SOCIÉTÉ NATIONALE.

SECTION PREMIÈRE.

Fonctions de l'adjoint du maître ou moniteur général.

1°. LE matin et le soir il ouvre et ferme les exercices de l'école par une prière.

2°. Il veille à ce que les moniteurs de chaque classe et leurs adjoints se trouvent dans l'école et à leur place, au moment où ils devront commencer l'enseignement de leurs divisions respectives. Si l'un d'eux vient trop tard ou même ne vient pas, le moniteur général en prévient le maître, et demande son consentement pour la désignation d'un remplaçant dans la classe qui en a besoin.

3°. Il visite toutes les classes, veille à ce que les moniteurs et leurs adjoints, remplissent bien leurs fonctions, et est toujours prêt à les aider en ce qui peut être utile pour le service. Il est responsable envers le maître de la conduite des moniteurs, et du maintien de l'ordre dans toutes les divisions.

4°. S'il s'aperçoit qu'un moniteur tolère quelque irrégularité dans sa classe, il l'avertit d'y prendre garde : après un second avis, s'il a lieu de se plaindre de la même négligence, il la fait connaître au maître.

5°. Il doit faire attention à ce que les moniteurs inscrivent dans leurs livres tous les exercices des classes, à ce qu'on fasse un certain nombre de leçons dans un temps donné, et à ce que les livres soient mis en bon ordre après l'étude. Son devoir est aussi de surveiller les exercices eux-mêmes, et tous les mouvemens de l'enseignement dans chaque classe, soit que les écoliers se placent sur leurs bancs, soit qu'ils se lèvent et se réunissent en groupes autour du moniteur.

6°. Il rappelle à l'ordre tout écolier qui, dans le cours d'une leçon parlerait trop haut et de manière à déranger ses camarades des autre classes.

7°. Lorsqu'on a terminé dans une division les exercices contenus dans un des livres de classe, le *moniteur général*, à défaut du maître, doit s'assurer que tous les élèves de cette division savent bien ce qui est dans ce livre; et, s'il juge convenable de faire faire encore quelques exercices, il en prescrit le mode et les principaux sujets.

8°. Il doit toujours savoir combien il y a de présens et d'absens dans chaque classe, quelles sont les occupations de ces classes, et ce qu'il y a à faire tous les jours dans chacune d'elles.

9°. Toutes les semaines il fait au maître un rapport, pour lui faire connaître les moniteurs qui ont le mieux maintenu l'ordre et donné le meilleur enseignement, et les élèves qui ont fait le plus de progrès : il a soin aussi de signaler ceux qui ont été négligens.

10°. Enfin il présente toutes les semaines un rapport général sur les travaux de chaque classe, et le soumet à ceux qui surveillent ou qui suivent les examens.

SECTION DEUXIÈME.

Fonctions des moniteurs de classe à l'ouverture de l'école et à la leçon de lecture.

1°. Les moniteurs de classe doivent veiller à ce que tout les enfans n'entrent dans l'école que les mains bien propres, à ce qu'ils se placent dans le rang en silence, les mains derrière le dos et dans l'attitude du recueillement pour entendre la prière.

2°. Ils emploient leurs adjoints pour faire distribuer les ardoises et les livres : les enfans passent autour du cou un cordon auquel l'ardoise est suspendue, et ils tiennent le crayon à la main.

3°. Dans l'école centrale, les moniteurs, après la prière et avant les exercices, marquent le nombre des écoliers présens, en l'écrivant avec de la craie, sur le plancher et dans un carré consacré à cet usage : ils mettent aussi à côté le nombre des absens dans la même classe, et cette note se trouve ainsi rédigée, 36—3 (trente-six présens, trois absens).

4°. Les noms de ceux qui viennent tard sont inscrits par les moniteurs sur leurs ardoises, ainsi que le nombre des minutes qu'ils ont perdues, et ces renseignemens sont portés plus tard sur le registre de la classe. Si les enfans ne peuvent donner une bonne raison pour justifier leur retard, on les retient, lorsque tous les autres sortent de l'école : les absens sont aussi notés; et, quand il leur arrive plusieurs fois de ne pas aller à l'école, on s'informe s'ils sont malades, si leurs parens les ont retenus, ou si l'on doit imputer ces irrégularités à leur négligence.

5°. Les moniteurs doivent prendre garde à ne pas faire commencer toujours les divers exercices par le premier écolier de la division, et s'adresser tour à tour à chacun deux. Chaque jour, ils marquent avec un crayon, sur le bord du livre, l'endroit où commence et celui où finit la leçon. Quand cette leçon est distribuée par ligne, ils font un petit trait perpendiculaire ; si elle est partagée en colonnes verticales, comme aux exercices d'arithmétique, ils tirent une petite ligne horizontale.

6°. Ils ont soin, dans toutes les leçons de lecture, que les enfans lisent toujours lentement, à haute et intelligible voix. Si un élève omet quelqu'une de ces règles ou fait une autre faute, il ne faut pas que le moniteur lui aide à se reprendre, car c'est à celui qui vient après lui qu'il appartient de le faire et d'occuper la place devenue vacante : cependant l'élève qui vient de la quitter répète la lettre, la syllabe ou le mot qu'il n'avait pas su dire, et descend encore s'il se trompe, étant d'une part remplacé une nouvelle fois par le second écolier qui dit mieux que lui, et d'autre part appelé une troisième fois au même exercice, qui recommence pour lui jusqu'à la dernière place s'il est forcé d'y descendre.

7°. Lorsqu'une leçon est distribuée d'avance en petites portions, comme par exemple la leçon pour épeler par lettres ou par syllabes, les moniteurs ne doivent point appeler les écoliers l'un après l'autre : chacun d'eux prend la parole à son tour, et celui qui y manque perd sa place.

8°. S'ils remarquent qu'un enfant ne fasse pas attention à l'exercice, ils s'adressent à lui et lui demandent de suivre là où le précédent s'est arrêté; s'il ne le peut, il perd son rang, et celui qui vient après lui le remplace.

9°. Ils ne doivent jamais permettre que l'on quitte un objet d'étude avant que tous les élèves de la classe le connaissent bien. Ils ont donc la faculté de déterminer la longueur du passage sur lequel la leçon se passe, suivant les progrès de la classe et la nature de l'exercice.

10°. Ils doivent tenir leur division constamment occupée et ne pas souffrir que l'on perde un seul moment; si un enfant cause, joue ou se conduit mal, le moniteur de la classe le fait descendre d'une ou de plusieurs places : il a même le droit de le mettre le dernier de tous, quand la faute est grave.

11°. Tous les jours le moniteur inscrit sur le registre de classe les exercices qui ont eu lieu dans le cours de la journée, le temps qu'on y a employé, le nombre des écoliers présens et absens, et le rang que chacun de ceux qui ont assisté à la leçon occupait à la fin de la séance.

12°. Enfin ils présentent au maître les écoliers qu'ils croient capables de passer à une division supérieure, et ceux aussi qui ne peuvent suivre la classe dans laquelle ils se trouvent, et ils raient sur leur livre les noms de ceux qui les quittent pour passer sous la direction d'un autre.

SECTION TROISIÈME.

Fonctions des moniteurs aux exercices d'écriture.

1°. UN *inspecteur d'écriture* est ordinairement chargé de la surveillance des exemples, des ardoises, des cahiers, des plumes etc., dans toute la classe.

2°. Quand une leçon a été écrite sur les ardoises, le moniteur de la classe demande, par un signal, qu'on lui montre les ardoises ; et tous les écoliers les lui présentent en même temps.

3°. Les moniteurs ne doivent pas permettre que l'on efface rien sur les ardoises avant que les deux côtés soient remplis : dans ce cas même, on n'efface jamais qu'un côté, et celui sur lequel a eu lieu le plus récent exercice est conservé pour pouvoir être montré au maître ou aux étrangers qui visitent l'école.

4°. Les moniteurs des hautes classes apprennent aux écoliers à rayer leurs livres d'écriture, à tailler leurs plumes et à les bien tenir : ils les dirigent aussi dans les commencemens de l'écriture à la plume.

5°. Ils examinent avec soin ce qui a été écrit, et rangent les élèves dans les bancs, de façon que chacun ait à sa droite celui qui écrit mieux que lui.

6°. Si un enfant écrit mal ou sans attention, ou bien s'il tache son livre, on le fait rentrer dans la division de ceux qui écrivent sur l'ardoise, et il y reste jusqu'à ce que sa bonne conduite ou ses progrès lui aient fait mériter une nouvelle distinction.

7°. L'écolier inappliqué ou qui commet une faute est puni, si le moniteur le juge convenable, en restant un temps déterminé, debout devant son pupitre, tandis que ses camarades sont assis et écrivent.

Les mêmes règles s'observent aux leçons d'arithmétique.

SECTION QUATRIÈME.

Fonctions de la monitrice générale pour la couture.

1°. Aux heures consacrées à cet exercice, *la monitrice générale* distribue l'ouvrage aux monitrices de classe, et veille à ce que celles-ci, à leur tour, le répartissent convenablement entre toutes les écolières.

2°. De temps en temps elle visite les classes, et provoque fréquemment la surveillance des monitrices.

Elle est aussi chargée du maintien du bon ordre dans toute l'école.

SECTION CINQUIÈME.

Fonctions des monitrices dans les classes de couture.

1°. A l'ouverture de l'école les *monitrices* distribuent aux élèves l'ouvrage que la *monitrice générale* leur a donné pour leur classe.

2°. Pendant l'exercice elles ne peuvent pas s'éloigner de leurs classes : lorsqu'elles veulent quelque chose, elles lèvent la main et la *monitrice générale* vient à elles : chaque écolière fait de même, sans parler, et la monitrice de classe s'informe de ce qu'elle désire.

3°. Les monitrices doivent s'approcher souvent de leurs élèves, et leur montrer comment il faut qu'elles fassent.

4°. Lorsqu'on donne l'ordre de serrer l'ouvrage, les monitrices veillent à ce que chaque élève range soigneusement ce qui lui est confié, et elles-mêmes sont chargées de mettre le tout ensemble.

Au surplus, les règles générales et particulières que nous avons décrites dans les écoles de garçons, s'appliquent également aux écoles de filles pour les exercices du matin.

CHAPITRE QUATRIÈME.

DESCRIPTION DE L'ÉCOLE CENTRALE FONDÉE A LONDRES PAR LA SOCIÉTÉ NATIONALE.

Le bâtiment où l'on a établi cette école est situé, ainsi que nous l'avons déjà dit, dans une petite rue que l'on appelle Allée du jardin de Baldwin. Les appartemens destinés au service de l'école sont au premier étage ; au rez-de-chaussée est une grande salle de jeu pour les enfans : la planche n°. 1, présente le plan de l'école des garçons et de celle des filles, qui ne sont séparées que par une cloison ; le local désigné par les lettres a, a, a, est consacré aux garçons et peut en recevoir six cents ; les lettres b, b, b, marquent l'appartement où les jeunes filles se rassemblent et qui est disposé pour quatre cents : les lettres c, c indiquent le mur de séparation, la lettre d une porte de communication, qui est ouverte les jours d'exercices publics, et le dimanche pour le service divin : e, e deux portes pour l'école des garçons, f la porte pour l'école des filles.

Les murailles de ces appartemens sont crépies en blanc, et le pavé est posé à plat, faisant angle droit sur tous les points de ces murailles : les fenêtres, qui sont en grand nombre, comme on peut voir, donnent beaucoup de jour : celles qui se trouvent près des colonnes marquées g, g peuvent être ouvertes et servent de ventilateurs, ainsi qu'il est facile de le voir dans la planche n°. 2, qui représente l'intérieur de l'école.

Dans les deux appartemens où se rassemblent les élèves, il y a le long du mur et à trois pouces de distance, des pupitres (i, i), et une série de bancs (k, k) placés en avant de ces pupitres; en sorte que les écoliers étant assis s'y trouvent en face de la muraille. Au milieu de l'école des garçons sont placés en long des bancs (l, l)

qui partagent l'espace vide en trois ailes (*m* , *n* , *o* ,); et le long de chacune de ces ailes, on a marqué sur le pavé un certain nombre de carrés (*p* , *p* , *p* , *p*), dans lesquels on peut placer quatre divisions : vers le côté ouvert de chacun de ces carrés, sont tracés également sur le pavé un *t* et *a* : le *t* indique la place du moniteur *(teacher)*, l'*a*, celle de son adjoint *(assistant-teacher)*. Sur les trois côtés de chaque carré, on peut placer de vingt-quatre à quarante enfans, ainsi qu'on le voit dans la planche N°. II. Les points marqués *t*, *t*, dans la planche N°. I, montrent la place où le directeur de cette école, M. Johnson, veut faire poser les bancs en travers, afin que ceux qui formeront les divisions puissent s'asseoir, sans être obligés de se déranger.

Sur le côté du bâtiment marqué *m* , et à l'une des extrémités de la salle, sont placés, parallèlement à la muraille, les tables de sable *q* , *q* , et les bancs *x* , *x* , où les commençans apprennent à tracer l'alphabet et les chiffres : ceux qui appartiennent encore aux classes les moins avancées, s'y mettent aussi pour écrire lorsqu'on leur donne les leçons de lecture. La lettre *r* indique une espèce de chaire, d'où le maître peut exercer son inspection sur toute l'école, et où l'on peut se placer aussi à l'exercice religieux du dimanche, pour prononcer le sermon. Nous avons désigné par les lettres *s* , *s* , les places où l'on range les livres d'école, et par la lettre *u* le petit pupitre où est placé le livre sur lequel s'inscrit le nom des étrangers qui visitent ce local.

L'école des filles est disposée à peu près comme celle que nous venons de décrire : il y a aussi des carrés tracés sur le pavé, et l'on place quelquefois des bancs au milieu de l'appartement. Nous ne les avons pas montrés ainsi disposés dans le plan, parce que l'après-midi, lorsque les jeunes filles prennent leurs leçons pour les travaux d'aiguille ou de couture, on les enlève et on les place comme ils sont représentés dans la gravure. Devant les bancs *v* , *v* sont des chaises y, γ, pour les monitrices des différentes classes, et pour celles qui sont chargées de l'inspection de chaque banc. La place affectée à la maîtresse est désignée par la lettre z, les endroits où l'on rassemble les divers objets d'étude par la lettre s, la table de sable par la lettre q : x indique les bancs sur lesquels on s'assied autour de cette table, et u le pupitre pour le livre des visiteurs.

Les deux écoles sont ouvertes régulièrement tous les matins à neuf heures ; on commence par une prière, et le *moniteur général* lit à haute voix la seconde et la troisième prière du matin (1) et l'oraison dominicale. Après la prière, les enfans lisent et écrivent jusqu'à onze heures et demie, et reçoivent la première leçon d'arithmétique jusqu'à midi.

A deux heures après midi, on r'ouvre les écoles. Dans celle des garçons on lit et on écrit jusqu'à quatre, les exercices de calcul sont repris et durent jusqu'à cinq heures. Dans l'école des filles, on s'occupe l'après-midi des leçons de tricot et de couture. A cinq heures les écoles sont fermées, après une prière : cette seconde fois la prière est prononcée par un élève, qui lit la seconde et la troisième prière du soir, ainsi que l'oraison dominicale, et l'on chante le *Gloria patri*.

---

(1) Ces prières forment une collection connue en Angleterre sous le nom de *Morning and evening collects*.

SECONDE PARTIE.

Description des écoles où l'on suit la méthode de M. Lancaster, et qui sont dirigées par la société des écoles pour l'Angleterre et pour l'étranger.

CHAPITRE PREMIER.

PRINCIPES GÉNÉRAUX DE LA MÉTHODE.

SECTION PREMIÈRE.

Local et mobilier de l'école.

TOUTES les classes sont réunies dans un seul et même appartement, comme dans les écoles de la *société natio- nale :* la forme la plus convenable pour cet appartement est un carré long, dans lequel on évalue la place de chaque élève, de cinq à sept pieds carrés : la hauteur doit être de onze à seize pieds, et la partie inférieure des fenêtres à environ sept pieds de distance du sol. Le plancher va s'élevant sur toute la longueur de l'appartement dans la proportion d'un pied sur vingt de long ; à l'extrémité est une plate-forme élevée de deux à trois pieds, avec une table au milieu pour le maître, disposée de façon qu'il domine sur toute l'école : à côté est une autre table plus petite, pour le moniteur général. Les bancs et les pupitres sont placés en travers sur toute la longueur de l'appartement, l'extrémité de chaque banc des deux côtés et le dernier banc au bout de l'école étant séparés des murailles à une distance de quatre à six pieds. Cet intervalle vide tout le long du mur est distribué en demi-cercles, qui sont tracés sur le plancher, et qui marquent les places où viennent se ranger les écoliers, pour les exercices de lecture, lesquels ont lieu devant les tableaux suspendus à la muraille. Au-dessous de la plate-forme, et près du maître par conséquent, les premiers bancs sont occupés par la première classe, c'est-à-dire, par celle des commençans qui apprenent à écrire sur le sable ; puis vient la seconde classe, et ainsi de suite jusqu'au dernier banc.

Comme le nombre des écoliers est fort mobile, une classe occupe, tantôt un seul et tantôt plusieurs bancs. Afin que l'on puisse de la plate-forme voir d'un seul coup-d'œil où commence et où finit une division, chacune d'elles a une espèce de tableau ordinairement nommé *télégraphe de classe* : ce tableau consiste en une petite planche carrée, large de six pouces et haute de quatre : sur l'un de ses côtés est écrit le numéro de la classe, sur l'autre on voit les lettres EX, ce qui veut dire *examiné*. Chacune de ces planches est posée à l'extrémité droite du premier pupitre de la division, et s'élève à une hauteur déterminée, attachée à l'extrémité d'un bâton tournant, de telle sorte que le maître et le moniteur général assis à leur place peuvent voir le numéro de chaque division et suivre le travail de chaque classe : lorsque la planche retournée les avertit que l'inspecteur a examiné les exercices après ce dernier signal, le moniteur de classe monte sur le premier banc près du télégraphe, pour voir si tous les écoliers sont rangés en bon ordre, et pour recevoir les instructions du moniteur général ; puis il redescend et fait continuer les exercices.

Pendant les leçons de lecture et quelquefois aussi à celles de calcul, les écoliers se divisent en groupes de huit à dix, pour aller se former en demi-cercles, devant les tableaux qui sont suspendus à la muraille (*Voy.* Planche V, nᵒˢ 14, 15, et Planche VI, figure Iʳᵉ.)

Ces demi-cercles sont indiqués sur le sol, soit tout simplement par un trait en couleur, soit par une pièce de bois ou de fer incrustée dans le plancher. Quelquefois aussi cette pièce est attachée contre la muraille, de manière qu'on peut l'abaisser ou l'élever à volonté. Le rayon des demi-cercles est ordinairement de quatre pieds, et ils sont placés à deux pieds de distance l'un de l'autre (1).

SECTION DEUXIÈME.

Distribution des classes.

LES élèves des deux sexes sont distribués dans les différentes classes selon leur capacité et passent de l'une à l'autre à mesure qu'ils font des progrès. Il y a huit classes pour l'enseignement de la lecture et pour celui de l'écriture; il y en a dix pour l'enseignement de l'arithmétique. Dans les écoles de filles il y a ordinairement dix classes pour les leçons de couture et les autres travaux d'aiguilles.

Mais ces classes, dans les écoles de M. Lancaster, ne sont pas mobiles comme dans celles du docteur Bell; à chacune d'elles sont affectés un enseignement et des occupations déterminés : voici la marche de cet enseignement pour l'écriture.

La *première classe* apprend à tracer l'alphabet sur le sable.

La *seconde* écrit l'alphabet et des mots et des syllabes de deux lettres sur les ardoises.

La *troisième* écrit des mots et des syllabes de trois lettres.

La *quatrième* des mots et des syllabes de quatre lettres.

La *cinquième* des mots et des syllabes de cinq et six lettres.

La *sixième* des mots de deux syllabes.

La *septième* et la *huitième* écrivent des mots plus longs, non-seulement sur l'ardoise, mais aussi plus tard sur le le papier, avec de l'encre et des plumes.

Comme l'enseignement de la lecture et celui de l'écriture

---

(1) Dans l'école centrale qui a été bâtie à Londres il y a peu de temps, on a tracé des ellipses au lieu des demi-cercles, afin de pouvoir rassembler un plus grand nombre d'écoliers. (Voyez planche III, lettre k.)

sont étroitement liés et marchent de front, ou même, pour parler plus exactement, comme l'écriture est le premier moyen que l'on emploie pour apprendre à connaître et à épeler les lettres et les mots (1), la division des classes de lecture est la même que celle que nous venons d'exposer.

Ainsi

La *première classe de lecture* s'occupe de l'alphabet.

La *seconde* épelle les mots et les syllabes de deux lettres.

La *troisième*, les mots et les syllabes de trois lettres.

La *quatrième*, les mots et les syllabes de quatre lettres.

La *cinquième*, les mots et les syllabes de cinq et six lettres, et lit les monosyllabes.

La *sixième* épelle les mots de deux syllabes, et lit de courts passages.

La *septième* épelle les mots de plusieurs syllabes, et lit de plus longs passages.

La *huitième* lit dans la Bible : aux exercices de cette classe l'on ne s'arrête que rarement et seulement pour faire épeler les mots les plus difficiles.

Les travaux des dix classes d'arithmétique, qui sont composées des écoliers de chacune des quatre classes les plus élevées d'écriture et de lecture, se distribuent ainsi qu'il suit:

La *première classe* écrit et pose les différens chiffres séparément ou ensemble.

La *seconde classe* apprend l'addition simple.

La *troisième*, la soustraction.

La *quatrième*, la multiplication.

La *cinquième*, la division.

La *sixième*, l'addition composée.

La *septième*, la soustraction.

La *huitième*, la multiplication.

La *neuvième*, la division.

La *dixième*, la règle de trois.

---

(1) M. Lancaster est le premier qui ait employé cette méthode, et le docteur Bell l'a adoptée il n'y a pas très-long-temps.

Dans les écoles de filles, pour les leçons de couture et d'autres travaux d'aiguillé.

La *première classe* apprend à ourler.

La *seconde*, à coudre et à assembler.

La *troisième*, à tirer les fils et à piquer.

La *quatrième*, à assembler et fixer les plis.

La *cinquième*, à faire des boutonnières.

La *sixième*, à coudre les boutons.

La *septième*, à faire le point croisé.

La *huitième*, à faire des reprises.

La *neuvième*, à plisser et surjetter.

La *dixième*, à marquer.

SECTION TROISIÈME.

Le maître et les visiteurs.

Le directeur d'une école lancastérienne est, ainsi que chez le docteur Bell, l'inspecteur en chef de ceux qui, sous ses yeux, remplissent véritablement l'office de maîtres, sous la dénomination de moniteurs. Dans presque toutes les opérations mécaniques, on fait faire maintenant, par des rouages et des machines, ce qui se faisait autrefois par les ouvriers : ce principe appliqué à l'enseignement donne pour maîtres ceux qui sont les plus avancés dans toute une école. Cependant, comme on ne saurait nier qu'il est difficile de présider au mouvement d'une pareille machine, on doit attacher une grande importance à la capacité du maître qui la conduit, et se garder de la légèreté de ceux qui ont prétendu que ce choix était au fait assez indifférent, puisqu'on a vu, ajoutaient-ils, des écoles de plusieurs centaines d'enfans dirigées par un écolier de dix ou douze ans. Une montre contient en elle-même une force d'action suffisante, et la plus légère impulsion lui communique le mouvement que les ressorts suivent plus tard ; mais l'artiste qui l'a créée a dû connaître et mesurer

d'avance les moindres effets de ses combinaisons ; et l'on
exige aussi de celui qui l'entretient, ou qui la répare, qu'il
soit initié dans tous les secrets de son art. Est-il nécessaire
de dire quelles sont les qualités qu'il faut demander à
celui qui doit conduire une école? Déjà beaucoup d'hommes éclairés ont exposé leur opinion sur ce sujet important ; mais ils n'ont que trop souvent exprimé d'infructueux désirs, *pia vota*!

Il est certain que, dans l'état actuel, on trouve assez diffi-
cilement des hommes qui possèdent toutes les qualités re-
quises ou qui veuillent, s'ils en sont capables, se consacrer
à ce genre d'entreprise. On ne saurait donc inviter trop
fortement les personnes qui s'intéressent au succès de l'enseignement élémentaire, à visiter fréquemment les écoles.
C'est pour remplir ce but que le comité central, à Londres,
a chargé un certain nombre de ses associés de visiter alter-
nativement toutes les écoles, en sorte que chacune d'elles
soit inspectée au moins une fois par jour. Ces personnes
observent si le maître et les moniteurs font bien leur devoir ; au besoin elles donnent leur avis et consignent leurs
remarques sur tout ce qui les frappe dans un livre destiné
à cet usage, et qui est de temps en temps soumis à l'examen du comité même. Ce moyen est fort bon pour entretenir le zèle et l'activité du maître, et l'on a remarqué que
les écoles où l'inspection est régulière et attentive, sont tenues avec beaucoup plus de soin et marchent mieux que les
autres.

Section quatrième.

Moniteurs.

Dans les écoles lancastériennes il y a deux classes principales de *moniteurs* ; les *moniteurs généraux* et les *moniteurs
spéciaux*, ou *moniteurs de classe* ou *de division*.

Les moniteurs généraux ne s'occupent pas immédiatement
de l'enseignement : ils sont spécialement chargés de veiller
au maintien de l'ordre dans l'école, et à la marche régulière

des divers travaux ; les moniteurs spéciaux sont en même temps maîtres et surveillans, chacun dans la classe à laquelle il est attaché.

Il y a trois *moniteurs généraux* par école, du moins dans celles qui sont nombreuses. L'un est chargé en chef de la surveillance de l'école, et plus spécialement de l'inspection pendant les leçons d'écriture sous la dictée ; c'est le *moniteur général pour l'ordre* (*monitor general of order*). Un autre est préposé à l'enseignement de la lecture (*monitor general of reading*). Le troisième a celui de l'arithmétique (*monitor general of arithmetic*). Ces deux derniers sont quelquefois supprimés dans les petites écoles. Il y a aussi dans les écoles de filles une *monitrice générale pour la couture* (*monitor general of needlework*).

Les *moniteurs spéciaux* se divisent en cinq classes : *moniteurs des différentes divisions* (*monitors of classes*) ; *moniteurs adjoints* (*assistant monitors*), soit pour des classes entières, soit pour des subdivisions dans chacune d'elles ; *moniteurs pour la lecture* (*reading monitors*) : *moniteurs pour l'arithmétique* (*monitors of arithmetic*) ; et, dans les écoles de filles, *monitrices pour les ouvrages de couture* (*monitors of needlework*).

Comme il est absolument nécessaire qu'il y ait une inspection régulière et constante, pour le maintien de l'ordre et pour la direction des exercices d'écriture en particulier, on a dû songer à éviter l'inconvénient que le moniteur général qui en serait chargé fût empêché par là de suivre lui-même les autres exercices : en conséquence, il y a pour cette sorte d'inspection deux moniteurs généraux ; et tandis que l'un d'eux en remplit les fonctions, l'autre assiste en personne et prend part aux travaux des classes les plus élevées, ou même il reçoit directement du maître un enseignement particulier.

Dans les écoles très-nombreuses, on voit quelquefois aussi deux moniteurs généraux pour chacun des exercices de lecture et d'arithmétique. Aux leçons d'écriture et de

calcul où les écoliers sont assis sur les bancs , il y a souvent
deux moniteurs pour chaque classe , l'un assis à son poste ,
l'autre parcourant les bancs et examinant les travaux de
chaque élève. Ainsi aux heures d'écriture, où l'école est
distribuée en huit classes , il y a fréquemment seize moniteurs en fonctions et vingt aux exercices d'arithmétique ,
pour les dix classes. Il en est de même dans les écoles de
filles pour les travaux de couture.

Les *moniteurs adjoints* pour l'écriture , nommés aussi
inspecteurs des ardoises, sont dans chaque classe en nombre
égal à celui des bancs occupés par les élèves, sauf cependant
pour le premier banc dont le moniteur de classe exerce lui-
même l'inspection. Lors des exercices de lecture et de calcul
aux demi-cercles , il y a autant de moniteurs adjoints que
de demi-cercles , et nous verrons plus tard quelles sont les
règles particulières qui président à la formation de chacun
de ces pelotons.

Les moniteurs généraux d'écriture, chargés en même
temps du maintien de l'ordre dans l'école , remplissent
des fonctions très-importantes : on peut dire qu'ils tiennent
véritablement la place du maître , et c'est pour cela qu'ils
sont responsables envers lui : ces places sont confiées aux
deux enfans de l'école qui s'en montrent les plus dignes. Il
n'y a que les élèves des plus hautes classes qui ont fait le
plus de progrès et dont la conduite a toujours été irrépro-
chable , qui osent prétendre à cette charge, et comme il est
très-honorable d'en être revêtu , le maître a soin de dé-
ployer beaucoup de solennité lorsqu'il élève un écolier à
cet emploi éminent.

Quant aux autres moniteurs , ils sont aussi choisis parmi
les plus capables , dans le cercle des occupations auxquelles
ils doivent être affectés. Le moniteur général pour les exercices de lecture sera donc toujours celui qui lira le mieux
dans toute l'école , et le plus habile calculateur sera aussi
moniteur général d'arithmétique. Comme les moniteurs d'é-
criture doivent faire épeler et dicter à haute voix, il est in-

dispensable que ceux que l'on en charge soient bien familiarisés à cet exercice. Leurs adjoints sont toujours pris parmi les écoliers de la classe qu'ils dirigent, excepté cependant pour l'enseignement dans la première classe, qui est celle des commençans ; celle-ci a toujours des maîtres choisis dans les classes les plus élevées. Les moniteurs adjoints devant aider aux moniteurs de classe, et étant chargés spécialement de parcourir les bancs, de surveiller l'écriture de chaque élève, de corriger les fautes ou de redresser les mauvaises habitudes, on a soin de prendre ceux qui écrivent le mieux, et c'est ordinairement le moniteur de classe qui les désigne. Les moniteurs de lecture, qui doivent faire épeler ou lire sur les tableaux suspendus à la muraille, sont choisis parmi les meilleurs lecteurs des septième et huitième classes, aussi-bien que ceux qui président aux mêmes exercices des demi-cercles, pour l'arithmétique. Les monitrices de couture sont toujours les jeunes filles les plus adroites et les plus habiles.

Section cinquième.

Exercices.

Tout exercice, tout mouvement même des écoliers, a lieu d'après des règles déterminées et sur un ordre ou une permission expresse du maître ou du moniteur général : ces ordres sont donnés verbalement, ou par signes, et les signes se font soit avec la main, soit par les procédés télégraphiques.

Pour ce dernier mode, il y a sur la plate-forme où le maître et le moniteur général sont placés, une espèce de télégraphe, composé de plusieurs petites planches, sur chacune desquelles est écrit en grosses lettres et en abrégé, un ordre quelconque ; ainsi C. S. veut dire *clean slates* (*nettoyez les ardoises*). Ces petites planches sont placées l'une sur l'autre dans un châssis qui pose verticalement ; à chacune d'elles est attaché un petit cordon à l'aide du

quel on peut les faire passer sur le premier plan , et dans le
sens que l'on veut, afin de présenter aux yeux de tous les
élèves , le côté sur lequel est écrit l'ordre qui doit être suivi.
Pour attirer l'attention de l'école sur les signaux, le maître
ou le moniteur général avertit par un coup de sonnette ;
puis il tire le cordon de la planche qui porte l'ordre qu'il
veut faire suivre ; un second coup de sonnette invite l'école
entière , la division , ou quelques individus , à exécuter l'ordre donné : lorsqu'on veut arrêter en même temps les exercices de toute l'école , un seul coup de sifflet en donne le
signal sur tous les points.

Il y a trois procédés principaux pour diriger tous les exercices qui se passent dans le sein de l'école : 1. les monite urs
de classe dictent d'après les tableaux sur lesquels les leçons
sont marquées, et les écoliers écrivent sur leurs ardoises ;
2°. ceux-ci lisent sur les tableaux qui sont suspendus à la muraille ; 3°. enfin, le moniteur interroge un certain nombre
d'élèves de la division , et fait répéter de vive voix et de mémoire les exercices antérieurs.

Lorsqu'on écrit aux ardoises sous la dictée, les écoliers
sont assis sur les bancs , en face de leurs pupitres, et les classes
sont rangées dans leur ordre : mais, lorsqu'on étudie sur les
tableaux à la muraille, pour un exercice de lecture ou pour
un exercice de calcul ,les enfans se placent debout par pelotons
de six à huit, et se rangent en demi-cercle devant les tableaux ;
il en est de même lorsqu'on leur fait répéter une leçon.

A chacun de ces exercices on commence par ce qui est le
plus facile, et l'on marche progressivement : mais, comme
nous l'avons dit, chaque classe a des occupations et une
série d'études déterminés.

Après que les enfans de la première classe ont appris à
tracer l'alphabet sur le sable, on continue à les faire épeler
en écrivant, mais dans les commencemens cette écriture est
beaucoup plus un moyen de leur apprendre à connaître
les lettres que l'objet même de l'enseignement. Ainsi l'on ne
montre pas à l'élève la syllabe qui doit être écrite ; on se

borne à la nommer, et chacun, en l'entendant, l'écrit sur le sable ou sur l'ardoise. Toute lettre prononcée par le moniteur doit être soigneusement recueillie par chaque élève, et en écrivant une syllabe, il faut par conséquent qu'il se rappelle la figure de chacune des lettres qui la composent. Lorsqu'on est arrivé aux mots entiers, le moniteur prononce d'abord les lettres, puis les syllabes, puis tout le mot à la fois; et, tandis que tous les écoliers écrivent, chacun d'eux est obligé de recommencer l'opération pour son compte et d'épeler à voix basse: et, comme ces exercices une fois terminés sont revus par le maître qui corrige alors toutes les fautes, on obtient ce résultat que beaucoup d'écoliers peuvent épeler en même temps sans se déranger mutuellement et fournir immédiatement après la preuve du degré d'intelligence qu'ils ont apportée à ces exercices. On a encore une autre manière d'éprouver la capacité de chaque individu, lorsqu'on fait épeler et lire à haute voix par pelotons formés en demi-cercles devant les tableaux de muraille, et lorsqu'on interroge les élèves, sans qu'ils aient ces tableaux sous les yeux.

C'est aussi par principe d'économie qu'on fait écrire sur les ardoises : le papier, l'encre et les plumes ne servent que pour les deux dernières classes, qui écrivent ainsi à une heure fixe de la journée.

L'enseignement du calcul a été fort simplifié dans les écoles de M. Lancaster. Au lieu de la méthode longue et pénible suivant laquelle le maître montre individuellement à chaque écolier comment il doit faire l'exercice qui lui est donné, écrit souvent pour l'écolier lui-même, et examine ensuite s'il a calculé exactement, le moniteur lit ici à toute la classe l'exemple qui est indiqué sur le tableau, et tous les écoliers écrivent. Il fait montrer les ardoises, corrige les fautes qui ont pu être faites en écrivant, et dicte ensuite d'après le même tableau, ce qu'on appelle la solution, c'est-à-dire, le résultat de l'opération que l'on veut faire sur chaque chiffre ou sur un nombre : toute la classe écrit chaque mot et chaque chiffre que le moniteur a prononcés, ainsi que hous le verrons plus tard. Par ce moyen, les écoliers apprennent tous en même temps ce qu'il faut faire ; ce travail est machinal sans doute ; cependant l'expérience prouve qu'au bout de quelque temps les enfans en ont assez bien saisi la marche pour pouvoir en faire de semblables, sans le même secours.

Comme la *société des écoles pour l'Angleterre et pour l'étranger* a adopté le principe de M. Lancaster, d'admettre dans les écoles les enfans de toutes les confessions et de toutes les sectes chrétiennes, l'enseignement religieux que l'on donne dans ces écoles n'est susceptible d'aucune application à des doctrines particulières, et l'on se borne à faire lire des passages de l'écriture sainte, dans lesquels il n'y a pas lieu à diverses interprétations : « il n'y aucun passage » de l'écriture sainte, dit M. Lancaster, qui ne prescrive » une vertu, qui n'ait pour objet de combattre un défaut » ou un vice, et ce catéchisme vaut mieux que tous les » catéchismes qu'on fait pour les enfans. » On évite donc, avec soin, tout ce qui pourrait fournir quelque prétexte à l'interprétation, et les faits eux-mêmes prouvent le succès de cette méthode ; car les écoles lancastériennes réunissent des enfans de toutes les confessions chrétiennes (1). Cependant on s'occupe en même temps de la pratique des cultes, et l'on veille à ce que les enfans suivent régulièrement les services divins dans les églises ou chapelles consacrées aux confessions auxquelles ils appartiennent, ou du moins les écoles du dimanche.

Dans les premières écoles de filles qui furent fondées

---

(1) Il y a à Halifax, dans le comté d'York, une école lancastérienne qui reçoit cinq cent deux enfans : on en compte soixante-quinze professant la religion anglicane, cent treize indépendans, trente-six unitaires, cent quatre-vingt-huit méthodistes de la première union, et soixante de la nouvelle, enfin vingt-sept anabaptistes. Ainsi se trouvent réunies six différentes confessions chrétiennes, et sur ce nombre de cinq cent deux enfans, une école de la société nationale n'en aurait admis que soixante-et-quinze.

par M. Lancaster on se borna à leur apprendre la lecture, l'écriture et le calcul, comme dans les écoles de garçons. Plus tard, on appliqua à tous les travaux d'aiguilles le principe d'enseignement mutuel, et maintenant il est en usage partout.

SECTION SIXIÈME.

Tableaux pour les leçons.

On ne se sert de livres dans les écoles lancastériennes, que pour les deux classes les plus élevées qui étudient dans la Bible : jusque-là les livres sont remplacés par des tableaux imprimés.

Il y a deux sortes de tableaux : les plus grands sont remplis par de gros caractères, et contiennent les premiers exercices pour faire épeler, lire et calculer ; ceux-là sont suspendus à la muraille. Les autres, plus petits, servent aux moniteurs de classe, qui dictent, d'après les exemples qu'ils y trouvent, les exercices d'écriture et de calcul. Tous ces tableaux sont formés par des planches de bois, sur lesquelles sont collées, d'un ou de deux côtés, de grandes feuilles de papier imprimées. Les plus grandes planches sont de deux pieds de long, sur un pied et demi de large et un demi-pouce d'épaisseur; sur le milieu de l'un des côtés est passé le cordon par lequel on les suspend. Les plus petites ont neuf pouces de long, sur six de large et un demi-pouce d'épaisseur, et sont montées sur un petit manche, par lequel les moniteurs les tiennent à la main lorsqu'ils dictent une leçon ; quand on ne s'en sert pas, elles sont également suspendues par un petit cordon. Ordinairement les tableaux sont rangés en une série, le long des murailles de l'appartement, un peu au-dessous de la hauteur des fenêtres, et séparées de ces murailles par un petit liteau de bois, de façon à prévenir toute communication d'humidité. Lorsqu'on doit faire un exercice sur les grands tableaux, on les suspend à des clous posés un peu au-dessous de la ligne sur laquelle ils sont habituellement, et en face du point central de chaque demi-cercle.

(*Voyez* Planche III, sur les différentes coupes qui y sont représentées , et Planche IV, l'intérieur de l'école centrale.)

Il est évident que, sous le rapport de l'économie , ces tableaux comparés avec les livres ordinaires offrent un grand avantage. Comme on ne peut jamais dans un livre faire étudier que sur une page à la fois, le reste du livre ne sert à rien pendant qu'on est occupé de cette leçon;et cependant si vingt ou trente écoliers pouvaient en même temps apprendre sur les autres pages du livre , son utilité serait augmentée d'autant. Tel est l'effet que l'on a obtenu en adoptant l'usage des tableaux:un certain nombre de ces tableaux fait l'effet d'un livre qui serait déployé en entier ; chacune des feuilles de ce nouveau livre sert pour l'enseignement d'une dizaine d'écoliers; toutes ensemble suffisent pour une école de deux ou trois cents éleves et leur prix est tout au plus de six fois comme celui d'un livre ordinaire.

Les leçons sont distribuées sur les tableaux de la manière suivante :

Les n°⁵. 1 à 6 sont destinés à la première classe et contiennent les divers alphabets et les chiffres.

Viennent ensuite dans la seconde classe les premiers exercices pour épeler, depuis le tableau n°. 7 jusqu'au n°. 9 : on y trouve les syllabes de deux lettres.

Les n°⁵. 10 à 13 sont pour la troisième classe, et présentent des syllabes de trois lettres.

Les n°⁵. 14 à 17 contiennent pour la quatrième classe les syllabes de quatre lettres.

Les n°⁵. 18 à 21 sont destinés aux exercices de la cinquième classe : on y voit des syllabes de cinq et six lettres et des monosyllabes , qui présentent quelque singularité de prononciation.

Les n°⁵. 22 à 30, à l'usage de la sixième classe, contiennent des mots divisés en deux syllabes et divers exemples de mots dans lesquels une lettre doit être omise, ou redoublée dans la prononciation, suivant les règles de la langue parlée.

Les n°⁵. 31 à 42 sont affectés à la septième classe et pré-

sentent beaucoup de mots à plusieurs syllabes qui sont séparées l'une de l'autre, et d'autres mots que l'on ne prononce
pas comme ils sont écrits.

Les derniers tableaux pour la huitième classe contiennent
de nouveaux mots plus longs et plus difficiles à prononcer :
dans ceux-ci encore on trouve à côté de chaque mot son
sens expliqué par un ou plusieurs synonymes.

Ces tableaux sont suivis d'une collection de soixante-deux
exercices de lecture, en mots coupés par syllabes et rangés
dans une progression régulière ; ces mots forment des
phrases qui contiennent des préceptes de morale et des citations de la Bible. Il y a enfin un autre recueil de soixante-et-
dix-huit tableaux, à l'usage des cinquième, sixième, septième et huitième classes de lecture et qui contiennent des
passages extraits ou composés dans le même esprit et dont
un assez grand nombre se rapportent aux circonstances, aux
devoirs, et aux relations les plus habituelles de la vie. Afin
de fixer davantage l'attention des enfans, on a indiqué au-
dessous de chaque citation de la Bible, le passage dans lequel
elle est puisée (1).

_____

(1) Voici un exemple d'un de ces tableaux :

Tableau n°. 1. Du Dieu Tout-Puissant.

Demande. Qui créa le ciel et la terre et tout ce qui y est renfermé ?
La réponse écrite au-dessous de cette demande est prise dans Moïse,
Genèse, chap. 1, v. 1, 16, 25.
Dem. Qui créa l'homme ?
Rép. Moïse, Genèse, chap. 2, v. 7.
Dem. Que dit le prophète Ésaïe de celui qui a créé le ciel et la terre,
et qui a donné le souffle à l'homme ?
Rép. Ésaïe, chap. 42, v. 5, 8.
Dem. Quelle déclaration firent les lévites au sujet de Dieu, créateur de
toutes choses ?
Rép. Néhémie, chap. 9, v. 5 et 6.

M. Alexandre, habitant à Ipswich, a composé il y a deux ans une nouvelle collection de tableaux de lecture à l'usage des écoles de la société
lancastérienne, qui les a en effet adoptés : on en a déjà publié une seconde édition. Ces tableaux sont mieux faits que les premiers, et l'ordre
des matières pour chaque exercice y est tracé dans une progression plus

Les exercices du calcul forment cent huit tableaux. Les douze premiers contiennent les tables d'addition, de soustraction, de multiplication et de division qui doivent servir de base à l'enseignement ultérieur. Puis un tableau des livres, schellings et deniers sterlings, et des exemples des quatre règles avec les modes de solution pour chacune d'elles, tels que nous les décrirons plus tard. Il y a vingt-quatre tableaux pour chaque règle, la première moitié en opérations simples, l'autre en opérations composées.

Enfin les petits tableaux d'après lesquels les moniteurs dictent dans les classes, sont composés d'après la même méthode, pour les exercices de lecture et d'arithmétique.

SECTION SEPTIÈME.

Récompenses et punitions.

M. LANCASTER employa, dans ses premières écoles, divers moyens d'encouragement et de répression, qui ont été successivement écartés par les soins de la société, comme peu propres à remplir le but que l'on doit se proposer à cet égard, et comme pouvant être remplacés plus efficacement par les simples moyens d'émulation que présente le mouvement continuel des places.

---

soignée. Les n°s. 1 à 12 contiennent de petites phrases de morale en mots d'une seule syllabe, et les exemples en sont pris en général dans les proverbes de Salomon. Dans les n°s. 13 à 29 on lit des sentences extraites de la Bible sur les vertus et les vices. Les n°s. 30 à 49 contiennent des passages relatifs à l'histoire de l'Ancien Testament; les n°s. 50 à 62, d'autres passages puisés dans le Nouveau Testament. M. Alexandre vient de terminer un autre recueil que la société va faire imprimer aussi, et qui formera une série de tableaux pour apprendre à épeler. Il a substitué à ces syllabes qui n'ont aucun sens, telles que *ba, be, bi*, etc., d'autres syllabes faisant des mots connus. Les substantifs sont rassemblés sous une rubrique; l'auteur a choisi ses exemples parmi ceux qui sont le plus communément usités; ainsi les noms des métiers, des instrumens, des outils sont rangés par classes, et ce principe méthodique est appliqué à tous les tableaux. A Dublin, M. Samuel Bewly a publié aussi d'excellens tableaux de lecture, à l'usage des écoles irlandaises.

Il reste cependant encore plusieurs modes particuliers de récompenses et de punitions.

Dans la première classe, on compte les billets de mérite, dont un certain nombre vaut à celui qui les rapporte une gratification en argent. Ils sont faits de petits morceaux de papiers, longs d'un pouce et demi, larges d'un pouce, et contiennent, outre leur titre *merit ticket* (billet de mérite), un numéro qui indique leur valeur: n°. 1 signifie le huitième, n°. 2 le quart d'un denier; chaque numéro suivant augmente en valeur d'un huitième de denier. Quand l'école est près de se fermer le soir, celui qui a été le premier dans chaque division de lecture et d'arithmétique, comme aussi quelquefois ceux qui se sont distingués par leur zèle et leur bonne conduite reçoivent un de ces billets. Le moniteur de toute classe qui a été tenue en bon ordre, obtient un billet n°. 2, et, au bout d'un certain temps, ces billets sont échangés contre de l'argent ou contre d'autres récompenses de différentes espèces, et qui sont décernées avec solennité, au choix des élèves qui les ont méritées. On a introduit dans quelques écoles un usage qui nous paraît mieux entendu, et qui consiste à avoir en réserve quelques livres dans lesquels les écoliers peuvent, avec leurs billets de mérite, acheter le droit d'étudier et de faire des lectures.

Les principales punitions sont la perte de ces billets de mérite, et la prolongation du séjour dans l'école, lorsque tous les écoliers se retirent. Après que les récompenses ont été distribuées, les moniteurs appellent ceux qui se sont mal conduits et qui doivent en subir la peine. Les enfans négligens et malpropres sont soumis à se voir laver les mains et le visage en présence de tous leurs camarades, et on les retient en outre une demi-heure après la fin de l'école. Celui qui a parlé ou qui n'a pas été attentif pendant les leçons, reste aussi une demi-heure après tous les autres, et cette punition est encore infligée aux enfans qui sont arrivés trop tard d'un quart d'heure ou plus, comme à ceux qui ne sont pas venus à l'une des séances précédentes. Les noms de ces derniers sont encore lus tous les jours et pendant un mois de suite, à l'issue des exercices du soir; et cette punition est considérée comme très-grande.

Les enfans que l'on retient à l'école continuent, sous la surveillance du maître, les exercices divers qui sont affectés à la classe à laquelle ils appartiennent. S'ils se montrent négligens ou inattentifs pendant ce temps, le lendemain on prononce sur leurs nouveaux torts.

Ceux qui sont dans le cas d'être punis sont admis quelquefois à se racheter de la peine, au moyen des billets de mérite qu'ils ont précédemment gagnés. A l'école centrale de Londres, celui qui est venu trop tard ou qui a désobéi au moniteur, donne en expiation quatre de ces billets; les moniteurs de classe qui ne se soumettent pas aux ordres du moniteur général en perdent six, et l'injustice ou les fausses plaintes ne peuvent être expiées que par huit de ces billets.

Tout écolier qui a été envoyé en pénitence sur la plate-forme et qui croit que le moniteur de sa classe lui a fait une injustice est admis à porter ses plaintes au maître; dans ce cas, on entend des témoins des deux côtés. Si le plaignant a raison, il est déchargé de la peine et celui qui l'a injustement puni la subit à sa place; dans le cas contraire, cette peine même est doublée.

Outre les billets de mérite, on emploie encore certaines marques qui servent à faire distinguer les élèves qui se conduisent bien et ceux dont on est mécontent : elles consistent en petits carrés de cartons, longs de six pouces, larges de trois, et que les écoliers portent sur la poitrine suspendus à un cordon passé derrière le cou. Le premier, dans une classe de lecture, porte un billet où sont écrits les mots *first boy*, *premier élève*. Sur d'autres on lit : *diligent boy*, *enfant appliqué*; *playing boy*, *joueur*; *idle boy*, *paresseux*; *talking boy*, *babillard*, *etc.* Ces marques sont distribuées par les moniteurs de classe, qui en ont toujours un certain nombre à leur disposition, dans une petite boîte, près de leur télé-

graphe. Les marques de premier pour la lecture sont suspendues près de la muraille, et à la place du demi-cercle où
se met le premier écolier de chaque peloton. (*Voyez*
planche IV, n°. 1.)

Registres de l'école.

On compte cinq registres : 1°. le registre alphabétique de
l'école ; 2°. la liste de classe et le registre sommaire pour la
fréquentation de l'école, jour par jour ; 3°, la liste des candidats ; 4°. le registre du dimanche pour l'assiduité aux services divins ; 5°. et le livre des visiteurs.

Dans l'école centrale de Londres, tous les vendredis à
neuf heures du matin, le maître examine les demandes
d'admission à l'école, et inscrit sur la liste des candidats le
nom et l'âge de l'enfant pour qui est faite cette demande, le
nom, la demeure, et la religion des parens, ainsi que la
date de leur pétition. Le même jour on envoie aux parens
un billet imprimé, en suivant l'ordre de l'inscription, et on
les invite à envoyer leur enfant à l'école le lundi suivant,
parce que ce jour-là on remplit les places qui sont devenues
vacantes la semaine précédente. Quand l'enfant arrive, on lui
fait essayer un exercice de lecture ; sa place lui est assignée
suivant le résultat de cet examen, et son nom, son âge
sont inscrits dans le registre alphabétique de l'école.

Après avoir passé la revue de sa division, chaque moniteur remet au maître une note sur le nombre des écoliers
absens et présens, et le maître l'inscrit dans le registre
sommaire, qui présente ainsi jour, par jour, le tableau du
mouvement de l'école. Toutes les semaines on prend des
informations sur les causes de l'absence des élèves : le samedi, le maître remplit de petits billets imprimés, en con-
sultant les listes de classe, et en indiquant combien de fois
un enfant a manqué à l'école dans la semaine. Ces billets,
par lesquels on demande aux parens une explication sur

la conduite de celui dont on se plaint , leur sont envoyés régulièrement. Le lundi , on suspend les travaux un moment avant la clôture des exercices du matin , et le maître fait à haute voix la lecture des billets qu'il a remplis l'avant-veille. Si celui pour qui il a été fait est encore absent, le maître demande si quelqu'un connaît sa demeure , et lorsqu'il se présente un de ses camarades, on le charge de porter le billet chez les parens. Ceux-ci écrivent ou font écrire sur le revers du billet la cause de l'absence de leur enfant. A l'ouverture de l'école du soir le billet est rapporté au maître, qui transcrit la réponse sur une colonne du livre de classe, spécialement consacrée à cet usage.

On a encore établi l'habitude , dans l'école centrale de Londres, de faire apporter par chaque enfant tous les lundis matin un billet, où ceux qui sont chargés de rendre compte de sa conduite déclarent s'il a assisté la veille au service divin, ou du moins aux écoles du dimanche, et dans quel lieu : ces rapports sont également consignés sur un registre , et l'on s'informe aussi à ce sujet des motifs qui peuvent avoir empêché un enfant de remplir ce devoir sacré.

Les personnes qui visitent l'école inscrivent sur le registre que l'on consacre à cet usage leurs observations et les propositions qu'elles peuvent avoir à faire; ces registres sont présentés et examinés aux séances du comité des écoles.

SECTION NEUVIÈME.

Examens.

A LA fin de chaque mois, les écoliers (excepté ceux de la huitième classe) sont appelés par divisions , devant le maître assis à sa table, et là chacun d'eux est examiné et interrogé sur les leçons de lecture qui ont été données dans sa classe. Celui qui est reconnu susceptible d'avancement est inscrit sur-le-champ dans la division supérieure et y entre le lundi suivant (1).

_____

(1) Dans quelques écoles on fait aussi des classifications sur les examens d'écriture, et c'est un moyen de plus d'exciter l'émulation.

Le dernier samedi de chaque mois, le maître dresse de
nouvelles listes de classe, et inscrit les mutations sur le registre alphabétique : comme ces mouvemens font changer
les numéros d'ordre de tous les écoliers, le lundi suivant
chacun d'eux vient dire son nom au moniteur de sa classe,
et reçoit alors un nouveau numéro.

Pour les examens des classes d'arithmétique, le *moniteur
général* inscrit sur son ardoise les noms des écoliers qu'il a
vus lui-même se distinguer, ou que les moniteurs de classe
lui présentent comme méritant une attention particulière :
sur l'inspection de cette ardoise, le maître appelle, le jour
suivant, les élèves dont les noms y sont inscrits ; il les examine avec soin, et, s'il y a lieu à faire quelques promotions,
elles sont toutes enregistrées.

CHAPITRE SECOND.

APPLICATION DES PRINCIPES GÉNÉRAUX DE LA MÉTHODE.

Nous croyons devoir rappeler ici, sommairement, les règles de classification que nous avons exposées dans la première section du chapitre premier, consacré à la méthode lancastérienne : en résumé, les classes ont chacune un cercle d'études fixe et déterminé par avance ; il y en a huit pour les cours de lecture et d'écriture, dix pour le cours d'arithmétique, et dans les écoles de filles dix aussi pour les leçons de couture et d'autres travaux d'aiguilles : il importe de ne pas perdre de vue cette classification, pour pouvoir mieux apprécier l'examen que nous allons faire de chacune des parties de l'enseignement.

SECTION PREMIÈRE.

Lecture.

La première classe apprend à écrire l'alphabet sur le sable et sous la dictée. Les enfans sont assis devant la table du sable, et ils ont un tableau d'alphabet sous les yeux (1). Le moniteur commande : *Préparez-vous.*

---

(1) Il y a quelques écoles où l'on se sert de ce qu'on appelle une *roue d'alphabet*, au lieu de ce tableau : les divers alphabets sont gravés et collés sur plusieurs cercles concentriques. La roue est posée dans une espèce de boîte, de manière qu'on peut la faire tourner au moyen d'une manivelle. Sur la planche de cette boîte, qui est placée en face des écoliers, sont pratiquées autant d'ouvertures qu'il y a de cercles d'alphabet. Ces ouvertures ne laissent voir qu'une lettre à la fois et sont fermées à volonté par une coulisse; ordinairement on n'en ouvre qu'une à la fois. En tournant la manivelle, on fait venir une lettre après l'autre, et cette machine offre cet avantage que l'attention des enfans n'est jamais détournée par la vue de plusieurs exemples.

Tous les enfans posent l'index de la main droite sur le bord de la table, et dirigent leurs regards vers le tableau. La main gauche reste appuyée sur le genou. (*Voyez* planche V, n°. 12.)

Le moniteur montre une lettre avec sa baguette, par exemple A , et dit *faites A*.

Les enfans appuient le bras gauche sur la table, et de l'index de la main droite ils écrivent sur le sable la lettre qui leur a été montrée et nommée en même temps. (*Voyez* planche V, n°. 13, et le premier banc de la planche IV.)

Après cet exercice, le moniteur dit : *Retirez les mains* ; et tous les écoliers portent les mains sur les genoux. Alors le moniteur examine le travail de chacun et corrige les fautes ; puis il passe un petit rateau ou un cylindre en bois sur le sable (1) : il montre et prononce une nouvelle lettre, et l'exercice recommence.

Pour changer, on fait former les élèves de la même classe en un ou plusieurs demi-cercles ; le moniteur leur montre sur le tableau et leur fait lire des lettres, et les mutations de place commencent avec cet exercice.

Toutes les classes suivantes sont également occupées à écrire sous la dictée. Elles sont placées, comme nous avons dit, l'une après l'autre, le moniteur de classe occupant l'extrémité droite du premier banc de la classe, près du télégraphe. Derrière lui, sur le même bout de chacun des bancs remplis par la division, sont assis, comme lui, les moniteurs adjoints. Quand le moniteur général veut donner

---

(1) Le rateau et le cylindre sont tous deux disposés avec de petites pointes placées à égale distance l'une de l'autre, en sorte qu'étant passées sur le sable , elles laissent après elles des lignes tracées à l'intervalle nécessaire pour les lettres que l'on doit écrire. M. Lancaster a proposé de faire peindre le fond des tables en noir, afin que les lettres tracées sur un sable blanc , puissent mieux ressortir. Du reste, ce procédé n'est pas nouveau, et nous avons déjà vu à la page 31, que M. de Vallange l'avait indiqué en 1719 pour l'usage de ses *tables grammographiques*.

l'ordre de dicter, le moniteur de la huitième classe monte
sur son banc et dicte, d'après le tableau qu'il tient à la
main, un mot de quatre syllabes ou plus. Dès qu'il a prononcé et épelé ce mot, le moniteur de la septième classe,
monté aussi sur son banc, dicte à sa classe un mot de trois
syllabes; tous les autres moniteurs, jusqu'à celui de la seconde classe, suivent de la même manière; celui de la
sixième dicte un mot de deux syllabes; celui de la cinquième, un mot ou une syllabe de cinq lettres; celui de la
quatrième, une syllabe de quatre; celui de la troisième,
une syllabe de trois; celui de la seconde, une syllabe de
deux lettres. Quand tout cela est fini, le moniteur de la huitième classe dicte un nouveau mot, celui de la septième
vient après, et ainsi de suite, jusqu'à ce que toutes les
classes aient écrit six mots ou six syllabes. Alors les moniteurs se remettent à leur place sur le banc, et le moniteur
général donne l'ordre à tous les écoliers de montrer leurs
ardoises, et en même temps aux moniteurs de classe et à
leurs adjoints celui de les examiner. Le moniteur visite lui-
même les ardoises du premier banc, et les adjoints celles de
leurs bancs respectifs. Après cette inspection et la correction
des fautes, les moniteurs et adjoints attendent que le moniteur général les invite à retourner à leurs places : quand ils
y sont revenus, les moniteurs remontent sur leurs bancs, et
dirigent vers la plate-forme le côté du télégraphe sur lequel
sont écrites les lettres EX, pour indiquer que leur classe
a fini, et l'on recommence sur un nouveau signal. (*Voyez*
l'inspection de l'écriture, planche VI, fig. II.)

Quand ces exercices ont été répétés quelque temps de
suite, les classes sont divisées par pelotons d'enfans,
et chacun de ces pelotons va se former en demi-cercle devant
les tableaux suspendus à la muraille, pour épeler les mots
et les syllabes qu'il ont déjà appris à écrire. Le moniteur de
chaque demi-cercle est placé à l'extrémité droite (1) et devant

(1) Les moniteurs ont été d'abord placés à gauche : mais depuis quelque temps on les a mis dans l'école centrale de Londres à la droite du

lui le plus fort écolier , portant suspendue devant la poitrine
une plaque de métal avec ces mots *first boy*, premier élève.
Les tableaux occupent le milieu du diamètre de chaque
demi-cercle, et sont posés à cinq pieds environ de terre : le
moniteur, tenant en main une baguette de deux pieds de
long, montre de cette baguette le mot ou la syllabe qu'il
veut faire épeler par l'écolier qu'il invite à commencer. Si
celui-ci se trompe ou ne sait pas, le moniteur appelle le suivant ou l'indique seulement de la baguette, et quand ce dernier reconnaît la faute et la redresse, sur un signe donné par
le moniteur, il prend la place de son voisin, qui lui aban-
donnne même la plaque, s'il se trouve que le premier ait été
interrogé. Mais si le second n'a pas dit mieux que le précédent, le troisième reprend et ainsi de suite, et tous ceux
qui se sont trompés sont obligés, après que leurs fautes ont
été corrigées, à répéter la même leçon autant de fois qu'il
peut être nécessaire pour que chacun d'eux la sache couramment : s'il arrivait que dans toute la division aucun enfant
ne fût en état de reconnaître l'erreur ou de suppléer à l'ignorance de ses camarades, alors le moniteur viendrait au secours de ses élèves, et ferait apprendre cet exercice jusqu'à
ce que tout le monde le sût bien.

Après qu'on a ainsi étudié aux demi-cercles, chacun de
ceux qui appartiennent au même peloton est interrogé sur
ce qui a été fait. Les écoliers restent à la même place et dans
le même ordre; les moniteurs, sur un signal donné par le
maître ou par le moniteur général, enlèvent les tableaux de
dessus la muraille et font les questions. Ils prononcent une
syllabe ou un mot et les font épeler par les élèves ; celui qui
se trompe cède sa place à qui le reprend. Les quatre classes
les plus élevées lisent aussi, sans avoir d'abord épelé, des

spectateur qui est en face du demi-cercle , en sorte que dans cette position ils ont la main droite qui tient la baguette plus près du tableau , et
peuvent montrer plus facilement. (Voy. plan. VI , fig. 1.)

mots qui sont écrits sur des tableaux destinés à cet usage. Ceux qui sont composés pour la quatrième classe contiennent de petites phrases faites de monosyllabes et les mots deviennent progressivement plus longs pour chacune des classes qui suivent. Ces exemples présentent habituellement des passages choisis de l'écriture sainte : la huitième classe lit dans la Bible même.

SECTION DEUXIÈME.

Écriture.

Les leçons d'écriture, ainsi que nous l'avons déjà dit, sont liées avec celles que l'on donne pour faire épeler sous la dictée, et les mêmes classes dans chacune de ces deux branches d'études sont occupées par conséquent des mêmes objets : quatre ou cinq fois par semaine, la septième et la huitième divisions font des exercices d'écriture sur le papier, avec la plume et l'encre. Les écoliers y sont partagés, selon leur plus ou moins d'habileté, en deux subdivisions, dont chacune a son moniteur particulier : dans la plus faible, ils apprennent à tenir la plume et à écrire de petits mots entre deux lignes tracées d'avance ; dans la seconde, ils écrivent plus couramment, d'abord sur deux lignes, plus tard sur du papier qui n'est pas rayé.

SECTION TROISIÈME.

Arithmétique.

La première classe d'arithmétique a aussi deux subdivisions et un moniteur pour chacune d'elles. Dès qu'un écolier a pris part pendant quelque temps et avec succès aux exercices de la sixième classe de lecture, il entre dans la plus faible subdivision de cette première classe d'arithmétique, qui se trouve placée à la suite de la cinquième classe de lecture. Là, les enfans reçoivent les leçons dans les bancs et ne font aucun exercice aux demi-cercles.

Ils apprennent d'abord à écrire les chiffres sur les ardoises, et, dès qu'ils le peuvent faire couramment, ils passent à écrire de la même manière les tables d'addition que le moniteur leur dicte ; en voici un exemple. Si l'on a fait écrire :

1 et 1 font 2.

et jusqu'à

1 et 9 font 10.

le moniteur ordonne de montrer les ardoises, il les examine et corrige les fautes. Puis on repose les ardoises sur le pupitre, on efface ce qui a été écrit, et l'on recommence un autre exercice semblable.

Dans la seconde subdivision de la même classe, on apprend à connaître ces mêmes tables d'addition, soit en écrivant, soit en lisant à haute voix : les écoliers se forment par pelotons de neuf, et vont, avec un moniteur, se ranger en demi-cercles autour d'un tableau de muraille : là ils étudient pendant un quart d'heure, et lisent selon deux procédés : d'abord ,

Le premier écolier dit. . . . 1 et 1 font 2.
Le second. 1   2   3.
Le troisième. 1   3   4, etc.

Puis le moniteur, indiquant de la baguette une de ces lignes, sans en suivre l'ordre naturel, la fait lire à un élève.

Le premier dit. . . . 1 et 5 font 6
Le second. 1   7   8, etc.

Après un quart d'heure, le moniteur prend un tableau à la main, se place le dos appuyé contre la muraille et interroge les écoliers sur ce qu'ils viennent d'étudier, d'abord dans l'ordre qui a été suivi.

— Le moniteur demande : 1 et 1 ?
— Le premier écolier répond : 1 et 1 font 2.

— Moniteur : 1 et 2 ?
— Second écolier : 1 et 2 font 3 , etc.
Ensuite dans tous les sens. .
— Le moniteur : 1 et 6 ?
— Le premier écolier : 1 et 6 font 7.
— Le moniteur : 9 et 1 ?
— Le second : 9 et 1 font 10.

Quand un élève connaît bien la table d'addition, on le fait passer à la seconde classe d'arithmétique.

Dans celle - ci , les enfans apprennent l'addition simple, d'abord par la dictée de l'exemple et de la solution qui y est attachée , ensuite sur un exemple où ils font l'opération eux-mêmes, et sans que le maître leur en montre d'avance les procédés et le résultat de chacun d'eux.

Pour la première méthode, le moniteur tient à la main un tableau sur lequel se trouvent et la règle et sa solution : il commence à dicter cette règle par chaque ligne de chiffres, et les écoliers placent ces lignes les unes sous les autres. Par exemple, il dit : *trois cent cinquante-sept ; en chiffres*

357 , puis il nomme de même le nombre suivant, 805, et
249 (1).

Après la dernière ligne , il prescrit de tirer une barre, se fait montrer les ardoises (2), corrige les fautes , et se remet à dicter lentement et à haute voix la solution de la règle qui vient d'être écrite, en commençant de bas en haut et par colonnes de droite à gauche.

(1) C'est en écrivant sous la dictée d'abord les chiffres, ensuite les nombres , que les écoliers apprennent d'une manière pratique la numération.

(1) Dans le commencement , on revoyait les ardoises après chaque ligne, mais cette méthode prenait trop de temps et on l'a simplifiée.

Première colonne.

9 *et* 5 *font* 14, *et* 7 *font* 21. — Les écoliers écrivent sur leurs ardoises chiffre par chiffre et mot par mot ce que le moniteur vient de dire, et celui-ci continue : *posez le* 1 *sous le* 9, *et retenez* 2 *pour la colonne suivante.* Cette phrase-ci n'est pas écrite ; seulement on exécute l'ordre donné, et l'on passe à la

Seconde colonne.

2 *et* 4 *font* 6 *et* 5 *font* 11. — Les enfans écrivent toute la phrase, et le moniteur dit : *posez le* 1 *sous le* 4, *et retenez* 1 *pour la colonne suivante ;* — cela fait, on va plus loin.

Troisième colonne.

1 *et* 2 *font* 3 *et* 8 *font* 11 *et* 3 *font* 14. — Cette phrase étant écrite, le moniteur dit : *posez le* 4 *sous le* 2, *et le* 1 *à gauche :* il ajoute, *total en chiffres* 1,4,1,1 ; *en toutes lettres, mille quatre cent onze.* Le nombre est écrit de cette manière sur les ardoises. Le moniteur les inspecte, il corrige toutes les fautes qui ont pu être faites en écrivant l'opération, et l'on passe à un nouvel exemple.

Lorsqu'on en vient aux exercices sur la même règle, sans que la solution soit dictée par le moniteur, les écoliers se forment en demi-cercles par pelotons de neuf et tenant chacun leur ardoise à la main, devant un tableau de muraille, sur lequel se trouve la règle qu'ils auront à faire. Si le tableau présente l'exemple suivant :

$$6,483$$
$$1,354$$
$$5,493$$
$$\overline{13,330}$$

Le moniteur donne ordre de commencer, et le premier élève dit : *première ligne, six mille quatre cent quatre-vingt-*

trois, *en chiffres*, 6,4,8,3. Il écrit lui-même ces chiffres, et tous ses camarades écrivent en même temps. Celui qui vient après continue (1) : *seconde ligne, mille trois cent cinquante-quatre ; en chiffres*, 1,3,5,4. Après que ce nombre est écrit sous la première ligne, le troisième poursuit : *troisième ligne, cinq mille quatre cent quatre-vingt-treize, en chiffres* 5,4,9,3, et tous écrivent sous la seconde ligne. Le quatrième élève dit alors : *tirez une barre sous la dernière ligne.* Le moniteur prend à la main le tableau de muraille, se place en face du demi-cercle, examine les ardoises et corrige les fautes. — La parole est au cinquième écolier, qui commence l'opération : *première colonne : 3 et 4 font 7 et 3 font 10, posez le o sous le 3, et retenez 1 pour la colonne suivante.* Les autres font cette addition en même temps que lui, mais tout bas et écoutent si celui qui parle ne fait pas de faute, auquel cas il doit être remplacé par le suivant, ou par celui qui dira bien. Si le premier ne s'est pas trompé, le sixième dit : *seconde colonne, 1 et 9 font 10 et 5 font 15 et 8 font 23, posez le 3 sous le 9, et retenez 2 pour la colonne suivante.* Le septième et le huitième font de la même manière l'addition de la troisième et de la quatrième colonne, et le neuvième et dernier lit à haute voix aussi : *somme totale en chiffres ; 1,3,3,3,o, en toutes lettres, treize mille trois cent trente.*

La troisième classe écrit d'abord au pupitre les tables de soustraction et ensuite, pour changer d'exercice, les exemples qui lui sont également dictés par le moniteur avec les solutions : plus tard et lorsque la classe se forme par pelotons aux demi-cercles, les solutions ne sont pas dictées. D'ailleurs tous les procédés sont les mêmes que ceux que nous venons de décrire.

Voici un exemple qui fera voir comment une soustraction simple est exposée aux yeux des élèves :

$$8,217$$
$$4,397$$
$$3,820$$

« Otez 7 de 7 reste 0 : posez le 0 sous le 7 ; — Otez 9 de 1,
» impossible : empruntez 10 et dites 9 de 11 reste 2, posez 2
» sous le 9 et retenez 1 pour le 3 qui vient ensuite ; — 1 et
» 3 font 4, ôtez 4 de 2, impossible : empruntez 10 et dites
» 4 de 12 reste 8 ; posez le 8 sous le 3 et retenez 1 pour le
» 4 suivant. — 1 et 4 font 5 ; ôtez 5 de 8 reste 3 ; posez le 3
» sous le 4. — *Reste en chiffres*, 3,8,2,0. *En toutes lettres,*
» *trois mille huit cent vingt.* »

La quatrième classe, pendant la première moitié du temps
consacré au calcul devant le pupitre, écrit les tables de multiplication et le reste du temps des exemples dont les solutions sont également dictées par le moniteur. Dans les demi-
cercles, on fait la même opération, sans le secours du
moniteur.

Exemple.

1,437
  3
————
4,311

Solution.

» 3 fois 7 font 21, posez 1 sous le 3 et retenez 2 ; — 3 fois
» 3 font 9 et 2 font 11 ; posez 2 sous le second 3 et retenez
» 1 ; — 3 fois 4 font 12 et 1 font 13, posez 3 sous le 4 et re-
» tenez 1 ; — 3 fois 1 font 3 et 1 font 4, posez 4 sous le 1.
» *Produit en chiffres,* 4,3,1,1. *En toutes lettres, quatre*
» *mille trois cent onze.* »

La cinquième classe est exercée de la même manière pour
la division,

Exemple :

3 { 8474
————————
    2824 — 2

Solution.

« 3 en 8, 2 fois et il reste 2, posez 2 sous le 8 et retenez
» 20 (2 dizaines) pour le 4 suivant ; — 20 (2 dizaines) et 4

» font 24 ; 3 en 24, 8 fois, posez 8 sous le 4 ; — 3 en 7,
» 2 fois et il reste 1 ; posez 2 sous le 7 et retenez 10 pour le
» 4 suivant ; — 3 en 14, 4 fois et il reste 2, posez le 4 sous
» le 4, et le reste à côté. — *Quotient en chiffres*, 2,8,2,4
» — 2. *En toutes lettres, deux mille huit cent vingt-quatre*
» *et deux tiers.* »

La sixième classe apprend un jour à écrire, sous la dictée
et sur les ardoises, les tables de livres, schellings et deniers
sterlings, le jour suivant elle fait des exercices sur les addi-
tions composées.

Exemple :

l.	s.	d.	
12	15	3	$\frac{3}{4}$
9	2	4	$\frac{1}{4}$
18	12	2	$\frac{1}{4}$

La solution est exposée de la manière suivante :

Fractions.

« $\frac{1}{4}$ et $\frac{1}{4}$ font $\frac{2}{4}$ et $\frac{3}{4}$ font 1 et $\frac{1}{4}$: posez $\frac{1}{4}$ sous les fractions,
» et retenez 1 pour les deniers.

Deniers.

« 1 et 2 font 3, et 4 font 7, et 3 font 10 : posez 10 sous
» les deniers.

Schellings.

» 2 et 2 font 4, et 5 font 9, posez 9 sous le 2 : 1 et 1
» font 2, ou 20 schellings qui font une livre : retenez 1
» pour la colonne des livres.

Livres.

» 1 et 8 font 9 et 9 font 18, et 2 font 20 : posez o sous
» le 8 et retenez 2 pour la colonne suivante : 2 et 1 font
» 3, et 1 font 4; posez 4 sous le 1 : somme totale en chif-

» fres l. 40, 9 s. 10 d. ¼ ; en toutes lettres quarante livres, » neuf schellings, dix deniers et un quart sterling.

Si le même compte se trouve sur un tableau de muraille, et mis sous les yeux des élèves rassemblés au demi-cercle pour être écrit sous la dictée, on procède comme nous l'avons déjà vu , pour l'addition simple.

Le premier écolier dit, *première ligne* , *douze livres* , *quinze schellings* , *trois deniers et trois quarts* (tous les enfans écrivent sur leurs ardoises). Le second et le troisième dictent les deux lignes suivantes, le quatrième , *faites un trait sous la dernière ligne*. Pour faire faire cette opération par tous les écoliers sans qu'ils soient aidés par les détails du mode de solution, le moniteur prend le tableau à la main, s'appuie contre la muraille, examine les ardoises, corrige les fautes, et commande à celui à qui la parole appartient de continuer : celui-ci dit : *fractions. Un quart et un quart font deux quarts , et trois quarts font cinq quarts : cinq quarts font un denier et un quart : posez un quart sous les fractions , et retenez un pour les deniers.* Tous écrivent et chacun dans son rang continue l'opération, etc.

Il me paraît inutile de montrer par d'autres exemples comment se font les soustractions, les multiplications, et les divisions composées dans les septième , huitième et neuvième classes : on y suit toujours les mêmes procedés.

Dans la dixième et dernière classe d'arithmétique, on apprend la règle de trois et quelques autres règles composées, s'il y a un assez grand nombre d'écoliers qui soient capables de suivre des exercices plus difficiles.

SECTION QUATRIÈME.

Religion.

Nous avons déjà dit que la *Société des écoles pour l'Angleterre et pour l'étranger* a adopté ce principe de ne faire montrer aucune doctrine particulière, et de restreindre l'enseignement de la religion à la connaissance des passages de l'écriture qui ne peuvent donner lieu à aucune interprétation. Quant à la méthode elle-même, écoutons M. Lancaster : « Je ne puis approuver, dit-il, que l'on fasse » apprendre aux enfans des chapitres entiers, ou du moins » de longs passages de la Bible, surtout s'ils ne se rapportent » pas distinctement aux exemples qu'ils ont sous les yeux. » De semblables tâches sont bientôt considérées par eux » comme un fardeau trop pesant, et, pour que les enfans » puissent tirer quelque profit de la connaissance des saintes » écritures, il me semble qu'il convient d'abord qu'ils ap- » prennent à les honorer et à les respecter dans les leçons qu'on » leur fait étudier, ce qui nous conduit à désirer que l'en- » seignement leur soit facile et agréable. Si plusieurs enfans » lisent ensemble un petit passage ou quelques phrases déta- » chées de la Bible, s'ils s'exercent à l'envi à qui lira le mieux, » il est certain que l'objet même de la leçon pénétrera beau- » coup plus solidement dans leur esprit que si on leur fait » apprendre par cœur et isolément la même leçon. Les » demi-cercles autour desquels les écoliers se réunissent » pour la lecture sont encore un excellent moyen pour fa- » ciliter l'instruction morale et religieuse. Les tableaux leur » offrent de bons préceptes et à chaque précepte est attachée » une question qui sert à le présenter d'une manière plus » saillante. A côté du trente-septième verset du pseaume » trente-septième : *Observe l'homme intègre et considère* » *l'homme droit, tu verras qu'il a une fin heureuse*, on lit » cette question : *Quelle sera la fin de l'homme qui se con-* » *serve intègre et droit*, et le verset lui-même sert de réponse. » En faisant répéter ces exercices sur un grand nombre de » passages, l'enfant aura bientôt la tête meublée de citations » qui laisseront en lui de bons souvenirs et produiront de » bons fruits. »

Quant à l'enseignement religieux considéré d'une manière plus spéciale et sous le rapport des doctrines, on en laisse le soin aux ecclésiastiques des différentes confessions;

et pour prouver en même temps combien on y attache d'importance, on veille fort exactement à ce que les enfans assistent aux services divins ou aux écoles du dimanche : il n'est pas difficile de faire suivre ces pratiques, car maintenant presque toutes les sectes, dans chacune des confessions chrétiennes établies en Angleterre, ont leurs écoles particulières, exclusivement consacrées à l'enseignement religieux: Dans quelques écoles lancasteriennes, la première condition que l'on met à l'admission d'un enfant est que ses parens l'enverront régulièrement à l'église où à la chapelle dont ils suivent eux-mêmes le rite, ou du moins à une école du dimanche. Dans d'autres on a établi l'usage de faire rassembler tous les enfans le dimanche matin dans le local de l'école et de les envoyer, par divisions et sous la conduite d'un inspecteur choisi parmi eux, aux différens lieux où il y a des services publics, suivant la confession à laquelle ils appartiennent. Partout où l'on ne suit pas l'une de ces méthodes, on exige du moins que les enfans apportent tous les lundis un billet sur lequel est désignée l'église où ils sont allés la veille au service divin.

SECTION CINQUIÈME.

Couture.

La première classe est partagée en deux subdivisions.

Dans la première subdivision, les jeunes filles qui commencent apprennent à plier des ourlets sur des bandes de papier de trois ou quatre pouces de long et d'un pouce de large. Dès que la monitrice de classe donne l'ordre de commencer, elles plient le papier sur le bord pour préparer l'ourlet et pendant ce temps la monitrice va de l'une à l'autre pour leur montrer comment il faut s'y prendre. Quand une jeune fille a plié les quatre bords de la bande de papier, elle lève la main gauche et la monitrice vient à elle, examine son ouvrage et lui donne une nouvelle feuille. Toutes celles qui sont déjà pliées sont tenues de côté pour être plus tard soumises à l'inspection générale qui doit être faite par la maîtresse. (Voy. planche VII , n°. 1.)

L'élève qui sait bien plier l'ourlet sur le papier, passe à la seconde subdivision, où on lui donne de petits morceaux de toile ou de coton de la même grandeur que les bandes de papier qu'elle avait auparavant, et sur lesquels elle répète la même étude pour les plier, et procède ensuite à l'ourlet. (Voy. planche VII , n°. 2.)

La seconde classe a aussi deux subdivisions. D'abord on fait plier des ourlets sur deux feuilles de papier d'égale grandeur, et qui sont fixées ensemble par des épingles. (Voy. *ibid.* n. 3.) Plus tard les jeunes filles passent dans la seconde subdivision, et on leur fait répéter la même opération sur divers morceaux d'étoffes qu'elles cousent et assemblent. (*Voyez ibid.* n. 4.)

Dans la troisième classe on apprend à tirer les fils, à coudre ensemble et à piquer deux morceaux de toile, suivant ce qui est indiqué dans l'échantillon n. 5.

Les élèves de la quatrième classe plissent et montent les plis sur des morceaux de toile, et les attachent aux poignets (petites pièces de toile piquée) qu'elles ont déjà faits dans dans la classe précédente. Le morceau d'étoffe sur lequel on fait ces plis doit être trois fois plus large que les poignets ne sont longs. Avant de faire les plis, on relève les bords comme pour un ourlet, et l'on trace ainsi une ligne droite, qui indique l'espace qui doit rentrer dans la couture du poignet. On fait ensuite sur chacune des deux pièces qui doivent être cousues ensemble un même nombre de divisions égales entre elles, en sorte qu'il y ait un même nombre de plis dans chaque division, et que les deux pièces viennent à coïncider lorsqu'elles sont attachées l'une à l'autre. (*Voyez* n. 6.)

Dans la cinquième classe, on donne aux petites filles des morceaux d'étoffe qu'elles commencent par doubler et ourler : puis elles découpent des boutonnières et cousent sur les bords comme pour faire des ourlets.

La sixième classe attache des boutons ; d'autres fois aussi on fait faire des boutons avec de petits morceaux d'os ou de fil d'archal recourbé en anneaux, et qui sont recouverts en mousseline. (*Voyez* n. 8.)

La septième classe fait des points croisés , d'abord sur de petites pièces de toile ou de coton, plus tard sur des morceaux de flanelle.

La huitième classe apprend à faire des reprises sur des morceaux de toile déchirés , et l'on se sert de fils de différentes couleurs, qui, en se croisant, présentent à l'œil plus de facilité pour apprécier l'exécution.

Dans la neuvième classe on fait des plis plats, et l'on attache des manchettes.

Enfin dans la dixième on apprend à marquer toutes les lettres du grand et du petit alphabet et tous les chiffres.

Lorsque les élèves se sont occupées assez long-temps de ces divers exercices , on leur donne à faire des travaux utiles, tels que chemises , bonnets, etc. : ceux-ci sont vendus ensuite au profit de la maison , et quelquefois même , on se charge de faire faire dans l'école des ouvrages qui peuvent être demandés par les personnes dont on reçoit la visite : c'est un nouveau moyen d'émulation qui doit avoir beaucoup de succès.

Jusqu'à présent on n'a point enseigné le tricot dans les écoles lancastériennes , mais il y a lieu de croire qu'on en adoptera la pratique très-prochainement.

CHAPITRE TROISIÈME.

SYSTÈME MONITORIAL DANS LES ÉCOLES DE LA SOCIÉTÉ
POUR L'ANGLETERRE ET POUR L'ÉTRANGER.

SECTION PREMIÈRE.

Fonctions du moniteur général pour l'ordre et pour l'enseignement de l'écriture.

§ Ier. En général.

1°. Le *moniteur général pour l'ordre* dirige tous les travaux de l'école, et comme l'enseignement de l'écriture est l'affaire la plus importante dans une institution lancastérienne et le devient encore plus, à mesure que le nombre des écoliers augmente, le premier moniteur est spécialement chargé de cette surveillance; c'est ce qui fait qu'on le nomme quelquefois aussi l'*inspecteur de l'écriture*.

2°. Il est immédiatement placé sous l'autorité du maître, et n'est responsable qu'envers celui-ci.

3°. Pour conduire les leçons d'écriture sous la dictée, il se place debout à côté de la table du maître.

Mais, pour veiller au maintien de la discipline, il est souvent obligé de parcourir l'école et de s'arrêter d'une classe à l'autre.

§ 2. Avant l'ouverture de l'école.

1°. Il doit toujours être arrivé au moins un quart d'heure avant le moment indiqué pour le commencement des exercices.

2°. Cinq minutes avant que tous les écoliers soient admis à entrer, il ouvre la porte aux moniteurs, fait un appel, marque les absens sur son ardoise, et désigne ceux qui prendront leur place,sur l'inspection d'une liste que le maître a toujours soin de tenir préparée d'avance.

3°. Il donne ensuite aux moniteurs de classe les tableaux d'après lesquels ils devront dicter les leçons.

4°. Il ouvre la porte à la minute, le matin à neuf heures, l'après-midi à deux heures, et les écoliers qui sont ordinairement réunis, soit devant la porte de la maison, soit dans une cour attenante, entrent tous en même temps.

§ 3. Avant que l'on commence à dicter.

1°. Il veille à ce que tous les enfans se rangent en silence et en bon ordre à leur place respective, chacun d'eux en face du clou où son ardoise est suspendue, et les mains posées derrière le dos. (*Voyez* pl. V, n. 1.)

2°. Alors il donne le commandement *ôtez les chapeaux* : au mot *ôtez*, chaque élève porte la main droite à son chapeau (*Voyez* pl. V, n. 2), et il l'enlève quand la phrase est achevée. *Attachez chapeaux*, chacun le suspend derrière l'épaule, à un cordon destiné pour cet usage. (*Voyez* pl. V, n. 3.)

3°. Il commande ensuite : *Moniteurs*, *en tête de vos classes.* — Ils se mettent à la place qui leur est affectée : il examine lui-même si tous les moniteurs ont les mains bien propres.

4°. *Moniteurs, visitez vos classes:* Ceux-ci vont de rang en rang, inspectant chaque écolier aux mains et au visage, avertissant ceux qui ne se sont pas conformés à l'ordre, et prenant même sur leurs ardoises les noms des élèves les plus malpropres, pour les faire punir ensuite, d'après les règles établies. (*Voyez* page 118.)

5°. Ceux qui n'ont point apporté de crayon, vont en

prendre sur la table du maître, d'après l'ordre du moniteur général.

6°. Il commande à tous les écoliers de se placer sur les bancs, par le mot d'ordre, *asseyez-vous*. (*Voy.* pl. n. IV.)

7°. *Prenez les ardoises.* Au premier mot, tous les enfans portent la main gauche au cordon par lequel l'ardoise est suspendue, et la main droite à l'ardoise même; puis ils posent l'ardoise sur le pupitre. (*Voyez* pl. V, n°. 6.)

8°. *Nettoyez les ardoises.* Ils prennent de la main droite, et portent à la bouche une petite éponge ou un frottoir suspendu par un cordon à côté de l'ardoise (*Voyez* pl. V, n°. 7), et chacun nettoie la sienne.

9°. Cette opération terminée, le moniteur général donne un signal par un coup de sonnette, et les enfans posent la main sur les genoux, et attendent. (*Voyez* pl. V, n. 5.)

10°. *Montrez les ardoises.* Au premier mot, ils croisent les bras de façon que le bras droit pose sur le bras gauche, et ils prennent les ardoises par l'extrémité supérieure (*Voy.* pl. V, n. 8). Au second mot, ils les soulèvent, et les font tourner de manière à présenter la surface vers le maître. L'extrémité inférieure de l'ardoise pose pendant ce temps sur le pupitre. (*Voyez* pl. V, n. 9.)

11°. *Moniteurs, visitez les ardoises.* Les moniteurs et leurs adjoints parcourent les rangs, et, après avoir inspecté les ardoises, reviennent à leur place, et dirigent vers la plate-forme le côté du télégraphe où sont écrites les lettres E X. (*Voyez* page 103) (1)

12°. *Baissez les ardoises.* Cela fait, et sur un nouveau coup de sonnette, tous les enfans reportent les mains sur les genoux.

---

(1) Il y a plusieurs écoles où l'on a supprimé cette inspection comme superflue, puisqu'à l'examen du premier exercice d'écriture il est toujours facile d'inspecter les ardoises et de reconnaître les négligences.

13°. Enfin, *moniteurs*, *commencez*. Le moniteur de la huitième classe dicte un mot; celui de la septième continue, et tous les autres successivement, comme nous l'avons déjà décrit à la page 125.

§ 4. Pendant que l'on dicte.

1°. Il veille à ce que les moniteurs de classe dictent, chacun dans l'ordre que lui assigne le numéro de sa classe, et à ce que les signaux des télégraphes soient toujours donnés avec exactitude; il prend garde aussi que tout ce qui a été écrit par les écoliers soit examiné soigneusement.

2°. Quand il voit un élève ou un moniteur inattentif, il prend son nom et l'inscrit sur son ardoise.

§ 5. Pendant qu'on fait la revue pour constater les présens et les absens.

1°. Avant de donner l'ordre de faire la revue (c'est-à-dire, une demi-heure après que l'école a été ouverte), le moniteur général ferme la porte d'entrée.

2°. Cette revue se fait sous sa surveillance. Les moniteurs de classe confient à leurs adjoints la police de la classe, et sur le commandement, *moniteurs, faites la revue des classes*, chacun d'eux prend sa *liste de classe* et une plume, et parcourt les rangs, notant les présens et les absens ; puis ils vont porter leur liste au maître.

3°. Pendant ce temps, le moniteur général et les moniteurs adjoints placés à la tête de chaque division, veillent au maintien de l'ordre.

4°. Après la revue, le moniteur général confie au moniteur général de lecture la direction de l'école, surtout quand cette école est nombreuse, et il va se placer lui-même à sa table, près du maître, pour se livrer aux études qui lui sont particulières.

🌸 § 6. Après la lecture.

C'est ici le moment où le premier moniteur général pour l'ordre est remplacé par le second, et où les moniteurs de classe changent souvent de place entre eux.

1°. Dès que le moniteur général de lecture a donné ordre d'un coup de sifflet ou de sonnette de terminer les exercices aux demi-cercles, et après qu'il a distribué les récompenses (*Voyez* Section seconde de ce chap., n°. 12 et 14), le second moniteur général, pour l'ordre, prend sa place sur la plate-forme, et ordonne aux écoliers, rangés sur une file le long des murailles, de se tourner à droite ou à gauche, selon l'ordre dans lequel ils doivent retourner à leur place. Il dit donc : *Attention*, et fait en même temps un signe de la main, à droite ou à gauche. Quand les enfans se sont disposés, chacun conformément à ce signe, il ajoute : *allez*, et tous vont à leurs classes dans l'ordre suivant. Les élèves des première, seconde, troisième et quatrième classes, conduits par leurs moniteurs, vont se placer sur leurs bancs, en face des pupitres d'écriture ; ceux des sixième, septième et huitième classes vont se disposer pour les exercices de calcul, sous la conduite du moniteur général d'arithmétique. Ainsi, l'école se partage alors en deux grandes divisions ; chacune d'elles est sous la surveillance d'un moniteur général : celui qui dirige les leçons d'arithmétique s'occupe exclusivement de ses trois classes, tandis que le second moniteur pour l'ordre a la surveillance du reste de l'école.

2°. Celui-ci dirige donc, à ce moment, les première, seconde, troisième, quatrième et cinquième classes ; il veille à ce que les moniteurs de ces classes reprennent leur rang ; il ordonne aux élèves de s'asseoir, de nettoyer leurs ardoises, et aux moniteurs de continuer les exercices, comme ils ont été exposés aux n°. 7 et suivans, parag. 3, sect. 1ère. de ce chapitre.

3°. Il doit suivre d'assez près la conduite des moniteurs,

pour remarquer ceux qui se distinguent dans l'exercice de leurs fonctions, et en faire le rapport au maître.

4°. A midi moins un quart, le matin, à quatre moins un quart, l'après-midi (en hiver), et à cinq heures moins un quart (en été), il fait suspendre tous les travaux. — Il commande *Attention* : chaque écolier se prépare à sortir de son siége (*Voyez* pl. V, n. 11). Il fait un signe de la main, à droite ou à gauche, suivant la direction que chacun doit prendre. — *Sortez des bancs :* les enfans passent derrière les bancs, et attendent. — *Front :* ils se retournent et se trouvent en face du maître. — *La main aux chapeaux :* tous exécutent ce mouvement. — *Levez les chapeaux :* ils lèvent leurs chapeaux, et les tiennent à la main. — *Baissez les mains.* — *Attention :* et sur un signe, à droite ou à gauche : *Allez.* Chaque classe défile en bon ordre, moniteur en tête, devant la table du maître.

5°. Quand les enfans sont sortis de l'appartement, le moniteur général doit encore parcourir l'école ; il voit si les tableaux de dictée et de lecture, si tous les autres tableaux et registres d'ordre sont suspendus chacun à sa place, et si les autres livres qui appartiennent à l'école sont également rangés en ordre.

6°. Après que les exercices du soir sont terminés, il fait passer tous les moniteurs de classe, chacun selon son rang, devant la table du maître, et il rend compte à celui-ci de leur conduite pendant toute la journée.

SECTION DEUXIÈME.

Fonctions du moniteur général de lecture.

Lorsque les écoles ne sont pas très-nombreuses, le moniteur général pour l'ordre et pour l'écriture est encore chargé de diriger l'enseignement de la lecture. Dans les établissemens où l'on juge à propos d'avoir un moniteur général et de lui confier spécialement la direction de cet exer-

cice, celui-ci n'a rang qu'après l'autre, et voici quelles sont
ses fonctions.

1°. Il commence à les remplir lorsqu'on fait la revue des
classes à neuf heures et demie du matin, à deux heures et
demie l'après-midi (*voyez* ci-dessus, chap. 3, sect. 1,
parag. 5, n. 1, de ce chapitre).

2°. Il quitte sa classe (la huitième) pour ce temps-là, et s'a-
dresse d'abord aux moniteurs de division, pour savoir par
eux le nombre des élèves présens dans chacune d'elles, et
pour l'inscrire sur son ardoise.

3°. Il distribue les élèves de chaque classe, suivant le
nombre de demi-cercles que chacune d'elles doit former; et,
comme un demi-cercle ne peut pas contenir plus de dix
enfans, cette distribution se fait d'après les règles suivantes :

Pour 10 enf. dans une clas. 1 demi-cercl.

11.	2	l'un de 6.	l'aut. de 5.
12.	2	6.	6.
13.	2	6.	6.
14.	2	7.	6.
15.	2	7.	7.
16.	2	8.	7.
17.	2	8.	8.
18.	2	9.	8.
19.	2	9.	9.
20.	2	10.	9.
		10.	10.
21 à 30.	3		
31 à 40.	4		
41 à 50.	5		
51 à 60.	6		
61 à 70.	7		
71 à 80.	8		
81 à 90.	9		
91 à 100.	10		

4°. Après avoir ainsi déterminé le nombre des demi-
cercles d'après le nombre des écoliers dans chaque classe,

10

il choisit un moniteur pour chaque demi-cercle dans les septième et huitième classes (*voy.* sect. 6. §. 1. n°. 1, de ce chapitre). Si une division ne forme que deux demi-cercles , il désigne parmi le moniteur de classe et ses adjoints, les deux moniteurs qui doivent diriger les exercices des demi-cercles.

5°. Il distribue ensuite les tableaux de lecture autour desquels doivent se réunir tous ceux qui concourent à former les demi-cercles. S'il y en a deux dans la première classe ; il suspend deux des tableaux destinés aux exercices de cette classe, aux clous qui sont posés sur la muraille, et ainsi de suite pour chaque demi-cercle de toutes les autres divisions.

6°. Après cette opération préliminaire , il retourne aux bancs occupés par la septième et par la huitième classe, et ordonne aux moniteurs qu'il a déjà désignés de sortir du rang ; il dit d'abord : *attention* : sur un signe qu'il fait à droite ou à gauche , les écoliers se disposent à quitter leur place ; et quand il commande : *marchez* , ils se mettent en mouvement et vont se ranger sur une ligne en tête des divisions où doivent se former les demi-cercles qu'ils auront à diriger.

7°. Alors le moniteur général va occuper sa place sur la plate-forme, et donne un signal d'un coup de sonnette, pour fixer l'attention de toute l'école. Il commande : *suspendez les ardoises* : tous les enfans passent le cordon de leur ardoise au clou posé devant chaque pupitre , *attention* : ils se lèvent et restent en place , appuyant la main gauche sur le pupitre qui est devant eux , la droite sur celui qui est derrière eux ; et sur les mots *sortez des bancs* , ils franchissent le banc sur lequel ils étaient assis , en passant d'abord le pied droit, et s'arrètant debout de l'autre côté , en face de la plate-forme les mains placées derrière le dos. Nouveau signal : *attention!* le moniteur leur montre à droite ou à gauche la direction qu'ils doivent suivre , puis il commande ; *serrez les rangs* : tous obéissent ; et enfin, *première classe* : *marchez.* Alors chaque moniteur de lecture conduit le nombre d'écoliers qui lui ont été assignés, au tableau sur lequel doivent se passer les exercices ; il les fait former en demi-cercle, et la leçon commence sur-le-champ. Tous les autres pelotons suivent l'un après l'autre la même marche.

8°. Le moniteur général ordonne à ce moment aux moniteurs de classe, qui jusque-là étaient restés chacun à leur poste pour veiller à l'ordre et à la régularité des mouvemens, de se former eux-mêmes en un demi-cercle pour faire aussi des exercices de lecture, et le plus habile d'entre eux est choisi pour moniteur.

9°. Pendant la leçon, le moniteur général va d'un demi-cercle à l'autre, les visite tous successivement, ou dans l'ordre qu'il juge à propos de choisir, veille au maintien de la discipline, et écoute les plaintes des moniteurs et les demandes des élèves. Aucun de ceux-ci ou des moniteurs, n'a le droit de quitter sa place, sans en avoir obtenu de lui la permission ; nul ne peut même l'appeler ; mais, si l'un d'eux à quelque chose à demander, il lève la main et le moniteur général s'avance jusqu'à lui.

10°. Il inscrit aussi sur son ardoise les noms des moniteurs qui se distinguent et de ceux qui se conduisent mal, et si un élève se montre indiscipliné, quelquefois pour le punir, il le fait sortir du demi-cercle et l'envoie sur la plate-forme. (voy. pag. 119)

11°. Un quart d'heure avant la fin des exercices de lecture, il dit aux moniteurs : faites répéter ; et tous (excepté ceux de la première classe) enlèvent les tableaux des murailles, et font faire les exercices qui ont été décrits à la page 75.

12°. A dix heures un quart le matin, à trois heures un quart en hiver et à quatre heures un quart en été l'après-midi, le moniteur général avertit par un coup de sifflet que les exercices de lecture sont terminés, et tous les écoliers se rangent sur une ligne le long des murailles.

13°. Il donne les *billets de mérite* à tous ceux qui à ce moment portent la marque de premier. (*voy*. pag. 126).

14°. Après cette distribution, il commande que l'on retourne aux pupitres. Les première, seconde, troisième, quatrième et cinquième classes s'occupent de l'écriture jusqu'à la clôture de l'école ; les sixième, septième et huitième classes font le matin des exercices d'arithmétique et écrivent l'après-midi (*voy*. sect. 1. §. 6, n°. 1, de ce chapitre).

15°. Quand les élèves ont repris leurs places dans les bancs, les moniteurs de lecture se mettent en tête de leur classe, et le moniteur général de lecture les avertit par un premier appel, *moniteurs de lecture, attention* ! Puis il leur montre de la main la direction qu'ils doivent prendre et commande : *marchez* : ils se forment en un ou plusieurs demi-cercles et font des exercices pendant une demi-heure sous la conduite d'un ou de plusieurs de leurs camarades les plus avancés.

16°. Pendant le temps de cette étude le moniteur général rétablit à leur place tous les tableaux de lecture et les livres dont les écoliers ont fait usage; et, quand la demi-heure est écoulée, il avertit les moniteurs de lecture, fait cesser leur leçon, et, après les signaux et les ordres convenables, il les fait rentrer le matin dans les classes d'arithmétique, l'après-midi dans celles d'écriture (*voy*. ci-dessus, n° 14).

17°. Enfin, le moniteur général de lecture retourne lui-même à la huitième classe, et suit les exercices de ses camarades.

Fonctions du moniteur général d'arithmétique.

Nous répéterons pour ce moniteur ce que nous avons déjà dit pour celui de lecture, que dans les écoles peu nombreuses, ses attributions sont habituellement dévolues au moniteur général d'ordre.

1°. Dans les établissemens où l'òn admet le moniteur général d'arithmétique, il n'est occupé que le matin (*voy.* ci-dessus. sect. *ı*i, n°. 14). Ses fonctions commencent à dix heures un quart, quand les exercices de lecture aux demi-cercles sont terminés.

2°. Il veille d'abord à ce que les écoliers des sixième, septième et huitième classes, se rangent régulièrement à leurs places et exécutent fidèlement les commandemens du moniteur général pour l'ordre ; puis il fait placer dans leur rang les moniteurs d'arithmétique de chaque classe.

3°. Il leur distribue les tableaux de calcul, qui devront servir aux exercices de chacune des divisions, et leur donne l'ordre de commencer. On procède alors comme aux exercices d'écriture (*voyez* sect. I, §. 3, n. 13, de ce chapitre, et page 125).

4°. Quant au maintien de l'ordre et de la discipline dans les divisions, ce que nous avons dit pour les classes d'écriture, s'applique également à celles-ci.

5°. Lorsqu'on en doit venir à faire des calculs sans que les élèves aient sous les yeux la solution de la règle qui leur est proposée, le moniteur général dit : *Moniteurs, à vos places.* Cela fait, il compte le nombre des écoliers de chaque classe, et les distribue en pelotons de demi-cercles, ainsi que nous avons déjà dit pour les exercices de lecture (Sect. II, n. 3). Il désigne des moniteurs pour chaque peloton, et leur ordonne de se tenir debout et de se ranger sur une ligne en tête de leurs classes respectives. Puis toutes les classes reçoivent et exécutent successivement les ordres que voici (excepté cependant les écoliers de la première subdivision de la première classe) : *Attention !—Sortez des bancs.— Front. — Prenez les ardoises* (1). *— Attention ! — Marchez.* — Au dernier mot, tous les élèves se mettent en mouvement, et s'avancent en ordre de leurs bancs vers les mu-

_____

(1) La seconde subdivision de la première classe est aussi exceptée de ce commandement.

railles : là , ils se forment en demi-cercles sous la direction des moniteurs désignés , et ils s'exercent sur les exemples qui leur sont présentés , sans avoir devant les yeux la solution de la règle proposée.

6°. Ces travaux durent jusqu'à onze heures trois quarts : alors tous les écoliers se rangent sur une seule ligne le long des murailles , les moniteurs en tête de chaque peloton.

7°. Le moniteur général distribue les billets de mérite au premier écolier de chaque demi-cercle , et commande : *Attention* ! les enfans se dirigent à droite ou à gauche , suivant le signe qui leur est fait et l'ordre qu'ils en reçoivent , et ils retournent à leurs bancs , guidés par leurs moniteurs. Arrivés là , et sur l'ordre *front* , ils se tournent vers le moniteur général , qui leur commande de remettre leurs ardoises en place et de s'asseoir. Alors les moniteurs de chacune de ces classes , placés à l'extrémité du premier banc , veillent au maintien de l'ordre jusqu'à la clôture de l'école.

8°. Le moniteur général d'arithmétique rassemble dans un même endroit tous les livres et tous les tableaux de calcul qui ont servi aux exercices du jour , et dont il est responsable.

9°. L'après-midi , les écoliers des septième et huitième classes sont habituellement occupés à écrire sur des cahiers de papier blanc , et avec des plumes et de l'encre. A ces exercices , le moniteur général d'écriture donne les ordres suivans : *Ceux qui écrivent sur le papier, attention. — Debout. — Sortez des bancs. — Marchez.* — Ils vont s'asseoir sur les bancs qui sont à l'un des bouts de l'école, et où les pupitres sont plus larges que dans les autres divisions.

10°. Ce même moniteur ordonne en même temps aux moniteurs de classe d'aller chercher et de distribuer aux élèves les cahiers d'écriture et les plumes.

SECTION QUATRIÈME.

Fonctions des moniteurs de classe.

§ Iᵉʳ. Avant la dictée.

1°. LES moniteurs de classe doivent entrer dans l'école cinq minutes avant que les portes soient ouvertes pour les élèves, et se placer à l'extrémité droite du premier banc de leurs classes respectives.

2°. Ils doivent prendre garde qu'il ne manque aucune ardoise et qu'il n'y en ait point de cassée ; s'ils en découvrent quelqu'une qui ne puisse plus servir, ils sont tenus d'en donner avis au moniteur général d'ordre.

3°. Ils sont également chargés de faire ranger à leur place les élèves de chaque division, lorsque ceux-ci entrent dans l'école.

§ 2. Pendant la dictée.

1°. Les moniteurs de classe doivent dicter dans l'ordre qui est décrit à la page 123, lentement et à haute et intelligible voix. Le moniteur de la huitième classe commence, celui de la septième continue, et ainsi de suite. Mais le moniteur de la première classe ne suit pas l'exemple de ceux qui l'ont précédé, l'enseignement de cette classe étant tout particulier, ainsi que nous l'avons exposé aux pages

2°. Avant de descendre de dessus son banc (page 123), pour commencer à dicter, chaque moniteur de classe tourne son télégraphe de façon que le côté sur lequel est écrit le numéro de sa classe soit en face de la plate-forme ; le télégraphe reste dans la même position jusqu'à ce que les six mots ou syllabes qui forment le premier exercice aient été écrits par tous les élèves et examinés par le moniteur et par ses adjoints.

3°. Le dernier mot ou la dernière syllabe étant prononcés, le moniteur remonte sur son banc et se place au télégraphe, et quand le moniteur général donne l'ordre d'inspecter les ardoises, le moniteur redescend ; il examine d'abord ce que ses adjoints ont écrit, puis il parcourt le premier banc de la classe, inspecte les travaux de chacun de ceux qui y sont assis, corrige les fautes, et pendant ce temps ses adjoints font la même inspection dans les autres bancs de la classe. (*voyez* page 126 ; *voyez* aussi planche VI, fig. II).

4°. Tous les ordres du moniteur général sont recueillis et exécutés promptement par les moniteurs de classe, qui veillent en même temps à ce que tous les écoliers les suivent avec ponctualité. Ils ne doivent, sous aucun prétexte, causer entre eux ou avec un élève, ni s'engager dans aucune discussion. Si un étranger qui assiste aux exercices leur fait une question, ils se bornent à indiquer de la main le moniteur général qui seul est chargé d'y répondre.

5°. Si un moniteur de classe s'aperçoit qu'un écolier est inattentif, qu'il cause ou qu'il se néglige, il l'appelle d'abord par son nom : quand ce premier avertissement ne suffit pas, il s'approche de lui et suspend à son cou le cordon qui porte la plaque dont nous avons parlé à la page 126. Il la retire plus tard si l'écolier montre son repentir par son application, ou si la faute d'un autre demande une punition immédiate.

6°. Il envoie en pénitence sur la plate-forme les élèves indociles ou désobéissans (*voyez* page 127), et ceux qui ont cassé leur ardoise ou perdu leur crayon. Dans ces derniers cas, il écrit sur l'ardoise de l'écolier la faute qui a amené cette punition grave.

§ 3. Pendant la revue des élèves.

1°. Lorsque, d'après l'ordre du moniteur général (sect. I, §. 5, n. 2, de ce chapitre), chaque moniteur a pris sa liste de classe, une plume et de l'encre, tous les écoliers prononcent l'un après l'autre leur numéro d'ordre ; le moniteur le recherche dans la liste de classe, et fait un trait sur la même ligne, à la colonne du jour, pour le matin, horizontal (—), pour l'après-midi, perpendiculaire (|) ; de telle sorte que celui-ci forme la croix sur le premier (+). Le défaut de ces marques à côté d'un nom indique l'absence de l'élève. Après la revue, le moniteur compte le nombre de marques qu'il a faites, ce qui lui donne le nombre des présens, et il le soustrait du nombre total des écoliers de la classe, par où il connaît aussi le nombre des absens. Ces deux nombres sont inscrits sur son ardoise, et après avoir remis à sa place la liste de classe, il va présenter son ardoise au maître, assis à sa table. Celui-ci porte sur le registre destiné à cet usage, le nombre des écoliers présens et celui des absens, et les moniteurs retournent à leur place.

§ 4. Pendant que les écoliers quittent leurs places et vont aux exercices de lecture.

1°. Chaque moniteur de classe se met à l'extrémité droite du premier banc de sa classe, et veille à ce que tous les élèves exécutent ponctuellement l'ordre qui leur est donné de se lever, de sortir des bancs et de se placer derrière ces bancs, les mains derrière le dos.

2°. Pendant que les enfans sortent en ordre de leurs bancs, le moniteur de classe, sous la direction du moniteur-général de lecture, fait former les pelotons pour les demi-cercles, ainsi qu'il a été dit à la section II, § 4 de ce chapitre.

§ 5. Après les exercices aux demi-cercles.

1°. Dans cet intervalle, les moniteurs rendent compte au moniteur-général de la conduite des élèves et des moniteurs-adjoints. Si l'un d'eux croit avoir à se plaindre du moniteur-général, il porte son appel devant le maître. A certaines époques, les moniteurs lisent sur la plate-forme, et chacun à son tour, un passage des tableaux qui sont suspendus à cet endroit aussi bien que sur plusieurs autres points de la muraille dans l'intérieur même de l'école, et qui contiennent les reglemens pour la discipline et pour les exercices. Pendant ce temps, les adjoints surveillent les classes.

2°. Enfin les moniteurs de classe sont chargés de maintenir l'ordre quand les élèves sortent de l'école et de ranger à toutes les places qui sont déterminées chacun des objets qui a servi aux exercices.

Fonctions des moniteurs-adjoints et des inspecteurs.

1°. Ils sont soumis en tout point à l'autorité des moniteurs de classe et se placent, ainsi que nous l'avons déjà dit, sur la même ligne que ceux-ci et à l'extrémité droite de chacun des bancs dont l'inspection leur est confiée.

2°. Ils écrivent ce que dicte le moniteur, et prennent part à tous les exercices de leur division.

3°. Dès que ce qu'ils ont écrit a été examiné par le moniteur de la classe à laquelle ils appartiennent, ils prennent un crayon et vont d'un pupitre à l'autre inspecter les travaux de leurs camarades dans le banc qui leur est assigné.

4°. S'ils rencontrent sur les ardoises un mot mal écrit, ils passent un trait avec le crayon pour la faute à l'écolier. Si une lettre a été omise, ils l'écrivent au-dessus de la place où elle aurait dû se trouver, et s'il y a une lettre pour une autre, ils l'effacent complétement et mettent au-dessus celle qui doit la remplacer.

5°. Après avoir visité toutes les ardoises, ils restent debout à l'extrémité gauche de leur banc, la tête tournée vers l'autre côté, attendant que le moniteur de classe leur ordonne par un signe de venir reprendre leur rang; et, quand ils y sont rétablis, ils suivent les mouvemens de toute la classe et exécutent, comme tous leurs camarades, les ordres qui leur sont donnés.

SECTION SIXIÈME.

Fonctions des moniteurs pour la lecture.

§ 1ᵉʳ. Avant la formation des demi-cercles.

1°. Sur l'ordre donné par le moniteur-général de lecture (*voyez* section II, n°. 6 de ce chapitre), les moniteurs quittent leur place dans la septième et dans la huitième classe et vont se ranger sur une ligne, chacun se plaçant en tête de la division dans laquelle doit se former le demi-cercle qu'il aura à diriger.

2°. Quand le moniteur-général a donné les ordres néces-saires (*voyez* section II, n°. 8 de ce chapitre), les moniteurs conduisent leurs pelotons respectifs à la place où doivent se former les demi-cercles, et où ils sont indiqués soit par un trait en couleur sur le sol, soit par une pièce de bois ou de fer. Puis ils ont soin de faire ranger les élèves, les mains der-rière le dos, et les pieds joints de façon que chacun d'eux n'occupe dans le demi-cercle que la place qui lui est dévo-lue (*voyez* planche VI).

3°. Les moniteurs prennent leur place sur le côté droit du demi-cercle, et chacun d'eux donne la marque de pre-mier à celui des écoliers qui est précisément en face de lui et la suspend à son cou, ainsi que nous l'avons déjà dit.

§ 2. Pendant la lecture devant les tableaux.

1°. Le moniteur, tenant en main une baguette (*à pointer*) montre aux élèves une syllabe, un mot, une phrase et les leur fait épeler ou lire dans l'ordre qu'il détermine.

2°. Habituellement il s'adresse d'abord au premier et lui fait une question. Si celui-ci se trompe, le moniteur avertit par un signe le second, et l'on continue ainsi jusqu'à ce que la faute ait été corrigée : alors l'ordre des places se trouve tout-à-fait changé.

3. Les moniteurs de lecture dans les septième et huitième classes, où on lit la Bible ou le Nouveau-Testament, n'ont pas besoin de baguette. Le premier écolier lit le premier verset et les autres suivent de même. Le moniteur lit aussi quand son tour est arrivé.

Nous avons déjà dit à la page 126 comment on s'y prend pour faire répéter les exercices, sans que les élèves aient les tableaux sous les yeux.

§ 3. Après cette lecture.

1°. Dès que le moniteur-général a donné d'un coup de sifflet le signal qui doit faire cesser les exercices aux demi-cercles (voyez section deuxième, n°. 12 de ce chapitre), chacun des moniteurs fait ranger les élèves de son peloton les mains derrière le dos, devant la muraille : ils se forment sur une ligne ou sur deux, s'ils doivent être trop serrés.

2°. Ensuite les moniteurs remettent les tableaux de lecture, la baguette et la marque de premier aux places qui sont indiquées sur la muraille, par des clous destinés à cet usage; le tableau au milieu, la baguette à droite et la marque à gauche du demi-cercle (voyez planche IV, n°s. 1, 2 et 3).

3°. Ils restent à la tête de leur peloton, jusqu'à ce qu'ils reçoivent l'ordre de reconduire les élèves à leurs places.

4°. Enfin les moniteurs eux-mêmes, dirigés par d'autres écoliers, sont également exercés à la lecture pendant une demi-heure (voyez section deuxième, n°. 15 de ce chapitre), et ils rentrent ensuite dans les bancs de leurs classes respectives.

SECTION SEPTIÈME.

Fonctions des moniteurs d'arithmétique.

§ 1er. Moniteurs de classe aux exercices d'arithmétique dans les bancs.

1°. Ces moniteurs sont placés comme ceux qui sont préposés aux leçons d'écriture à l'extrémité droite du premier banc de leur classe, et dictent les exercices d'arithmétique à haute voix. Quand les élèves ont écrit, ils leur font montrer les ardoises, les examinent, corrigent les fautes, dictent immédiatement après la solution de la règle proposée, et inspectent de nouveau les ardoises. Puis ils commandent : *Posez les ardoises sur le pupitre*, *effacez*, et l'on recommence sur un nouvel exemple.

Les moniteurs-adjoints d'arithmétique remplissent les fonctions des moniteurs adjoints dans les exercices d'écriture (Voy. sect. 6 de ce chapitre.)

§ 2. Moniteurs de peloton aux leçons d'arithmétique dans les demi-cercles.

Les moniteurs d'arithmétique aux demi-cercles ont les mêmes fonctions que les moniteurs de lecture pendant les exercices auxquels ils sont préposés (*voy*. section 6 ci-dessus). Ils conduisent les pelotons qui leur sont confiés aux places déterminées et font ranger les élèves dans les demi-cercles.

Ils ont soin que tous les écoliers (excepté ceux de la première classe) apportent en sortant des bancs leur ardoise et leur crayon, et que les exercices de calcul se pratiquent ainsique nous les avons décrits aux pages 127 et suivantes(1). Ils se font montrer les ardoises, corrigent les fautes, font effacer et dictent de nouveaux exemples, jusqu'à ce que l'on donne le signal qui doit faire suspendre les travaux ; alors, et sur l'ordre qu'ils en reçoivent, ils reconduisent dans les bancs les enfans de chaque peloton et vont faire au maître leur rapport sur la conduite des élèves.

---

(1) M. Drury, qui dirige l'école de Newcastle sur la Tyne, a inventé une machine devant laquelle se passent les exercices des élèves des hautes classes, formés par pelotons de neuf à dix. Cette machine contient un grand nombre d'exemples pour chacune des quatre règles, et l'on produit les exemples sous les yeux des élèves, à l'aide d'une petite manivelle tournante.

SECTION HUITIÈME.

Fonctions des monitrices pour les travaux de couture.

1°. Aux heures consacrées à la couture , la monitrice générale distribue ses ordres dans les classes, à l'aide des signes qu'elle fait avec la main, après avoir agité une sonnette pour appeler l'attention des élèves.

2°. Lorsque les exercices de couture doivent commencer (le matin à dix heures),la monitrice générale donne le signal pour faire cesser la leçon de lecture aux démi-cercles. Sur un second signal semblable, les jeunes filles se rangent le long de la muraille sur une ligne, et la monitrice générale avertit les monitrices de classe de venir sur la plate-forme ; elle leur donne les tabliers qu'elles doivent distribuer ensuite aux élèves qui en ont besoin.

3°. Les jeunes filles s'étant assises , sur un signal donné par la monitrice générale , les monitrices parcourent leurs classes de haut en bas, et donnent à chaque écolière (excepté celles de la première classe et celles de la première subdivision de la seconde classe) un dé , une aiguille et du fil.

4°. Les monitrices sont de nouveau appelées sur la plate-forme, pour y recevoir des mains de la maîtresse ou de la monitrice générale , les ouvrages qu'elles doivent distribuer et qu'elles distribuent en effet sur le même moment et après en avoir reçu l'ordre.

5°. Alors , chacune d'elles dit à haute voix : *montrez votre ouvrage* ; et les jeunes filles élèvent la main gauche , tenant les divers objets qui viennent de leur être remis, pour montrer qu'elles sont pourvues de tout ce qui leur est nécessaire.

6°. On leur ordonne de commencer : celle des écolières qui a besoin de nouveaux matériaux pour continuer son travail lève la main gauche ; celle qui veut du fil lève la droite et la monitrice de classe s'approche et lui donne ce qu'elle demande. Quand cette monitrice a de même besoin de

nouvelles distributions, elle avertit par un signal la monitrice générale qui vient aussi les lui apporter.

7°. Une demi-heure avant la clôture de l'école , la maîtresse commence à inspecter les travaux de chaque classe ;
à cet effet un signal avertit toutes les écolières d'une même
classe de lever les mains et de présenter leur ouvrage à
l'examen.

8°. Cette inspection étant terminée , les monitrices reçoivent l'ordre de rassembler tous les ouvrages et de les porter
à la monitrice générale.

9°. Elles se font remettre les dés et les aiguilles , et les
conservent d'abord dans leurs tabliers.

10°. On ordonne aux élèves de se lever , de se placer derrière les bancs , et, sur un nouveau signal, de quitter leurs
tabliers. Les jeunes filles les plient avec soin , et de manière
que le numéro qui est inscrit sur chaque tablier soit placé
sur le haut du rouleau.

11°. Les monitrices reçoivent l'ordre de rassembler les
tabliers, et chacune d'elles enveloppe tous ceux de sa classe
avec le sien , de telle façon aussi que le numéro de la classe
qui est marqué sur leur tablier soit visible au premier coup-
d'œil. Puis elles portent tous ces effets à la monitrice générale.

CHAPITRE QUATRIÈME.

Description de l'école centrale de la société pour l'Angleterre et pour l'étranger.

Le bâtiment qui sert d'école centrale a été construit, ainsi que nous l'avons déjà dit, l'année derrière, et est situé à Londres dans le faubourg de Southwark, près du lieu où M. Lancaster avait fait son premier établissement. Il consiste en un corps-de-logis et deux ailes, se prolongeant en arrière de chaque côté. Dans le corps-de-logis sont les appartemens du maître et de la maîtresse et ceux des jeunes gens de l'un et de l'autre sexe qui étudient pour se vouer à l'instruction publique. Il y a aussi une salle dans laquelle le comité tient ses séances. A l'aile gauche est l'école des garçons ; à l'aile droite celle des filles. Ces deux ailes sont construites sur un plan uniforme ; seulement l'école des filles qui n'est destinée que pour trois cents élèves, est un peu moins longue que celle des garçons, qui peut en contenir quatre cents.

L'école des garçons est représentée dans les planches III et IV. Dans la planche III, la figure I montre le plan de l'école ; la figure II, une coupe longitudinale ; la figure III, une coupe en travers. On voit sur la planche IV l'intérieur de l'école en perspective.

Dans les figures de la planche III la lettre *a* marque la porte d'entrée des écoliers, *b* une autre porte qui conduit à une arrière-cour, *b** une porte masquée : *c* la porte pour l'entrée du maître et des personnes qui viennent visiter l'école; cette porte communique avec le bâtiment du milieu : *d* indique la plate-forme, et *r* la balustrade. On y monte des deux côtés par les escaliers marqués *ee* : la lettre *f* représente la table de sable, *g* les bancs qui sont posés devant cette table ; *h, h, h, h*, les autres pupitres ; *i, i, i, i*, les bancs qui y sont joints : *k, k, k, k*, les demi-cercles ou plutôt les ellipses autour desquelles les élèves se forment en pelotons pour la leçon de lecture devant les tableaux, *l, l*, les pieds de fer qui supportent les bancs : *m, m*, des colonnes disposées pour soutenir le plafond, lequel est coupé à angles droits aux points *n, n,*; on a usé de ce moyen pour éviter le retentissement de la voix, mais on n'y a nullement réussi.

Le plancher va s'élevant insensiblement depuis le point *w* jusqu'au point *o*, et la fenêtre *p* au fond de l'école est placée plus haut que la fenêtre *q* située à l'autre extrémité et vers la plate-forme. Il est à remarquer qu'aucune des figures qui se présentent à l'œil sur la longueur du bâtiment, n'est exactement horizontale, ainsi qu'on peut le voir sur la coupe longitudinale. Cette fausse perspective trompe l'œil de telle sorte que, lorsqu'on est placé sur la plate-forme, on ne s'aperçoit presque plus de la pente ascendante du plancher.

La planche IV représente l'intérieur de l'école vue en perspective. Sur le devant on voit la balustrade de la plate-forme, marquée par les lettres *r,r*. La lettre A montre M. Picton, le maître de l'école, et B un jeune nègre de Sierra-Leone, nommé Williams Jagon qui est moniteur général de l'école; L.L. A.A. R.R. les ducs de Kent et de Sussex sont désignés par les figures C et C.; M. W. Allen (Voy. page 5o) par la lettre E, et des étrangers visitant l'école par la lettre F.

Devant le premier pupitre *s* on voit quatre enfans dirigés par leur moniteur *t* et apprenant à tracer sur le sable les lettres de l'alphabet, d'après le tableau *u* qui est sous leurs yeux. Les écoliers de la seconde classe écrivent sur les ardoises sous la dictée de leur moniteur, qu'on voit sur la planche du côté gauche désigné par la lettre *v*, et les autres classes suivent également un exercice d'écriture. Les moniteurs de ces classes sont représentés comme on les voit souvent pendant cette leçon, circulant dans l'intérieur des bancs et suivant les travaux des élèves.

L'inspection des ardoises est représentée séparément dans la planche VI. Elles sont suspendues aux pupitres par des cordons, ou bien encore (et cette méthode même nous paraît meilleure) dans certaines écoles on les repousse derrière le pupitre, et elles restent accrochées par dessous, au moyen de deux petites pièces de bois qui forment une coulisse. Dans les écoles de filles, il y a encore des ciseaux également fixés par un cordon sur les pupitres, et placés de manière qu'une paire de ciseaux peut servir pour trois ou quatre jeunes filles. Le long des murailles on voit de grands tableaux de lecture marqués par les lettres y, y, et les petits tableaux pour la dictée par les lettres z, z. Au-dessus de chaque demi-cercle il y a un clou n°. 1 pour suspendre les grands tableaux, un autre clou n°. 2 pour la baguette du moniteur, et un troisième n°. 3 pour la marque du premier.

La marche des occupations et des études dans cette école est exactement conforme à la description que nous avons donnée de la méthode d'enseignement établie par M. Lancastér.

TROISIÈME PARTIE.

Description des écoles élémentaires établies en France d'après la méthode de l'enseignement mutuel.

En France, on a généralement adopté la méthode lancastérienne, et l'on suit, pour tous les détails, les procédés qui sont établis dans les écoles dirigées par la *Société pour l'Angleterre et pour l'étranger.*

Il y a cependant cette différence importante, que dans les écoles françaises on apprend le catéchisme de l'église catholique romaine.

Quant aux tableaux d'exercices, ils ont été rédigés aussi suivant les principes consacrés par M. Lancaster ; mais la différence des langues a dû nécessairement amener de légers changemens que nous croyons devoir faire connaître, aussi-bien que quelques autres innovations qui se sont introduites successivement.

SECTION PREMIÈRE.

Tableaux du syllabaire.

Les tableaux sur lesquels M. Lancaster fait lire les lettres et épeler, sont distribués suivant le nombre des lettres et des syllabes. Ceux qui sont destinés à la première classe ne présentent que des lettres détachées ; dans les tableaux de la seconde classe, il y a des syllabes de deux lettres ; dans ceux de la troisième classe, des syllabes de trois lettres, etc.

On a cherché à classer plus méthodiquement les tableaux qui ont été publiés avec l'approbation de la Société centrale de Paris, et dont la composition est due principalement au zèle et aux lumières de M. l'abbé Gaultier, de M. Jomard et de M. Choron. Voici comment ils ont été disposés.

Les tableaux mis à l'usage des quatre premières classes, ne contiennent, comme ceux de M. Lancaster, que des lettres et des syllabes : ce sont les tableaux d'*orthographe simple.*

Ceux dont on se sert pour les classes supérieures, sont composés de mots de plusieurs syllabes, et s'appellent tableaux d'*orthographe complète* (1).

Les tableaux n°. 1 à 10 sont à l'usage de la première classe, et contiennent les différens alphabets, en grands et petits caractères, en lettres romaines et en lettres cursives.

L'alphabet est présenté de trois manières :

1°. Suivant l'ordre convenu des lettres ;

2°. Selon leur forme droite, angulaire ou courbe ;

3°. Selon l'espèce des sons propres à la langue française, et que l'on distingue en *voix* et *articulations* (2).

Les *voix* ou voyelles sont au nombre de *quatorze* ; il y en a sept qu'on nomme *monogrammatiques*, c'est-à-dire, représentées par un seul caractère. Il y a une seule lettre pour chacune, *a, è, é, e, i, o, u.* Les sept autres sont appelées *digrammatiques*, et composées de deux caractères ; savoir : *eu, ou, an, in, on, un, oi.*

On compte *vingt et une articulations* ou consonnes : elles sont également exprimées par un ou par deux signes, comme *b, p* et *gu, ch, qu.*

Les tableaux n°. 11 à 13 sont destinés à la seconde classe, et contiennent des syllabes composées d'une *articulation* (consonne) et d'une *voix* (voyelle) ; et en sens inverse, comme *ba, ab.*

Les tableaux pour la troisième classe, n°. 14 à 19, pré-

---

(1) Cette première série de l'enseignement est comprise sous le nom général de *syllabaire.*

(2) Les *voix* répondent aux voyelles, les *articulations* aux consonnes. Cette distinction proposée par M. Choron et adoptée par la Société, se fonde sur des analogies naturelles.

sentent des syllabes consistant, 1°. en une *articulation* (consonne) *simple* et une *voix* (voyelle) *digrammatique*, et en
sens inverse; 2°. en une *articulation double* et une *voix monogrammatique*, et en sens inverse; 3°. en une *voix monogrammatique* ou *digrammatique*, placée entre deux *articulations simples*, et en sens inverse.

Dans les tableaux pour la quatrième classe, n°². 20 à 23,
on trouve des syllabes où les lettres sont disposées de cinq
manières différentes; 1°. une *articulation double* et une *voix
digrammatique*, et en sens inverse; 2°. une *articulation triple*
et une *voix monogrammatique* ou *digrammatique*; 3°. une
voix monogrammatique ou *digrammatique*, entre une *articulation double* et une *simple*, ou entre *une articulation simple* et une *double*; 4°. une *voix monogrammatique* ou *digrammatique*, entre deux *articulations doubles*; 5°. une
voix monogrammatique entre *une articulation triple* et une
simple, ou entre une *articulation triple* et une *double*.

Les tableaux n°². 24 à 28, composés pour la cinquième
classe, contiennent des mots formés d'une ou de deux syllabes détachées, et chacun de ces mots est disposé sous la
voix ou *l'articulation* à laquelle se rapporte le son principal.

On lit dans les tableaux de la sixième classe, n°². 29 à 33,
des mots *dissyllabes* rangés en colonnes dans l'ordre du syllabaire; dans ceux de la septième classe, des mots *trisyllabes*
et *polysyllabes*, rangés dans le même ordre que les précé-
dens, et qui forment un vocabulaire des expressions les plus
usuelles dans la langue française (1).

---

(1) Il semble presque superflu de faire observer que ces définitions et
les termes techniques qui les accompagnent, ne sont point mis à l'usage des
enfans, et ne servent qu'à exposer les principes d'après lesquels les tableaux ont été faits.

SECTION DEUXIÈME.

Tableau général pour les exercices de lecture proprement dits.

C'est dans la cinquième classe que les enfans commencent les exercices de lecture suivie.

Les tableaux n°. 1 à 8, destinés à cette classe, contiennent de petites phrases composées de mots d'une ou deux syllabes. Les premiers mots qui se présentent aux lecteurs ont la dernière syllabe muette, et plus loin ce sont des dissyllabes parfaits. Ces phrases sont des sentences ou des proverbes, extraits des sources les plus estimées, telles que les livres de Salomon, l'ancien Testament, les Discours du bonhomme Richard, par Franklin ; les Œuvres de Fénélon, de MM. de Port-Royal, etc.

Les tableaux de la sixième classe, n°. 9 à 25, renferment des phrases faites de mots de trois syllabes, avec ou sans *e* muet, puis de mots polysyllabes, et où les syllabes sont détachées l'une de l'autre.

Dans la septième classe, les tableaux n°. 26 à 28, présentent des exemples de phrases plus longues, et où les syllabes ne sont plus séparées. Ils servent également pour la huitième classe.

Enfin on a mis exclusivement à l'usage de celle-ci les tableaux n°. 39 à 84, qui contiennent les deux premiers livres de Moïse ; le catéchisme de Fleury est aussi étudié dans cette classe, et forme une collection de vingt-neuf tableaux (1).

(1) L'année dernière M. Girard, habitant à Fribourg en Suisse, a composé en langue française un recueil de tableaux d'épellation et de lecture, composé de quarante-trois feuilles. Les exercices d'épellation sont distribués méthodiquement, et au trente-cinquième tableau commencent les exemples de petites leçons de lecture, qui sont en même temps appropriés à l'enseignement des principes de la grammaire. Les trois dernières feuilles présentent une collection de sentences morales. Ce re-

M. l'abbé Gaultier a proposé dernièrement un mode plus économique de se servir des tableaux de muraille. Au lieu de les faire coller sur des cartons ou de petites planches de bois, il recommande de ranger la collection des tableaux en feuilles, destinés au service d'une classe, dans un cadre de bois fort simple, et derrière lequel est posée, comme dans tout autre cadre, une petite planche fort mince, distante du cadre à l'intervalle nécessaire pour y renfermer tous les tableaux, et pouvant ainsi les tenir dans la position qu'il convient de leur donner. On conçoit facilement que, d'après ce procédé, le maître n'a qu'à placer sur le premier plan le tableau qui doit servir aux exercices du jour, et qu'on en peut user de même pour tous les autres. Ce procédé sera fort utile dans les écoles de campagne, où presque toujours chaque classe de lecture et d'arithmétique ne forme qu'un demi-cercle, et où il est bon d'éviter la dépense des cartons ou des planches sur lesquelles chaque tableau est ordinairement collé : on y trouve encore cet autre avantage, que la collection de ces tableaux tiendra beaucoup moins de place. On ne saurait donc trop recommander de se servir de ce moyen dans les écoles militaires et dans les écoles ambulantes (*Voy.* l'appendice n°. 2), et nous savons que quelques maîtres l'ont déjà employé avec succès.

SECTION TROISIÈME.

Modèles d'écriture.

APRÈS la formation de la société centrale de Paris, on ne tarda pas à reconnaître combien il importait de saisir le moment où l'on adoptait une méthode nouvelle et qui allait augmenter beaucoup le nombre des écoles en France, pour

---

cueil a été imprimé en format in-8., sous le titre : *Élémens de lecture et d'orthographe à l'usage des écoles d'enseignement mutuel*, Fribourg 1818. L'auteur y a joint une instruction sur l'*Emploi des tableaux de lecture et d'orthographe dans les écoles d'enseignement mutuel.*

introduire dans ce pays des modèles d'écriture nationale, d'après des règles simples, mais fixes et faciles. En conséquence, on s'empressa de nommer dans le sein de la société un comité de calligraphie, qui fut chargé de présider à la confection des modèles d'écriture pour l'usage des écoles d'enseignement mutuel. M. le comte de Lasteyrie, l'abbé Gaultier et M. Jomard, s'occupèrent de ce travail avec beaucoup de zèle.

Le comité a eu pour but principal, dans la composition de ces modèles, de les rendre faciles à la lecture aussi-bien qu'à l'écriture ; en conséquence, tous les ornemens superflus ont été soigneusement écartés : chaque lettre n'a qu'une forme, et l'on s'est appliqué à marquer, autant qu'il a été possible, les différences de ces formes, pour éviter toute confusion.

Les modèles en cuivre ont été publiés depuis peu de temps ; et, s'il est reconnu qu'ils soient généralement approuvés par le public, on a le projet de faire faire des matrices pour la confection des caractères typographiques, afin de pouvoir répandre à bon marché, et par la voie de l'impression ordinaire, les exemples de ces nouvelles formes.

Nous croyons devoir exposer ici les règles qui ont été suivies pour ce travail (*Voyez* l'exemple, planche VIII). On forme un carré parfait *a*, *b*, *d*, *c*, dont chaque côté est égal à la hauteur du corps de la lettre. On tire la ligne perpendiculaire *e*, *f*, qui coupe le carré en deux portions égales, *a*, *c*, *f*, *e*, et *e*, *c*, *f*, *d*, *b*. Les deux diagonales *e*, *c*, et *b*, *f*, qui vont, la première de l'extrémité supérieure de la perpendiculaire *e*, *f*, à l'extrémité inférieure du côté du carré *a*, *c* ; la seconde, de l'extrémité droite du côté du carré *a*, *b*, à l'extrémité inférieure de la perpendiculaire *e*, *f*, donnent l'inclinaison des lettres (environ 63° 26¹) ; la distance qui sépare les deux diagonales marque l'espace que l'on doit mettre entre les deux traits principaux qui forment une lettre, et se nomme *intervalle*. Ainsi les deux pleins des lettres *o*, *d*, *u*, sont séparés par des intervalles qui doivent être toujours égaux. Les déliés sont en dehors de cet intervalle.

Les lettres *b*, *p*, *d*, *h*, *l* et *y*, n'ont point de boucle : l'*s* et l'*f* en ont chacun une, qui est large d'un demi-intervalle ; celles des lettres *g* et *j*, le sont chacune des trois-quarts de l'intervalle. Les têtes et les queues des lettres s'élèvent ou descendent par delà le corps de la lettre de la hauteur même de ce corps. Dans le *t* et la double lettre *et*, les têtes ne s'élèvent que d'une demi-hauteur. La partie supérieure de la ligne droite du *p* dépasse le corps de la lettre d'un huitième de hauteur, et le point de l'*i* est placé au-dessus de la lettre à demi-hauteur ; la petite barre que l'on met à droite des lettres *t* et *f*, se trouve à l'extrémité supérieure du corps de la lettre.

Toutes les lettres d'un mot sont jointes par des déliés, et l'étendue de cette liaison est d'un intervalle. Cependant, si une lettre porte en bas une liaison, et que la suivante la porte en haut, la distance doit être d'un intervalle et un tiers, comme dans les lettres *i* et *m*, *m* et *n*, *u* et *v*, *c* et *r*, *e* et *g*, *e* et *r*, *e* et *y*. La lettre *e*, suivie des lettres *k*, *j*, *h*, *c*, *b*, *o*, *e*, porte aussi un intervalle et un tiers pour la liaison. Lorsque deux courbes sont posées l'une près de l'autre et par leur côté convexe, comme quand un *b* est suivi d'un *o*, la distance de ces courbes voisines est d'un demi-intervalle : il en est de même du *g* suivi d'un *z*, de l'*o* suivi d'un *s*, du *b* suivi d'un *e* ou d'un *c* ; enfin de deux *s* qui se suivent. La liaison entre l'*i* ou l'*e* et l'*u*, le *k* et l'*r* est de deux intervalles. Il y a un intervalle et demi entre l'*i* et l's. La tête de l'*r* est écartée de son plein d'un demi-intervalle, et sa liaison avec la lettre qui suit a la même étendue ; en sorte que la distance des pleins entre l'*r* et la lettre suivante est d'un intervalle. La tête du *z* est aussi d'un demi-intervalle ; les lignes d'écriture sont distantes de deux corps et demi. Les mots sont séparés par deux intervalles. L'épaisseur d'un jambage est la douzième partie de la hauteur du corps. Les lettres majuscules ont deux corps de hauteur et sont toutes de même élévation; les lettres capitales sont jetées et hautes de trois corps d'écriture.

On voit d'après la planche VIII comment doivent être taillées les plumes propres à ce genre d'écriture : le côté gauche du bec, ou côté du pouce, est plus long et moins large que le côté droit : celui-ci sert à faire les déliés, mais la plume ne doit jamais tourner entre les doigts.

Il y a six tableaux de modèles d'écriture composés d'après les principes que nous venons d'analyser, et chacune des huit classes a deux tableaux. Ceux qui sont à l'usage de la première classe contiennent des pleins d'abord seuls, puis composés des différentes espèces de déliés qui peuvent y être joints, et plus tard encore toutes les lettres du petit alphabet : les tableaux de la seconde classe présentent des exemples de deux lettres jointes ensemble; dans ceux de la troisième division il y a trois lettres réunies et ainsi de suite. Ces exemples sont collés sur des cartons, et les écoliers les ont sans cesse sous les yeux en écrivant.

Il paraît plus naturel et plus conforme à la raison de classer les élèves, dans les exercices d'écriture, suivant l'aptitude et les progrès de chacun d'eux, au lieu de prendre pour règle leur capacité aux leçons de lecture : aussi la société de Paris s'occupe-t-elle depuis quelque temps à introduire cette méthode dans les écoles, et nous pensons que ce changement est fort utile.

SECTION QUATRIÈME.

Tableaux pour les exercices d'arithmétique.

Jusqu'à ce moment on s'est servi dans les écoles françaises d'une traduction des tableaux d'arithmétique faits par M. Lancaster; mais la société centrale de Paris désire les perfectionner, et à cet effet, elle a chargé une commission de se livrer à ce travail important. On espère pouvoir appliquer la méthode de Pestalozzi à l'enseignement mutuel; mais comme il faudra beaucoup de temps pour rédiger avec soin les tableaux qui devront être adoptés, on a proposé d'abord de lier à la méthode lancastérienne une autre méthode qui est due aux études de M. l'abbé Gaultier, et qui a pour objet principal de donner aux enfans une idée exacte des chiffres, de leur valeur et de leurs différens rapports, avant de leur apprendre à les écrire et à les rassembler en nombres. Dans les tableaux composés par M. l'abbé Gaultier, les chiffres sont représentés par des points coloriés, formés en cercles ou en ovales, et dont le nombre sert à indiquer la valeur et la figure extérieure de chacun des chiffres auquel il est appliqué. Après que l'écolier a lu les tables d'addition et de soustraction, telles que M. Lancaster les a dressées, et telles qu'on en voit des exemples dans la planche n. IX, on lui montre un tableau qui représente cette même planche et qui sert à lui faire répéter l'exercice précédent, en lui rendant sensible par des figures, la valeur de chacun des chiffres qui sont posés à côté. Plus tard on met sous ses yeux un autre tableau parfaitement conforme pour l'aspect des figures à celui de la planche IX, mais dans lequel ne se trouvent pas les chiffres ordinaires, et on lui apprend par ce moyen à les nommer de mémoire. On agit de même pour les tableaux de multiplication et de division dont on voit des exemples dans la planche X. Cette méthode est encore nouvelle; le temps seul nous apprendra quels avantages on en peut retirer pour faciliter aux enfans une étude qu'il importe de simplifier et de mettre beaucoup plus à leur portée (1).

---

(1) M. Barrault, qui a été collaborateur de M. Pestalozzi, et qui a introduit sa méthode dans une maison d'éducation qu'il dirige à Bergerac, s'occupe maintenant à rechercher les moyens de fondre la *méthode intuitive*, et celle d'enseignement mutuel dans un seul corps de doctrine. Il a déjà composé des tableaux où se trouvent réunies les questions que les moniteurs doivent faire aux élèves et les réponses de ceux-ci. Dans ces réponses, l'enfant rend compte des raisons pour lesquelles il donne à toute question telle solution et non aucune autre. Par ce moyen, l'esprit s'exerce et se développe, et l'on y trouve en outre ce précieux avantage de pro-

SECTION CINQUIÈME.

Enseignement pour les moniteurs des écoles parisiennes.

JE crois devoir citer ici, autant pour honorer une telle conduite que pour en recommander l'imitation à tous ceux qu'anime l'amour du bien public, l'utile institution que les écoles et les écoliers de Paris doivent au zèle de M. l'abbé Gaultier. Ce respectable ecclésiastique réunit chez lui, tous les jeudis, les moniteurs généraux de toutes les écoles nouvellement établies dans la capitale de la France, et leur donne un enseignement particulier de grammaire, de géographie, de géométrie, et surtout de morale. Il a lui-même inventé depuis long-temps une méthode très-bonne en tous points pour l'instruction des enfans et le développement de leur intelligence, et qui, de plus, a le mérite inappréciable de plaire beaucoup aux élèves et de les attacher fortement à l'étude (1). Cette méthode a été appliquée par lui à l'enseignement dont nous venons de parler, et c'est un spectacle fort intéressant que celui que présentent ces réunions du jeudi. On voit au premier coup d'œil tous les bons effets que doit produire une pareille institution. Tout ce que les moniteurs y vont apprendre tourne d'abord au profit de l'enseignement des élèves dont ils ont à conduire

---

voquer une sorte de gymnastique intellectuelle, tandis que d'après la méthode d'enseignement mutuel, telle qu'elle est pratiquée dans toutes les écoles sans distinction, pour les leçons d'arithmétique, l'esprit des enfans reste constamment dans l'inaction, et n'apprend point à connaître les choses, mais seulement les signes par lesquels on les leur représente.

Plusieurs des maîtres qui dirigent les nouvelles écoles recherchent également les moyens de perfectionner l'enseignement de l'arithmétique; on peut citer parmi eux M. Gaudel à Périgueux, M. Moyencourt à l'école de madame la duchesse de Duras, M. Favarger, à l'école luthérienne de la rue des Billettes.

(1) M. de Jussieu, rédacteur du Journal d'éducation, a donné dans un numéro de 1817 une description exacte et détaillée de cette méthode. Elle a été traduite en allemand et publiée à Vienne, sans que l'auteur ait désigné la source où il l'avait puisée.

les exercices, les autres jours de la semaine; c'est un nouveau moyen de donner une instruction un peu plus étendue aux enfans qui se montrent capables d'en profiter ; et l'encouragement qu'ils reçoivent par cette honorable distinction , les fait rester à la tête des écoles auxquelles ils sont préposés , beaucoup plus long-temps que s'ils n'eussent trouvé aucune nouvelle étude à suivre , après être parvenus au grade de moniteurs généraux.

Mais il faut pour une semblable institution une grande ville , et surtout un homme qui se livre à l'enseignement par passion, et qui y apporte le zèle et les lumières de M. l'abbé Gaultier : ce digne homme a mis toute son existence dans l'amour des enfans et dans le désir de leur être utile ; aussi prétend-il qu'il n'y a nul mérite à lui à se consacrer à ce genre de travaux , et je lui ai entendu dire qu'il n'aurait pas long-temps à vivre s'il devait lui être interdit de s'en occuper exclusivement.

SECTION SIXIÈME.

Encouragemens pour les maîtres.

Afin d'exciter l'émulation parmi les hommes qui se sont consacrés à la fondation et à la direction des nouvelles écoles , la société de Paris a résolu d'accorder tous les ans des prix à ceux qui se seraient le plus distingués. Cette distribution a eu lieu pour la première fois cette année au mois de mars dernier, et le jour même de la séance solennelle. Les préfets de tous les départemens, les recteurs des académies et les différentes sociétés formées dans le royaume pour la propagation de l'enseignement mutuel , avaient été invités à faire des rapports sur les travaux des maîtres qui s'étaient fait remarquer par leur zèle à accomplir leurs devoirs, ou par des succès particuliers. MM. Martin et Frossard, qui avaient fondé à Paris les deux premières écoles, ont reçu chacun une médaille d'or; dix-neuf maîtres et un moniteur ont obtenu des médailles d'argent; vingt-trois maîtres, des

médailles en bronze, et il y a eu, dans le rapport de la même
année, des mentions honorables pour vingt-cinq autres chefs
de semblables établissemens.

SECTION SEPTIÈME.

Distribution des travaux dans les écoles françaises.

La distribution des travaux est à peu près la même, ainsi
que nous l'avons dit, que dans les écoles dirigées par la
société lancastérienne à Londres.

Afin d'assurer l'uniformité de l'enseignement et de prévenir les innovations qui pourraient être introduites dans les
écoles trop à la légère, et qui mettraient en péril ou corrom-
praient du moins peu à peu les bons procédés de la méthode,
la société de Paris a jugé nécessaire d'établir des règles,
d'après lesquelles l'ordre des travaux et des heures d'étude
est déterminé méthodiquement, et suivi avec attention dans
toutes les écoles où cette société exerce sa surveillance.

Le matin, les écoles sont ouvertes à neuf heures.
L'appel et la prière prennent quinze minutes.
Les exercices d'écriture quarante-cinq minutes.
——————————De lecture. . . . . id.
——————————D'arithmétique. . . . . id.
La lecture des moniteurs vingt-cinq minutes.
La prière cinq minutes.
A midi l'école est fermée.

L'après-midi on la rouvre à deux heures. En été les leçons durent jusqu'à cinq heures, et les exercices sont distribués comme le matin. En hiver les enfans sortent à quatre
heures, et les leçons sont moins longues.

Pour l'appel et la prière. . . . . . quinze minutes.
——Les exercices d'écriture quarante minutes.
——Les exercices de lecture. . . . . . id.
——La lecture des moniteurs quinze minutes.
——La prière dix minutes.

Afin que dans toutes les écoles les différens commandemens qui s'adressent, soit aux élèves, soit aux moniteurs, puissent être distribués d'une manière régulière et uniforme, et
qu'un maître soit sur-le-champ en état de conduire un établissement ; M. l'abbé Gaultier a rédigé, sur la demande
de la société de Paris, avec plusieurs directeurs de semblables établissemens, un tableau que nous croyons devoir faire
connaître.

Les commandemens sont donnés par la voix ou par des
signes, et ceux qui doivent être articulés sont indiqués dans
le tableau suivant par des lettres capitales : ceux qui peuvent
être remplacés, et qui le sont en effet par des signes, sont désignés par des caractères italiques, avec l'explication de
chacun des signes qui leur sont propres.

§ 1er. Commandemens généraux.

Pour faire continuer un exercice interrompu : CONTINUEZ.
Pour rappeler de temps en temps l'attention des enfans
avant un commandement : ATTENTION.

§ 2. Entrée en classe, appel et prière.

1°. Pour obtenir un silence général : *silence :* un coup de
    sifflet.
2°. ——Faire tourner les enfans vers le moniteur géné-
    ral : *front :* un coup de sonnette.
3°. ——Faire mettre les enfans à genoux : un coup de
    sonnette.
4°. ——Les faire relever : un coup de sonnette.

ÉCRITURE.

Classe du sable.

5°. ——Faire préparer les élèves à écrire une lettre à la
    table du sable : PRÉPAREZ-VOUS.
6°. ——Faire former les lettres indiquées : FAITES LA
    LETTRE.

Dans les autres classes d'écriture.

7°. Pour faire préparer les enfans à entrer dans les bancs : *entrez* : les bras étendus horizontalement, l'un devant, l'autre derrière.

8°. ——Faire entrer dans les bancs et asseoir : *bancs* : la main droite portée de bas en haut.

9°. ——Commander l'appel au moniteur de chaque classe : MONITEURS, *faites l'appel* : un coup de sonnette.

10°. ——Faire préparer les enfans à nettoyer les ardoises : *nettoyez* : la main droite à la bouche, et la gauche à hauteur de la ceinture.

11°. ——Faire nettoyer les ardoises : *ardoises* : la main droite agitée horizontalement.

12°. ——Faire cesser le nettoyage : un coup de sonnette.

13°. ——Faire saisir les ardoises par les angles supérieurs : les deux bras croisés horizontalement.

14°. ——Faire décroiser les bras sans quitter l'ardoise : *montrez* : les bras décroisés et relevés un peu.

15°. ——Faire mettre l'ardoise sur son champ : *ardoises* : les deux mains baissées vivement.

16°. ——Faire inspecter l'ardoise par les moniteurs : MONITEURS, *inspectez* : mouvement de la main de gauche à droite.

17. ——Faire revenir les moniteurs à leur place : *à vos places* : un coup de sonnette.

18°. ——Faire appuyer aux enfans l'ardoise sur leurs pouces : *baissez* — les mains étendues et baissées doucement en avant.

19°. ——Faire baisser tout-à-fait l'ardoise sur la table et retirer les pouces — *ardoises* : les deux mains baissées vivement.

20°. ——Faire mettre les mains sur les genoux : *mains sur les genoux* : un coup de sonnette.

21⁰. Pour faire distribuer les crayons : MONITEURS : un coup de sonnette.

22⁰. —— Faire commencer la dictée : HUITIÈME CLASSE, COMMENCEZ.

23°. —— Faire corriger l'écriture par les moniteurs : MO-NITEURS, *inspectez* : mouvement de la main de gauche à droite.

LECTURE.

24⁰. Pour faire préparer les enfans à sortir des bancs : *sortez* — les bras écartés à la hauteur de la ceinture.

25°. —— Les faire sortir des bancs. — *bancs* : signe de la main droite portée de bas en haut.

26⁰. —— Former les classes de lecture (1) : EN CLASSES DE LECTURE ; *allez* : un coup de sonnette.

27°. —— Envoyer les moniteurs de lecture prendre leurs bâtons : MONITEURS DE LECTURE, *allez* : un coup de sonnette.

28°. —— Faire aller les enfans aux cercles : TOUTE LA CLASSE, *allez* : un coup de sonnette.

---

(1) Ceci se rapporte à la nouvelle distribution des classes dans les exercices de lecture et d'écriture. (Voy. page 172.) Après le commande-ment indiqué par le n°. 26, les élèves de la première division, et succes-sivement ceux de toutes les autres, sortent des bancs par le côté où est posé le télégraphe, et passent devant la plate-forme du maître, pour rentrer par l'autre côté des pupitres dans la classe de lecture à laquelle chacun d'eux appartient. Par ce moyen, il arrive souvent qu'un écolier qui se trouve dans la seconde ou la troisième classe d'écriture, est placé dans la cinquième ou la sixième classe de lecture. Lorsque tous les enfans sont rangés dans ce nouvel ordre, chaque moniteur compte les écoliers de sa classe et en fait son rapport au moniteur général : celui-ci fait son inspection de l'une à l'autre classe, et inscrit sur son ardoise le nombre des écoliers de chaque division : puis il choisit les moniteurs des demi-cercles, suivant le mode que nous avons déjà décrit.

Du reste, il ne faut pas croire que cette mutation générale des places fasse perdre beaucoup de temps : dans une école bien organisée, il suffit de cinq minutes pour que tous soient rangés dans un ordre nouveau.

29°. Pour faire commencer la lecture : *commencez* : deux coups de sifflet.

30°. —— Faire lire par cœur : *lisez par cœur :* deux coups de sifflet.

31°. —— Faire épeler par cœur : *épelez par cœur :* deux coups de sifflet.

32°. —— Faire cesser la lecture et suspendre les tableaux : *suspendez les tableaux :* deux coups de sifflet.

33°. —— Faire ranger les enfans contre le mur : *formez la ligne :* un coup de sonnette.

34°. —— Faire sortir les moniteurs et premiers garçons : *moniteurs et premiers garçons, sortez :* un coup de sonnette.

35°. —— Faire distribuer les billets : DISTRIBUEZ LES BILLETS.

36°. —— Faire rentrer les moniteurs et premiers garçons : *moniteurs et premiers garçons, rentrez :* un coup de sonnette.

ARITHMÉTIQUE.

37°. Pour faire tourner les enfans avant de former les classes d'arithmétique : mouvement de la main de droite à gauche.

38°. —— Les faire marcher et entrer dans les classes d'arithmétique : EN CLASSES D'ARITHMÉTIQUE, *allez :* un coup de sonnette.

39°. —— Les faire tourner vers le moniteur général : *front :* un coup de sonnette.

40°. —— Faire poser les mains sur les ardoises : *prenez —* les deux mains étendues et baissées en avant.

41°. —— Faire enlever l'ardoise et la porter au dos : — *ardoises :* la main droite portée de bas en haut, en jetant le bras en arrière.

42°. —— Faire tourner les enfans : mouvement de la main de droite à gauche.

43°. —— Les faire aller aux cercles : *toute la classe, allez :* un coup de sonnette.

44°. Pour Faire commencer l'arithmétique : *commencez* : deux coups de sifflet.

45°. ——— Faire chiffrer par cœur : *chiffrez par cœur* : deux coups de sifflet.

46°. ——— Faire cesser l'arithmétique et suspendre les tableaux : *suspendez les tableaux* : deux coups de sifflet.

47°. ——— Faire ranger les enfans contre le mur : *formez la ligne* : un coup de sonnette.

48°. ——— Faire sortir les moniteurs et premiers garçons : *moniteurs et premiers garçons, sortez* : un coup de sonnette.

49°. ——— Faire distribuer les billets : DISTRIBUEZ LES BILLETS.

50°. ——— Faire rentrer les moniteurs et premiers garçons : *moniteurs et premiers garçons, rentrez :* un coup de sonnette.

FIN DE LA CLASSE.

51°. Pour faire tourner les enfans avant de rentrer dans la classe d'écriture : mouvement de la main de droite à gauche.

52°. ——— Les faire marcher et entrer dans les bancs : EN CLASSE D'ÉCRITURE, *allez* : un coup de sonnette.

53°. ——— Les faire tourner vers le moniteur général : *front :* un coup de sonnette.

54°. ——— Faire présenter les ardoises : *posez :* —les deux mains levées en avant.

55°. ——— Faire mettre l'ardoise sur son champ : — *ardoises :* les deux mains baissées vivement.

56°. ——— Faire appuyer l'ardoise sur les pouces : *baissez.* Les deux mains étendues et baissées doucement en avant.

57°. ——— Faire baisser tout-à-fait l'ardoise sur la table, en relevant les pouces : — *ardoises :* les deux mains baissées vivement.

58$_0$. Pour faire préparer les enfans à poser les crayons :
posez : — la main droite étendue.

59°. —— Faire poser les crayons sur la table : —*crayons* :
la main droite baissée vivement.

60$_0$. —— Faire ramasser les crayons : MONITEURS , *ramas-
sez les crayons* : un coup de sonnette.

PRIÈRE ET SORTIE.

61°. Pour faire mettre les enfans à genoux : un coup de
sonnette.

62°. —— Les faire relever : un coup de sonnette.

63$_0$. —— Faire tourner les enfans avant le départ : mouvement de la main droite à gauche.

64$_0$. —— Les faire aller dans le préau : TOUTE LA CLASSE,
allez : un coup de sonnette (1).

M. l'abbé Picot a fait lui-même des dessins pour représenter les divers mouvemens de ces enfans dans une école
d'enseignement mutuel. Nous donnons ici son travail dans
les planches n°s. XI et XII , en confessant que nous nous
sommes permis quelques légers changemens. Le plan de l'é-
cole a été dessiné par M. Jomard, et présente un bâtiment
propre à recevoir soixante-quatre ou soixante-dix enfans.
La figure I montre la coupe longitudinale de l'école avec les
demi-cercles en fer e, e, posés le long des murailles, la
coupe des bancs f, f, et les pupitres g, g, pour les sept
dernières classes. La table du sable pour la première classe

---

(1) Voici donc la récapitulation des divers modes de faire les signes.
Les commandemens n°s. 1, 29, 30, 31, 32, 44, 45, 46, se font au sifflet.
Les commandemens n°s. 2, 3, 4, 9, 12, 17, 20, 21, 26, 27, 28, 33, 34,
36, 38, 39, 43, 47, 48, 50, 52, 53, 60, 61, 62, 64 , se donnent par la son-
nette.
C'est par un signe d'une main qu'on fait exécuter les commandemens
n°s. 8, 10, 11, 16, 23, 25, 37, 41 , 42, 51, 58, 63.
Avec deux mains les commandemens n°s. 15, 18, 19, 40, 54, 55, 56, 57, 59.
Enfin par le mouvement des deux bras , les commandemens n°s. 7, 13,
14, 24.

est marquée par la lettre *h*. Dans la figure II, on voit comment les élèves entrent dans l'école et se rendent à leurs places, tandis que les moniteurs, montés sur leurs bancs, veillent au maintien de l'ordre.

Mais, avant de donner de nouvelles explications sur les figures contenues dans ces deux planches, nous croyons devoir avertir le lecteur que, dans toutes ces figures, les élèves sont représentés par les carrés longs, les moniteurs par les ovales, le moniteur général par l'ovale double, et le maître par l'ovale triple. Les petits traits qui font ombre dans ces diverses figures sont posés dans la longueur pour indiquer que les élèves et les moniteurs sont debout, en largeur pour marquer qu'ils sont assis, et en diagonale, pour représenter les mouvemens qui ont lieu dans l'école.

La lettre *a* désigne la table du maître sur un point élevé *b*; *c* est la chaise du maître, *d* la place du moniteur général; *i* la porte de l'école.

Dans la figure III, on peut observer comment se fait l'appel des élèves. Les moniteurs tenant à la main leurs listes de classe, et une plume avec de l'encre, parcourent les bancs, notent les écoliers absens, et vont en faire leur rapport au maître. Dans la plupart des écoles françaises, les moniteurs vont d'abord prendre une plume et de l'encre à la table du maître; puis leur liste de classe qui est ordinairement suspendue à la muraille : et c'est ainsi que M. Picot les avait représentés dans ses dessins. Mais on évite ces mouvemens inutiles, quand on a soin de faire poser ces divers objets près du télégraphe, et à côté de la place du moniteur.

On voit dans la figure IV comment on choisit, dans les septième et huitième classes, les moniteurs de lecture pour les demi-cercles. M. Picot représente ceux-ci allant chercher leur baguette à la table du maître. Cette marche est également superflue, lorsque les baguettes sont suspendues à la muraille, au-dessus des demi-cercles, ainsi que cela se pratique dans l'école centrale de Londres. (Voyez planche IV, n°. 2.)

Dans la planche XII, la figure V représente le mouvement de l'école quand les moniteurs de demi-cercles conduisent leurs pelotons aux exercices de lecture, et ces exercices mêmes ont lieu dans l'ordre indiqué par la figure VI. On y voit le maître et le moniteur général inspectant eux-mêmes les travaux des écoliers : le premier devant le demi-cercle le plus élevé de gauche ; le second au demi-cercle du milieu, sur la droite.

Enfin, dans la figure VII, les élèves, après avoir terminé les exercices de lecture aux demi-cercles, sont rangés sur une seule ligne, le long des murailles, et se disposent à rentrer dans les bancs pour commencer les leçons d'écriture ou d'arithmétique.

SECTION SEPTIÈME.

Dimension du local d'une école.

Il nous a paru convenable de présenter ici un tableau qui a été composé par M. Jomard, et d'après lequel on peut connaître sur-le-champ toutes les dimensions nécessaires pour l'établissement d'une école ; suivant le nombre d'enfans que l'on veut y pouvoir admettre. L'espace occupé par chaque enfant, y compris l'intervalle qui sépare les bancs et les pupitres, est, à peu de chose près, de deux pieds et demi carrés : en multipliant par deux et demi le nombre des élèves proposés, on connaît la surface qui doit être occupée par les bancs et les pupitres. Il faut y ajouter encore le pourtour de l'école, qui doit être vide entre les bancs et les murailles, pour la place des exercices de demi-cercles. Dans les écoles très-nombreuses, cet espace doit être de quatre pieds six pouces ; où le réduit à quatre pieds dans les établissemens qui ne doivent pas recevoir plus de deux cents enfans. Il faut encore remarquer que l'on n'a pas compris, dans le calcul de la surface nécessaire pour une école, la place que deivent occuper le maitre et le moniteur général : il est indispensable qu'elle soit réservée ; mais on en détermine l'étendue suivant le plus ou moins de facilité que présente le local.

NOMBRE des éleves.	ESPACE occupé par les bancs.		DIMENSIONS de la salle, non compris la place du maitre.				SURFACE DE LA SALLE.	NOMBRE DES ENFANS sur chaque banc.
	Longueur.	Largeur.	Longueur.		Largeur.			
	pie. pou.	pie. pou.	pie.	pou.	pie.	pou.	pie. car.	
70	18 8	9 4	22	8	17	4	394	8
100	22 4	11 2	26	4	19	2	506	10
125	25 »	12 »	29	»	20	6	595	11
150	27 5	13 8	31	5	21	8	681	12
175	29 7	14 10	33	7	22	10	765	13
200	31 7	15 10	35	7	23	10	848	14
250	35 4	17 8	39	7	26	2	1036	15
300	38 10	19 5	43	1	27	11	1203	17
350	41 10	20 11	46	1	29	5	1355	18
400	44 7	22 3	48	10	30	9	1504	19
450	47 10	23 6	52	1	32	»	1668	20
500	53 2	23 6	57	5	32	»	1838	20
600	63 0	22 6	68	1	32	»	2188	20
700	74 6	23 6	78	9	32	»	2519	20
800	85 1	23 6	89	4	32	»	2859	20
900	95 9	23 6	100	»	32	»	3200	20
1000	106 5	23 6	110	8	32	»	3540	20

Toutes les dimensions indiquées par ce tableau sont les plus petites qu'il soit possible d'accorder : en Angleterre les écoles sont en général fondées sur des calculs plus larges.

SECTION HUITIÈME.

Frais d'une école à Paris.

Ils sont divisés en frais de premier établissement et frais périodiques. Chacune de ces dépenses se subdivise encore en dépenses proportionnelles au nombre des élèves et dépenses indépendantes de ce nombre; le calcul que nous allons présenter s'applique à une école élémentaire de soixante-dix élèves : tous les prix que nous indiquons sont des prix moyens, et pouvant servir de base à l'estimation des frais d'établissement et d'entretien d'une école dans toute l'étendue du royaume.

I. *Dépenses de premier établissement, indépendantes du nombre des élèves.*

Table et estrade pour le maître et le moniteur-général; quatre chaises. . . . . 28 fr.
Huit porte-tableaux mobiles et huit signaux. 36
Cent quarante planchettes pour tableaux, une pendule, un rabot, une sonnette, une fontaine et autres petits objets. 96
                                                    160

II. *Dépenses de premier établissement, proportionnelles au nombre des élèves.*

Huit bancs et huit pupitres tout posés, à 2 fr. 25 cent. par place. 157 50
Dix écriteaux. 3
Dix baguettes de moniteurs. 3
Soixante ardoises polies (1). 9
Huit demi-cercles, construits en fer (2). . . . 37 50 c.
                                                    210
En ajoutant les frais du premier article. . . 160
Total des frais de premier établissement pour une école de soixante-dix enfans. 370

---

(1) Dans les lieux où le prix des ardoises est très-élevé, comme à Pétersbourg et dans toute la Russie, on pourrait se servir avec le même

III. *Dépenses annuelles.*

Huit cent quarante crayons, à un par mois pour chaque enfant, et à quatre centimes la pièce. . . . . 33 f. 60 c.

Plumes et encre. 9

Listes de présence, billets de moniteurs, numéros de présence et lettres imprimées. . . . 6

Deux collections de tableaux, de cent quarante chacune 10 fr. et par an. 2

Livres destinés aux lectures à haute voix, pour la huitième classe 15 fr. par an. 3

Registres pour l'inscription des élèves. . . . 5

Douze volumes pour récompenses. 12

Paye pour les moniteurs. 16

Traitement du maître. 800

Loyer de l'école. 92

Entretien. 9 90

avantage d'ardoises factices. J'ai fait plusieurs expériences pour rechercher les meilleurs procédés.

D'abord j'ai fabriqué des ardoises artificielles en faisant un mélange d'argile commune et de sable très-fin avec une fusion de charbon végétal et animal, brûlé au noir, selon la méthode de Lampadius : on écrit très-bien sur les plateaux qui ont reçu cette composition.

Un autre procédé m'a réussi peut-être mieux encore : après avoir passé sur un carton ou sur une planche de bois très-mince une mixtion composée d'os légèrement broyés et brûlés au blanc, et d'une dose considérable de colle forte, afin de donner à cette planche ou au carton la consistance nécessaire pour éviter toute raie par le crayon, j'ai étendu sur cette première préparation, et à l'aide d'un vernis, un mélange de verre pilé très-fin et d'os brûlés au noir. Je crois que les ardoises artificielles qui résultent de cette dernière opération, ne laissent rien à désirer, et qu'on peut sans crainte en recommander l'usage.

(2) Il est facile d'éviter cette dépense, en traçant les demi-cercles sur le sol même de l'école, suivant les dimensions et les distances déjà indiquées.

Report. 988 5o

Chauffage. . . . . , . . , ... 56 »

Intérêt de l'argent employé aux dépenses de
premier établissement à cinq pour cent. . , . . 18 5o
————
1o63 »

Ainsi, pour fonder une école où l'on puisse recevoir
soixante et dix enfans, il y a à dépenser d'abord 37o fr.
pour frais de premier établissement, et ensuite tous les ans
1o44 fr. 5o c. pour l'entretien de l'école et le traitement du
maitre.

APPLICATION

DE LA MÉTHODE D'ENSEIGNEMENT MUTUEL

A DES ÉTUDES PLUS ÉLEVÉES.

M. Pillaus recteur d'une haute école à Édimbourg a fourni l'exemple le plus récent et le plus accompli de l'application de la méthode d'enseignement mutuel à des études supérieures. On enseigne principalement dans l'institution qu'il dirige, le latin, le grec et la géographie ancienne et moderne. Elle contient en ce moment neuf cents élèves qui sont distribués en cinq classes, dont chacune a un maître particulier; la plus haute classe (ou cinquième) est dirigée par M. Pillaus lui-même. Pour être admis dans l'école et à la première classe, les élèves doivent prouver qu'ils savent au moins lire et écrire. Ils passent un an dans chacune des quatre premières classes et deux ans dans la dernière. Celle-ci réunit maintenant plus de deux cent cinquante écoliers, dont l'âge moyen est de treize ans.

Lorsque M. Pillaus entreprit d'introduire dans l'école son nouveau système d'instruction, il y avait une telle variété dans la capacité et surtout dans les connaissances des nombreux élèves qui composaient la classe dont il avait la direction, qu'il était impossible de faire suivre à tous le même enseignement, et qu'il devenait par là beaucoup plus difficile de faire agir le ressort de l'émulation; car dans une école composée d'autant d'enfans, il y en avait un grand nombre pour qui il était assez indifférent de se trouver à la deux-centième ou à la deux-cent-quarantième place. Ce premier mal a été peu à peu adouci par une sage distribution du travail, et par une application habile de la méthode.

Tous les soirs avant la clôture de l'école on donne pour

le jour suivant une tâche à étudier, telle que trente ou quarante lignes de Virgile, d'Horace, de Tite-Live, de Cicéron ou de Salluste, afin que les écoliers commencent à en prendre connaissance chez eux. Le lendemain matin, dès que les deux cent cinquante jeunes gens sont réunis dans la première salle, ils se partagent en vingt-cinq pelotons, composés de neuf élèves et d'un moniteur, et chacun de ces pelotons se met à étudier sous la direction de son moniteur, la tâche qui a été donnée la veille (1), suivant l'ordre établi pour ce genre d'exercice. Pendant ce travail, le mouvement des places a lieu comme dans les écoles élémentaires, et le moniteur marque sur un carnet les noms des élèves qui ont fait le plus de fautes, pour aller plus tard en faire son rapport au maître. Les élèves ont aussi le droit de porter plainte, s'ils croient que le moniteur les a marqués injustement, ou qu'il s'est trompé lui-même en les corrigeant.

Cet appel des décisions inférieures a lieu lorsque tous les élèves sont entrés dans la classe, et se sont placés à leurs bancs : le maître leur demande à haute voix si quelqu'un d'eux croit avoir sujet de se plaindre du moniteur de son peloton. Ordinairement il se présente plusieurs écoliers, et chacun d'eux vient à son tour exposer ses griefs et fournir ses preuves, en présence de tous ses camarades. S'il a raison, il est nommé le premier de son peloton et passe même au peloton suivant, s'il se trouvait déjà occuper la première

(1) Il arrive quelquefois que cet ordre est interverti, et que ce sont les moniteurs qui expliquent d'abord le passage aux élèves de leur peloton, tandis que ceux-ci suivent attentivement et surveillent eux-mêmes celui qui les enseigne. Pendant ces exercices, M. Pillaus fait lui-même son inspection et va d'un peloton à l'autre, veillant au maintien du bon ordre et donnant des explications lorsqu'elles sont nécessaires. Dans les six derniers mois de chaque année, et lorsqu'il a fait plus ample connaissance avec les élèves de sa classe, M. Pillaus désigne souvent des moniteurs adjoints pour conduire les exercices des pelotons, et dans ce même temps il rassemble autour de lui les moniteurs, leur fait étudier sous ses yeux les mêmes leçons, et les renvoie ensuite à leurs pelotons, où ils arrivent plus éclairés et plus capables de présider aux exercices des élèves.

place ; le moniteur qui s'est trompé descend dans le groupe inférieur, et l'élève qui dirige celui-ci passe en même temps à la place de celui qui vient d'être puni, s'il peut prouver qu'il n'a pas fait la même faute. Après que l'on a fait justice sur toutes ces discussions, le maître choisit un écolier (et c'est ordinairement un de ceux qui ont fait une faute dans les exercices de peloton) ; il lui fait répéter devant toute la classe la leçon qui vient d'être étudiée, prend cette occasion de donner pour tous les élèves toutes les explications néces-saires, et de s'arrêter principalement sur les passages où les moniteurs se sont trompés : puis il adresse aux élèves des questions prises en tout sens. Après cette leçon, toute la classe se forme de nouveau en pelotons, et l'on répète de-vant les moniteurs la leçon qui vient d'être étudiée.

Les avantages de cette méthode sont évidens. Nulle né-gligence ne peut rester inconnue, car chaque écolier sait qu'il aura à en rendre compte. Comme il est obligé, avant les exercices de l'école, d'étudier sous les yeux du moniteur la tâche qui a été désignée la veille, cette perspective le force à s'en occuper d'abord chez lui ; et, lorsque le maître assiste lui-même aux leçons, et donne des explications, le moniteur et les écoliers doivent être également attentifs, le premier parce qu'il faudra bientôt après qu'il interroge les élèves, et ceux-ci parce que chacun d'eux a la certitude qu'il ne pourra échapper à cet examen. Les débats qui sont ainsi ouverts en présence de toute l'école favorisent beau-coup plus le développement de l'intelligence que l'enseigne-ment, toujours froid et souvent ennuyeux, d'un maître diri-geant une école aussi nombreuse, et dictant ses leçons sans avoir le temps de s'arrêter auprès de chacun d'eux, et de suivre individuellement leurs progrès.

Deux fois par semaine on donne aux écoliers des versions à faire par écrit : elles sont corrigées ensuite par les moni-teurs, et le nombre de fautes est exactement indiqué. Ceux qui croient avoir à se plaindre d'une injustice ont le droit de protester contre les corrections.

M. Pillaus enseigne aussi la géographie suivant les mêmes
procédés. Il commence par dessiner sur une grande table
noire le contour d'un pays, à la craie blanche : puis il indique les montagnes par des traits jaunes, et les rivières
principales avec un crayon bleu. Après avoir exposé aux
élèves les principaux caractères propres à faire reconnaître
le pays, après leur avoir dit les noms des montagnes et des
rivières qu'il a indiquées sur sa carte, le maître y ajoute au
crayon rouge les villes les plus importantes, marque leur position le long des rivières ou sur les bords de la mer, et donne
les détails les plus intéressans sur chacune de ces villes.
Puis il indique les divisions politiques en traçant des points
qui montrent les frontières des états, et enfin il marque à
leurs différentes places les villes de second ordre. Quand
cette carte a été ainsi composée sous les yeux des élèves,
et qu'ils en ont tous entendu et suivi la démonstration,
chacun d'eux tour à tour est soumis à un interrogatoire, et
on leur fait refaire la même carte sur le papier, en laissant
devant leurs yeux celle que le maître a dessinée sur la table
noire.

Dans l'école de la Chartreuse, à Londres, on a également
appliqué la méthode d'enseignement mutuel à des études
du même genre, et il y a maintenant en France et en Angleterre plusieurs institutions où l'on s'en sert pour montrer
la grammaire aux enfans. Dans le livre qu'il publia en 1815,
sous le titre : *The classical and grammar school* (voyez
page 36), le docteur Bell exprima le vœu que quelqu'un
entreprît, sur la grammaire latine, un travail qui eût pour
objet d'en rendre l'enseignement plus facile à l'aide des
nouveaux procédés, et il recommanda avant toute chose à
ceux qui voudraient s'en occuper, de faire une classification
tellement méthodique, que toute règle trouvât son explication et son complet développement dans les règles qui l'auraient précédée. Plusieurs chefs d'institutions se sont em-
pressés en Angleterre de répondre à cet appel, et l'année
dernière il a paru sur ce sujet difficile un petit ouvrage, qui

réunit, à notre avis, les principales conditions exigées par le docteur (1). Depuis un an on se sert avec succès de la méthode proposée par l'auteur de ce livre dans l'école de Newark-sur-la-Trent. Cette méthode est fondée sur les principes qui sont mis en pratique dans toutes les écoles élémentaires : l'auteur s'occupe en ce moment à rédiger un dictionnaire latin qui fera suite à sa grammaire, et qui pourra être mis entre les mains des jeunes gens qui suivent cet enseignement, et remplacer avec avantage ces énormes dictionnaires dans lesquels les enfans perdent trop souvent un temps précieux.

Dans les écoles de la confession luthérienne à Paris, on a composé des tableaux qui contiennent les principes de la grammaire allemande, et sur lesquels les enfans suivent des exercices de demi-cercles, de la même manière que pour la lecture. Il y a aussi des tableaux de géographie et de petites cartes qui servent mutuellement à l'intelligence des démonstrations que fait le maître. Ces tableaux ne sont encore écrits qu'à la main, et le temps amènera sans doute quelques perfectionnemens de rédaction qui peuvent paraître nécessaires.

A Besançon, M. Pompée a appliqué la même méthode à l'enseignement de la langue allemande.

Dans cette même ville le recteur de l'académie, M. Ordinaire, s'occupe avec beaucoup de zèle de la recherche des procédés les plus propres à agrandir le domaine de l'enseignement mutuel, et ce que l'on connaît de ses travaux donne l'espoir qu'il publiera bientôt un ouvrage fort intéressant.

En Angleterre la société qui dirige les écoles lancastériennes, désire pouvoir introduire dans quelques unes de ses

(1) Sous le titre : *Rudiments of the latin tongue, adapted to the principles of the Madras or doctor Bells system of tuition, as used at the grammar-school of Newark uponTrent.—Les Rudimens de la langue latine, adaptés aux principes du système d'enseignement du docteur Bell, à l'usage de l'école de Newark.* Londres, 1817.

institutions l'enseignement du dessin, ét des premiers principes de la géométrie : cette innovation serait d'autant plus utile que la plupart des enfans qui fréquentent ces écoles sont des fils d'ouvriers, pour lesquels il importe beaucoup d'avoir du moins les premières notions de ces sciences. D'ici à peu de temps on doit faire un premier essai dans l'école centrale de Londres, et nous sommes persuadés d'avance que cette tentative ne peut manquer de réussir. Il n'est pas très-difficile en effet de mettre à la portée de tous les enfans, les règles d'après lesquelles on doit diriger le bras et la main pour former toutes sortes de lignes, et nous pensons que dans les exercices on n'aura pas de peine à apprendre d'abord aux moniteurs, et ensuite aux élèves eux-mêmes à se diriger les uns les autres.

En 1816, M. Massimino a fondé à Paris une école de chant sur le principe de l'enseignement mutuel ; et mademoiselle Renaud d'Allen vient d'en établir une nouvelle, il y a peu de temps. Après que les élèves, réunis par divisions sous la direction des moniteurs, ont étudié soit par l'écriture, soit par la lecture, les premiers principes de la musique sur des tableaux composés pour cet usage, on leur apprend à écrire des phrases musicales en même temps qu'ils les entendent chanter. Le moniteur, placé en tête de sa division, chante une mesure après l'autre, nommant d'abord les notes et indiquant la mesure avec la main : puis les élèves écrivent et se secourent mutuellement dans cet exercice. Dans les écoles lancastériennes, lorsqu'on procède à une leçon d'écriture, les enfans prononcent l'un après l'autre chaque lettre du mot qu'ils viennent d'entendre, et l'écrivent sur leurs ardoises ; et comme chacun d'eux est obligé de se rappeler le mot et de chercher les lettres qui le composent, de même ici tous les élèves sont obligés de se souvenir de chaque note appartenant à la mesure qui vient d'être chantée, et d'en chercher la valeur pour l'écrire correctement : cette écriture a également lieu d'abord sur l'ardoise et plus tard sur le papier. Ce que tous ont écrit est ensuite chanté à haute voix, en premier lieu par chacun des élèves individuellement, après cet exercice, par tous les élèves ensemble. Quand ils ont employé, à ces premières leçons, assez de temps pour que l'on ait acquis la certitude qu'elles sont bien comprises, on passe à des études plus difficiles, et le maître commence à chanter des phrases musicales, en indiquant avec soin toutes les mesures, mais sans prononcer les noms des notes; et, sur ce nouvel exemple, les élèves écrivent d'abord et chantent ensuite tour à tour ou ensemble ce qu'ils viennent d'entendre. Ceux qui ont assisté aux exercices que dirige mademoiselle d'Allen, peuvent seuls se faire une idée de la rapidité avec laquelle ses écoliers apprennent à chanter correctement.

Nous connaissons encore un autre exemple de l'application d'une méthode à peu près semblable à l'enseignement de la musique : on le trouve dans l'école fondée à Dublin par M. Logier. Ici cependant l'instruction est plutôt simultanée que mutuelle. Les enfans apprennent également les premiers principes de la musique sur des tableaux composés à cet effet : mais pour pouvoir diriger un grand nombre d'élèves, et leur apprendre en même temps à jouer d'un instrument, M. Logier se sert d'une machine qu'il a inventée et qu'il nomme *chyroplast*. Cette machine fort simple consiste en une espèce de bâton que l'on fixe sur le clavier, et sur lequel sont marqués des signes conducteurs pour les doigts ; ces signes peuvent être posés à volonté sur toute la longueur du clavier, et fixés à une place déterminée, de telle sorte que les doigts de chaque main peuvent frapper sur cinq touches, et que chaque doigt n'atteint qu'à une seule touche. La musique que l'inventeur a composée pour ces premiers exercices, est disposée de manière que chaque main n'a besoin que des cinq touches placées l'une à côté de l'autre, et que cette main reste toujours par conséquent dans la même position. M. Logier a placé dans le même appartement un grand nombre de pianos rangés le long des murailles ; il met deux ou trois enfans devant cha-

13

cun de ces pianos, et pour chacun de ces enfans il adapte
à son second clavier deux signes conducteurs, disposés sur
différens octaves ; lui-même se place également devant son
piano et donne le signal pour commencer, en indiquant la
mesure. Il est évident que tant que les élèves qui jouent
ensemble restent dans le ton qui a été donné, le maître
acquiert la certitude que chacun d'eux frappe à propos sur
les signaux conducteurs, et c'est ainsi qu'il dirige les exercices. — Sans nous arrêter à examiner le mérite intrin-
sèque de ce procédé, nous ferons remarquer qu'il présente
du moins cet avantage, qu'un seul maître peut en même
temps montrer les principes du doigté à un grand nombre
d'élèves. Nous ajouterons encore que M. Logier a obtenu tout
le succès qu'il pouvait désirer ; son école est très-fréquentée ;
on lui a accordé un brevet d'invention pour sa méthode, et
il a déjà fait plusieurs marchés avec des maîtres de musique,
qui ont acheté de lui le droit d'ouvrir de semblables établissemens.

Un institut gymnastique a été dernièrement ouvert à Paris,
sous la direction de M. Amoros, qui y applique la méthode
d'enseignement mutuel, principalement pour la démonstration
des systèmes osseux et musculaire dans le corps animal. Deux
moniteurs munis de baguettes, et placés devant un tableau
qui représente le squelette que l'on veut décrire, montrent
successivement aux spectateurs chacune des parties dont ils
donnent l'explication. Les élèves, rangés autour du tableau,
répètent chacun à leur tour les noms qui ont été prononcés,
et indiquent en même temps de la main les objets auxquels ces noms sont appropriés.

Il serait trop long de rapporter ici toutes les applications
qui ont déjà été faites du mode d'enseignement que nous
avons décrit dans cet ouvrage. Tous les jours on en découvre de nouvelles en Angleterre aussi-bien qu'en France, et
nous sommes persuadés cependant qu'on est loin d'avoir
épuisé ce riche sujet, puisque tous les objets d'études qui

sont susceptibles d'être rédigés en tableaux, peuvent être soumis aux mêmes règles et enseignés suivant les mêmes procédés. Cette idée peut faire pressentir le travail important qui reste à faire, celui d'une classification générale et méthodique : nous croyons devoir le recommander à tous les hommes amis de la science et de l'étude, et qui sont jaloux d'exploiter une mine neuve et riche.

CONCLUSION.

Après avoir exposé la méthode d'enseignement mutuel dans son principe, dans ses premiers développemens et dans toutes ses applications, nous pourrions terminer ici un ouvrage qui nous paraît renfermer une analyse complète de tout ce qui a été fait sur ce sujet.

Quiconque juge avec impartialité est forcé de reconnaître que cette méthode présente les moyens les plus courts et les plus économiques de donner à tous les hommes des classes inférieures de la société l'instruction élémentaire dont ils peuvent avoir besoin, et l'on ne saurait même se refuser à y voir le germe d'un enseignement plus varié et plus étendu.

Le principe d'application qui en est déjà sorti, peut être considéré avec justice comme l'une des plus utiles inventions des temps modernes, et l'expérience en a déjà démontré et en démontre chaque jour les avantages.

Mais l'histoire du monde prouve suffisamment que tous ceux qui travaillent à répandre une découverte doivent s'attendre à de longues contradictions : ici du moins le combat n'a pas été long ; malgré les efforts de quelques opposans, la doctrine de l'enseignement mutuel n'a pas cessé un seul moment de faire de nouvelles conquêtes, et ceux qui l'ont mise en pratique, aussi-bien que ceux à qui elle a été utile, ont chaque jour de nouveaux motifs de s'en féliciter.

Cependant, après avoir dirigé de vaines attaques contre les fondations, les mêmes adversaires n'ont pas négligé de s'en prendre à l'édifice ; et comme ils y ont mis aussi beaucoup d'acharnement, il n'est peut-être pas inutile d'examiner rapidement les objections qu'ils ne cessent de reproduire contre les procédés même de la méthode.

Et d'abord, on lui reproche de n'être point une amélioration des anciens modes d'enseignement, et on l'accuse de ne provoquer dans les enfans que des habitudes d'imitation servile, sans avoir nullement pour objet de favoriser en eux l'essor de la nature morale de l'homme et sa tendance au perfectionnement, ainsi que Pesfalozzi et d'autres se sont appliqués à les développer dans toute leur intensité.

Ce reproche serait grave si, dans les premières applications du principe de l'enseignement mutuel, l'on s'était en effet proposé ce noble but ; mais l'imputation est fausse et tombe d'elle même, s'il est avéré que telle n'a pu être l'ambition des fondateurs : le but qu'on leur reproche d'avoir manqué est renfermé dans un plan beaucoup plus vaste, et le système d'éducation le plus complet suffit à peine pour y conduire ; mais ici il ne s'agit que d'une instruction élémentaire ; et il est assez évident que ceux auxquels le docteur Bell et M. Lancaster ont consacré tous leurs travaux, auraient même été privés de ces premières notions, si l'on n'avait pris soin de les mettre tout-à-fait à leur portée. Pourquoi donc combattre une méthode purement pratique sous le vain prétexte qu'elle n'est pas assez élevée, et pourquoi ne pas reconnaître tout le bien qu'elle a fait, quelque resserré que soit le cercle dans lequel elle agit ? Attendez que tous ceux qui composent la génération présente aient cessé d'être totalement étrangers aux notions les plus simples ; que tout le monde sache d'abord lire et écrire, et vous parlerez ensuite de nouveaux perfectionnemens.

En entrant dans l'examen plus particulier des méthodes, on ne manque pas de trouver dans les écoles anglaises de nouvelles imperfections, des usages pernicieux, qui doivent les faire condamner. Le principe d'émulation qui, chez M. Bell est le ressort de l'enseignement, quelques autres modes de récompenses adoptés dans les écoles lancastériennes, sont tour à tour reprochés aux inventeurs et aux partisans de la méthode dont il s'agit. Des sociétés savantes ont souvent proposé à la discussion publique la question de savoir s'il est bon d'appliquer à l'enseignement de la jeunesse le principe

de l'émulation, et cette question a été longuement agitée.
Il nous semble qu'il a été généralement reconnu à la suite de
cet examen que l'application de cette méthode à l'enseignement proprement dit, n'est susceptible d'aucun des inconvéniens que développe, sous quelques autres rapports, le
principe de rivalité. Le Créateur a mis ce sentiment dans le
cœur de l'homme et lui a donné une force active et vivi-
fiante. Une fausse direction le convertit en poison et en fait
sortir les passions jalouses et haineuses. Celles-ci trouvent
à leur tour un aliment dans l'injustice des hommes; et trop
souvent, il est vrai, les écoles publiques présentent les
tristes conséquences de ce mauvais principe, dans les élèves
qu'irritent la partialité des maîtres et la facilité que trouvent
ceux-ci à suivre d'injustes préventions ou de bizarres com-
plaisances. Mais ces observations même nous fournissent un
nouveau moyen de faire ressortir le mérite des procédés de
l'enseignement mutuel : tout y est prévu et nulle place n'est
réservée à l'arbitraire. D'une part, une classification exacte
et souvent renouvelée fait que chaque élève n'a habituellement pour émules que d'autres élèves qui sont à peu près
aussi avancés que lui; d'autre part, chacun d'eux, soumis
constamment à des règles immuables, marque et prend lui-
même sa place, sans que le maître puisse jamais entreprendre de l'en priver, car tout le système d'enseignement serait
alors renversé. Aussi sommes-nous convaincûs que ces
écoles même fournissent une nouvelle preuve de l'utilité du
principe d'émulation, lorsqu'on peut parvenir à en faire une
application aussi exacte.

On reproche encore aux écoles lancastériennes l'usage
qui y est établi de distribuer des récompenses en argent, et
l'on ne manque pas de dire, à ce sujet, que c'est une méthode
corruptrice, et qu'au lieu de pareils procédés, on doit dès
le principe, inspirer à l'enfant l'amour du bien pour le bien
lui-même, et nullement pour le prix qu'on y attache. Un
fait suffira pour combattre ces assertions. Les écoles lancastériennes, lorsqu'elles ont été fondées en Angleterre, n'ont

reçu et ne reçoivent encore que des enfans appartenant à la
dernière classe du peuple et vivant dans la plus profonde
misère. On éprouve chaque jour de véritables difficultés pour
faire consentir leurs parens à les envoyer aux écoles ; tout le
bien qui en est résulté , n'a été obtenu qu'avec des peines
et des soins infinis , et il est assez simple que l'on ait cherché
en même temps les moyens les plus propres à triompher
de cette indifférence de parens grossiers et ignorans : la distribution de quelques récompenses en argent a été en effet
l'un des moyens les plus efficaces. Nous ne prétendons pas
contester qu'il ne soit possible d'admettre dans les écoles qui
se fonderont à l'avenir , un système d'encouragement plus
convenable que celui des récompenses pécuniaires. Déjà
même les billets de mérite que l'on distribue dans les écoles
lancastériennes, avant de les échanger contre de l'argent ,
exercent une véritable influence. Plus tard sans doute , il
deviendra possible de suivre un nouveau mode d'échange,
et lorsque l'on aura jugé utile de donner contre ces billets
de petits livres de morale , d'histoire naturelle ou d'autres
sujets à la portée des esprits les moins cultivés , nous ne
manquerons pas d'applaudir à ce perfectionnement, persuadés qu'il peut être fort utile pour les enfans et même pour
les parens , que des ouvrages de cette nature soient répandus avec profusion (1).

Un exemple fort remarquable prouve mieux que tout
ce que nous pourrions dire , que le désir d'arriver à toutes
ces améliorations n'est point étranger à ceux qui dirigent de
pareils établissemens.

On a formé dans l'école de Liverpool (*Circus-Street-school*)
une classe d'honneur (*class of honour*), dans laquelle sont
admis les élèves qui se distinguent par leurs succès et surtout

---

(1) La société de Londres possède une grande quantité de renseignemens qui prouvent qu'en beaucoup d'occasions l'enseignement donné aux
enfans et les bons principes de morale qu'ils puisent dans les écoles ont
été fort utiles à leurs parens.

par leur bonne conduite. Ils portent tous une médaille particulière, sur laquelle on lit d'un côté : *récompense du mérite*, et de l'autre côté en légende : *Souviens-toi de ton Créateur dans le temps de ta jeunesse* (Salomon , Ecclésiaste ,
chap. 2, v. 1). Lorsque les élèves quittent l'école, on leur
délivre un certificat constatant qu'ils ont passé un certain
temps dans cette classe. S'ils peuvent, l'année suivante,
rapporter un témoignage honorable des nouveaux supérieurs avec lesquels ils vivent, on leur donne, le jour où
l'on célèbre solennellement l'anniversaire de cette institution, une récompense qui consiste toujours en livres de
piété ou de morale. De plus, ces mêmes élèves sont invités
à informer régulièrement la société de l'école des changemens importans qui surviennent dans leur situation ou dans
leur fortune ; le directeur prend de son côté des renseignemens sur leur conduite , et les résultats de ces informations
sont inscrits tous les ans dans un livre consacré uniquement
à cet usage. De telles fondations méritent bien d'être connues,
et déjà la société de Liverpool a acquis la preuve que cette
surveillance, conduite avec tant de libéralité, exerce l'influence la plus salutaire sur tous ceux à qui elle est appliquée.

Après avoir ainsi réfuté les principales objections dirigées
contre les procédés que l'on met en pratique dans les écoles
d'enseignement mutuel, il ne me reste plus qu'à exprimer
le vœu de voir établir aussi dans ma patrie l'utile influence
de ces écoles ; partout sans doute elles sont nécessaires, mais
il me semble que nul pays n'en éprouve le besoin autant que
la Russie . et ne se trouve en aussi bonne situation pour
profiter de ce bienfait. Les peuples répandus dans cette
vaste contrée sont précisément placés dans ce premier degré
de civilisation où un pareil enseignement peut produire les
effets les plus prompts et les plus salutaires. Le système
même de la méthode y sera plus facilement appliqué et y
aura plus de succès que partout ailleurs ; car on sait que
les Russes ont une facilité remarquable pour l'imitation ,

principe sur lequel repose toute la théorie de l'enseignement mutuel.C'est aux hommes éclairés qui sont à la tête de
ce gouvernement, qu'il appartient de rechercher les moyens
les plus convenables pour parvenir à fonder beaucoup d'é-
coles dans ce pays ; qu'il me soit permis cependant d'exprimer ici mon opinion; je pense que le moyen le plus efficace
pour y parvenir se trouverait dans la création d'une société
spéciale établie dans la capitale de l'empire et sous la protection du gouvernement, et qui, donnant la première impulsion, s'occuperait ensuite à se faire des auxiliaires dans
toutes les villes où il y aurait une résidence de gouverneur(1).
Les sociétés fondées à Londres et à Paris démontrent suffisamment tous les avantages de cette méthode, et l'on en trouve
une nouvelle preuve dans les succès immenses qu'a obtenus

---

(1) Je viens d'apprendre avec un vif sentiment de joie qu'en vertu
d'un ordre de l'empereur de Russie, on a récemment organisé à Pétersbourg un comité chargé de diriger la fondation des écoles d'enseignement
mutuel pour les enfans des soldats de l'armée russe. M. le général comte
Sievers, qui a vu et examiné les écoles de Paris, a été mis à la tête de
ce comité. Déjà même celle de Pétersbourg est en activité, et reçoit cent
cinquante élèves : nous avons lieu de croire qu'en ce moment on a fondé
de semblables institutions à Moscou, à Kiew et à Tomsk en Sibérie.

M. de Tourgenieff a fait composer les tableaux d'épellation et ceux de
lecture d'après la méthode dont on se sert dans les écoles francaises, et il
les a fait adapter à la langue russe : on les emploie déjà pour l'enseignement des soldats russes appartenant aux régimens qui sont cantonnés sur
les frontières de la France : les seconds tableaux contiennent le *Catéchisme des soldats*, *la tactique de Souwarow*, *les devoirs des senti-
nelles*, etc.

Le 2 juin dernier, j'eus l'honneur d'assister aux exercices qui eurent
lieu à Maubeuge, en présence de S. A. S. le grand duc Michel, dans
une école où sont réunis trois cents soldats russes. S. A. I. voulut bien
témoigner à M. le comte de Woronzoff toute la satisfaction qu'elle éprou-
vait de voir que presque tous les soldats rassemblés dans cette enceinte
avaient appris à lire et à écrire assez correctement dans le court espace
de trois mois. L'armée russe doit en effet à M. le comte de Woronzoff
une profonde reconnaissance pour les soins qu'il a pris dans ce premier
établissement, et lui-même se trouvera sans doute suffisamment récom-
pensé par le succès de ses efforts. L'école de Maubeuge est certainement
une des meilleures que l'on puisse voir.

en Russie l'institution de la Société Biblique, qui semble avoir ouvert la carrière et montré le chemin à toutes les associations de bienfaisance. On sait maintenant, dans tous les pays du monde, comment se conduisent de pareilles entreprises et comment les divers travaux qu'elles exigent se répartissent entre les comités formés au sein même de l'association. Il y a lieu d'espérer que toutes les personnes qui ont pris part aux efforts de la Société Biblique, témoigneront le même empressement pour la fondation que nous nous hazardons à proposer, et nous connaissons déjà beaucoup d'hommes recommandables dont les vœux s'unissent aux nôtres. Les règlemens qui sont adoptés dans les sociétés de Londres et de Paris pourraient être consultés utilement, et nous croyons même devoir ajouter, adoptés en entier. Par exemple, il paraît évident qu'il serait indispensable de créer des écoles centrales, non-seulement à Pétersbourg et à Moscou, mais encore dans toutes les villes chefs-lieux de gouvernemens. On pourrait plus tard fonder des écoles normales dans ces deux premières villes, et successivement dans toutes les autres; et l'on parviendrait ainsi à former un grand nombre d'instituteurs qui porteraient par degrés l'enseignement dans toutes les parties de ce vaste empire.

Mais, comme il serait impossible, dans plusieurs provinces de Russie où la population est encore fort disséminée, de réunir dans un même lieu un nombre d'enfans assez considérable pour y fonder des écoles fixes, il semble qu'on pourrait se servir utilement pour ces provinces de la méthode des écoles ambulantes, telles qu'elles sont organisées dans le pays de Galles, en Écosse et en Irlande. Ces écoles, dont on trouvera une description plus détaillée dans l'*appendice* n° 2, présentent cet avantage, qu'elles portent partout les premiers élémens de la civilisation et en accélèrent ainsi le développement (1).

_____

(2) On lira sans doute avec plaisir dans l'appendice quelques détails relatifs aux écoles des adultes, et qui prouvent que même dans les lieux

Sans vouloir m'arrêter plus long-temps à exposer mes idées sur les divers moyens que l'on peut employer pour répandre et faire fructifier en Russie la doctrine de l'enseignement mutuel, je ne puis me refuser au besoin que j'éprouve d'exprimer un vœu auquel mes réflexions m'attachent chaque jour davantage.

Il me semble que la méthode d'instruction décrite dans cet ouvrage, peut être singulièrement propre à favoriser les progrès de la civilisation parmi les nombreuses hordes nomades qui occupent en grande partie les contrées méridionales de l'empire russe.

On sait combien ont été vains tous les efforts que l'on a tentés jusqu'à ce jour à Sarepta et dans les provinces voisines, pour convertir à la religion chrétienne les Kalmucks et diverses autres peuplades à demi sauvages ; et l'on sait encore qu'il faut attribuer ce mauvais succès à l'empire qu'exerce sur ces peuples grossiers, un clergé nombreux et fort ignorant, qui, trouvant dans la superstition de ces peuples les moyens d'assurer son autorité, s'oppose avec une extrême vivacité à toute espèce d'amélioration.

Pour éviter du moins quelques-unes de ces difficultés, on pourrait, ce me semble, commencer par l'éducation des enfans et organiser d'abord des écoles ambulantes. Cette institution elle-même demande très-peu d'appareil, et l'on pourrait encore la simplifier. Une ou plusieurs classes tiendraient aisément ensemble dans un Kibitche, et tandis que la moitié des écoliers serait exercée à écrire, les autres pourraient prendre en même temps leurs leçons de lecture (1).

où les hommes ont passé leur jeunesse sans recevoir aucune sorte d'enseignement, il est encore possible de réparer ce malheur et de leur communiquer les notions dont ils peuvent avoir besoin.

(1) Aux exercices d'écriture, les enfans pourraient se réunir, les jambes croisées à la manière des peuples nomades, autour des places où l'on allume les feux, formant ainsi des demi-cercles ou trois côtés d'un quarré, tandis que le moniteur serait placé, comme dans les écoles du docteur Bell, sur le milieu du côté qui serait ouvert : pour les leçons de lecture,

Le nombre des tableaux pourrait être facilement réduit ;
et quelques ardoises, un peu de papier et trois ou quatre
livres, occuperaient d'ailleurs fort peu de place. Afin de
pouvoir employer les chameaux au transport des tableaux,
il serait utile de se servir de la méthode des cadres introduite en France par M. l'abbé Gaultier ; et si, comme
je le pense, on pouvait réussir, à l'aide des écoles ambulantes, à répandre dans ces contrées sauvages les premières notions de l'enseignement et celles de la religion chrétienne, il est certain que le gouvernement y acquerrait
chaque jour plus d'influence et trouverait par là de nouveaux
moyens de favoriser les progrès de la civilisation (1).

ils pourraient aussi se rassembler en demi-cercles devant les tableaux qui
seraient disposés de distance en distance dans l'intérieur même du Ki-
bitsche.

. (1) De nombreux exemples prouvent que cette méthode peut être appliquée fort heureusement au milieu des peuplades les plus grossières.
Dans la première école que le docteur Bell fonda aux Indes-Orientales
tous les enfans qui y furent admis avaient été considérés pendant long-
temps comme incapables de recevoir les bienfaits de l'éducation, et, sous
la direction de leur nouveau maître, ils donnèrent promptement un dé-
menti à ce fatal préjugé. Toutes les écoles qui sont établies depuis plusieurs années à Sierra-Leone en Afrique, et dans plusieurs contrées de
l'immense Amérique, confirment encore cette vérité. Enfin l'école centrale dirigée à Londres par la société lancastérienne, a pour moniteur
général un jeune nègre qui se trouve par conséquent le plus distingué en
capacité et en connaissances, parmi quatre cents enfans nés anglais, et qui
sont ses compagnons d'études.

PREMIER APPENDICE.

ÉCOLES D'ADULTES.

(*Adult schools.*)

La nouvelle méthode d'enseignement s'est répandue dans toute l'Angleterre avec une telle rapidité, que la plupart des enfans du peuple, qui n'auraient reçu, sans ce secours aucune espèce d'instruction, en ont profité pour apprendre du moins à lire et à écrire ; et ce succès donne lieu d'espérer que dans peu de temps tous les enfans appartenant à cette classe nombreuse de la société, pourront et voudront jouir de ce bienfait.

Mais, comme ce n'est que depuis quelques années que les écoles se sont multipliées suffisamment pour justifier cette confiance, la génération présente est demeurée à peu près étrangère à ces heureux résultats ; et tous ceux qui sont maintenant en âge de raison se trouvent dans une complète ignorance.

Afin de réparer un tel malheur, autant du moins qu'il est possible, on a récemment organisé, en Angleterre, un assez grand nombre d'écoles d'une espèce particulière, qui se nomment *écoles d'Adultes.*

Leur institution remonte à l'année 1811 ; elles prirent naissance à Bala, dans la partie septentrionale du pays de Galles, par les soins d'un ministre nommé Charles, homme de bien et de mérite, qui avait pris aussi une grande part à la fondation de la Société Biblique, et qui est mort depuis cette époque. Cette heureuse invention lui fut suggérée par le désir qu'avaient exprimé plusieurs fois quelques habitans de sa paroisse, qui n'osaient pas aller à l'école avec les enfans, quoiqu'il les y eût engagés à diverses reprises. M. Charles résolut donc de fonder pour eux une école spéciale ;

et cette entreprise réussit très-promptement. L'établissement
fut ouvert avec dix-huit personnes ; au bout de trois mois,
il y en avait quatre-vingts ; et cet exemple fut bientôt
imité dans les paroisses environnantes. L'un des premiers
effets de cette institution se manifesta d'une manière assez
plaisante : l'empressement devint général dans toutes les
classes ; et les vieillards même, de tout sexe, témoignaient
tant de zèle, que dans les villages situés aux environs de
Bala, les marchands de lunettes en débitèrent beaucoup
plus qu'ils n'avaient fait jusqu'à ce jour.

Cette institution était encore ignorée en Angleterre,
lorsque, l'année suivante, un nommé William Smith, habitant de Bristol, imagina le même procédé pour atteindre le
même but ; et son invention, accueillie par un public bienveillant, se répandit avec une rapidité encore plus grande.

M. Smith, sacristain de la chapelle des méthodistes, avait
assisté, au mois de février 1812, à la séance annuelle de la
Société Biblique de Bristol (1). Il y avait entendu lire un
rapport sur les habitans d'un certain district, qu'il connaissait, où l'on ne possédait que très-peu de bibles, et il avait
remarqué qu'un grand nombre de ces habitans n'avaient pas
même été désignés, attendu qu'ils ne savaient pas lire, et
que les bibles leur auraient été par conséquent fort inutiles.
Cette idée le tourmenta quelque temps, et il s'avisa d'ima-
giner qu'il serait encore possible d'apprendre à lire aux personnes déjà grandes. Incertain cependant du succès de cette
idée, et ne pouvant fixer son opinion sur les moyens les
plus propres à la faire réussir, il consulta un homme qu'il
rencontrait souvent aux assemblées de la Société Biblique,
et celui-ci approuva beaucoup son projet. Aussitôt M. Smith
entreprend l'exécution de son dessein ; et, parcourant sa paroisse de maison en maison, il dresse une liste, et inscrit

(1) Ce même M. Smith avait en 1804 fondé à Bristol les premières
ecoles du dimanche pour les méthodistes, et maintenant il y a dans cette
ville plus de deux mille enfans des deux sexes qui reçoivent de cette manière l'enseignement religieux.

tous les gens de bonne volonté qui acceptent la proposition qu'il leur fait de leur apprendre à lire.

Les deux premières personnes qu'il porta sur son registre furent un homme de soixante-trois ans, nommé William Wood, et Jeanne Burreau, âgée de quarante ans. On mit à la disposition de M. Smith un appartement composé de deux pièces; on rassembla quelques livres; deux de ses amis s'offrirent pour faire les fonctions de maîtres; et, dès le 8 mars de la même année, les deux écoles furent ouvertes simultanément, l'une avec onze hommes, l'autre avec dix femmes. La plupart ne tardèrent pas à faire de sensibles progrès.

Le goût de cet enseignement, et le désir d'y prendre part, se répandirent à Bristol, de quartier en quartier, et de paroisse en paroisse. Encouragé par ce succès, M. Smith se dévoua tout entier à cette entreprise (1), et chercha à se procurer, le plutôt possible, des appartemens plus vastes pour de nouvelles écoles, et tous les livres dont on pouvait y avoir besoin. En même temps tous les habitans de Bristol s'empressèrent de le soutenir dans ses efforts, et au bout de quelques semaines il se forma dans cette ville une société régulièrement organisée *pour apprendre aux gens pauvres à lire dans les saintes écritures (Society for teaching the adult poor to read the holy scriptures)*. Le docteur Pole, quaker et membre de cette association, rédigea sur le champ une adresse au public, pour l'inviter à prendre part à cette œuvre de bienfaisance. Il dirigea principalement ses exhortations vers tous ceux qui appartenaient aux Sociétés Bibliques; il s'attacha à leur démontrer que le but de ces associations ne serait atteint que d'une manière bien imparfaite, tant que la plupart de ceux pour qui elles

(1) Il avait pour toute fortune les appointemens qu'on lui donnait en sa qualité de sacristain, et qui se montaient à dix-huit schellings (à peu près vingt-deux francs) par semaine. Sur ce modique revenu, il céda trois schellings par semaine à un homme qui se chargea de remplir une partie de ses fonctions, et plus libre dès ce moment, il consacra presque tout son temps au succès de son entreprise.

avaient été formées ne pourraient lire eux-mêmes dans les livres qui leur étaient destinés, et termina par cette observation importante, qu'une telle institution serait utile non-seulement pour l'instruction de ceux à qui elle s'appliquerait, mais bien plus encore pour leurs eufans.

Cette adresse, imprimée et répandue avec profusion, fit créer en divers lieux des écoles et des associations semblables. Le 11 juillet 1815, le lord-maire de Londres se mit à la tête d'une société qui se forma dans la cité, et qui s'organisa sur le modèle de celle de Bristol. Déjà, avant cette époque, il en avait été fondé une autre, sur le même plan, dans le faubourg de Southwark. En 1816, on comptait dans le royaume d'Angleterre vingt-quatre écoles de ce genre pour les hommes, et trente et une pour les femmes ; et plus de trois mille personnes y avaient déjà reçu l'enseignement de la lecture. D'autres villes ont suivi cet exemple ; et il y a maintenant en Angleterre quelques bourgs où l'on assure que tout le monde sait lire.

De nombreux témoignages attestent que les personnes les plus âgées sont susceptibles de recevoir cet enseignement, et d'en profiter.

Dans une école de Bath, il se trouva en même temps cinq femmes dont l'âge réuni faisait deux cent quatre-vingt-trois ans, et qui, connaissant à peine l'alphabet, parvinrent à lire couramment dans la Bible au bout d'une année d'étude. A Bristol, une femme de quatre-vingt-cinq ans apprit à lire en huit semaines. A Ipswich, une autre femme de plus de quatre-vingt-dix ans fit plus de progrès que toutes celles qui étudiaient avec elle. Ces exemples, dont nous pouvons garantir l'authenticité, suffisent pour prouver le fait que nous avons avancé ; et sans doute le lecteur saura se garder du sourire de l'ironie, s'il veut bien considérer que nous n'avons cité ces faits que comme des singularités propres cependant à démontrer qu'il est plus facile qu'on ne pourrait le croire d'appliquer ce procédé aux personnes d'un âge moyen.

Les effets de cet enseignement ne se sont pas bornés au succès même de la méthode, et l'on a remarqué dans les lieux où il avait été mis en pratique, que les églises ont été depuis ce temps plus fréquentées, et que beaucoup d'entre ceux qui en ont pu profiter ont renoncé plus aisément aux habitudes pernicieuses de l'intempérance et de l'oisiveté, trop communes encore dans les classes inférieures de la société (1).

Quant au mode même d'enseignement, il est difficile de le décrire d'une manière générale, car il varie beaucoup, suivant les localités, et suivant le nombre et l'âge des personnes auxquelles il s'adresse. Dans quelques écoles assez nombreuses, où ceux que l'on rassemble sont des jeunes gens, ou du moins des hommes d'un âge moyen, on a suivi avec exactitude les procédés de la méthode lancastérienne ou de celle du docteur Bell. Lorsqu'on y joint des leçons d'écriture, on se sert également de pupitres, et les répétitions de ces exercices par la lecture ont aussi lieu autour des demi-cercles et devant les tableaux. Mais il arrive souvent que l'on ne trouve pas de local convenable; et quelquefois aussi des circonstances particulières forcent le maître à faire dominer les procédés de l'enseignement simultané sur ceux des méthodes plus récentes. Habituellement on permet aux personnes qui y sont admises d'emporter chaque jour les livres dans lesquels elles étudient. Le principe de l'éducation y est aussi mis en vigueur, et les maîtres tiennent des registres où l'on peut reconnaître et suivre dans toutes leurs variations les effets de ce nouveau mode d'instruction.

(1) Pour connaître en détail tout ce qui a été fait sur ce sujet, on peut lire un petit ouvrage intitulé : *The history of the origin and progress of adult schools : with an account of the beneficial effects already produced on the moral character of the labouring poor*, etc. Histoire de l'origine et des progrès des écoles d'adultes, et exposition des bons effets qui sont résultés de cet enseignement pour le perfectionnement moral dans les classes pauvres, par M. Thomas Pole, deuxième édition, Bristol, 1816.

SECOND APPENDICE.

ÉCOLES AMBULANTES.

(Ambulatory or circulating schools.)

AINSI que leur nom l'indique , ces écoles ont cela de particulier, qu'elles ne sont jamais à poste fixe dans un même lieu , et que ceux qui les dirigent se transportent d'un endroit à l'autre, selon les besoins d'une contrée.

Une école ambulante ne demande que très-peu de dépenses. On l'établit ordinairement dans une chapelle ou dans tout autre lieu de réunion publique ; et souvent aussi des personnes bienfaisantes prêtent , sans exiger de rétribution , le local nécessaire pour les exercices.

Elles ne sont point destinées exclusivement à l'enseignement de la jeunesse ; les personnes de tout âge et de tout sexe , les ouvriers de toute profession y sont indistinctement admis , et l'un des premiers soins du maître est de disposer les heures de ses leçons de la manière la plus commode pour ceux qui les suivent : c'est surtout dans l'hiver , et depuis le mois de septembre jusqu'au mois de mai , que les écoles ambulantes sont mises en activité, et elles séjournent ordinairement trois ou quatre mois dans un même lieu. Comme ceux qui les fréquentent savent d'avance qu'ils ne pourront en user pendant long-temps, leur zèle est plus vivement excité , et l'on remarque que la plupart d'entre eux s'efforcent de ne pas perdre un seul moment : pour ceux qui ont le plus de dispositions, ces trois ou quatre mois suffisent souvent à l'enseignement élémentaire qu'on leur donne , et qui est toujours de la plus grande simplicité : au besoin, le maître revient l'année suivante, et consacre encore trois uo quatre mois à l'instruction des mêmes personnes. Tous ceux qui exercent ces honorables missions tiennent exactement des registres dans lesquels ils en constatent les résultats.

La fondation des écoles ambulantes dans la Grande-Bretagne remonte à une époque assez éloignée. En 1730, un ecclésiastique, nommé Griffith Jones, établit la première à Llandower, petit bourg situé dans la partie méridionale du pays de Galles. Il n'eut d'abord, pour les frais de cette entreprise, que le très-modique revenu qu'il retirait de son école de paroisse, composée en général de gens pauvres. Plus tard, la société établie à Londres, pour la propagation des connaissances religieuses, lui donna des secours, et ces écoles se multiplièrent tellement, qu'on en comptait deux cent dix-huit en 1761, époque de la mort de M. Jones, et que, dans ce même temps, plus de cent cinquante mille personnes avaient déjà reçu, par ce moyen, un enseignement élémentaire.

Les écoles ambulantes subsistèrent encore quelques années, entretenues et dirigées de la même manière par les soins de personnes bienfaisantes. Cette utile institution fut bientôt négligée et déclina de jour en jour; une circonstance particulière contribua à en accélérer la chute (1), et il se trouva dans la partie septentrionale du pays de Galles, que l'on peut appeler la Suisse de l'Angleterre, plusieurs districts montagneux dans lesquels cette méthode n'avait pas encore pénétré. M. Charles, dont nous avons déjà parlé, obtint une cure dans l'un de ces pauvres villages, à Bala. Il reconnut bientôt, avec chagrin, qu'il n'y avait que bien peu de gens qui sussent lire et écrire

(1) Une amie de M. Jones, héritière de ses bonnes intentions, nommée madame Bevan, avait par son testament consacré les intérêts d'une somme de dix mille livres sterlings à l'entretien des écoles ambulantes. L'exécution de cette volonté fut suspendue par l'opposition de sa nièce, et cet obstacle n'a pu être levé qu'en 1809, et après qu'il a été décidé par les tribunaux que les intérêts accumulés de cette somme seraient employés conformément aux dernières volontés de la testatrice.

dans tout le pays environnant, attendu qu'on n'y trouvait pas d'écoles élémentaires, et que les personnes qui jouissaient de quelque aisance pouvaient seules envoyer leurs enfans dans les villes voisines pour y recevoir une instruction salariée.

Pour surmonter ces premières difficultés, M. Charles, aidé de quelques amis, conçut le projet d'envoyer d'abord un maître de village en village, et de faire donner gratuitement à tous les pauvres un enseignement élémentaire. Il entreprit lui-même de dresser un maître qu'il choisit à dessein dans une classe inférieure, et, après l'avoir instruit pendant quelque temps, il l'employa dans le village même de Bala, afin de pouvoir suivre et diriger les premiers exercices publics. Successivement il en choisit d'autres et leur donna les mêmes leçons; en peu de temps il en eut une vingtaine qui se répandirent dans tout le pays, allant d'un district à l'autre, s'arrêtant dans tous les villages, donnant les premières notions de l'enseignement, fondant en même temps des écoles de dimanche, et formant des maîtres pour celles-ci; de telle sorte qu'après leur départ il restât des traces de leur passage. Ce nouveau moyen a réussi au-delà de toute espérance, et maintenant les écoles ambulantes commencent à être beaucoup moins nécessaires dans plusieurs contrées, tant on a mis d'empressement à fonder celles qui ont pour objet principal l'enseignement religieux (1).

_____

(1) L'utilité des écoles du dimanche est généralement reconnue, du moins en Angleterre. La première fut fondée en 1781 par M. Raikes, imprimeur à Gloucester, et en 1795 on créa à Londres une société qui entreprit d'en répandre la pratique dans tout le pays. Depuis cette époque, il s'est formé de pareilles sociétés en Angleterre, en Irlande et en Écosse, et maintenant dans beaucoup de villes on voit tous les dimanches les églises et les chapelles remplies d'enfans avant et après le service solennel. Dans les premiers temps, les maîtres recevaient un traitement, mais à présent on trouve partout des jeunes g ns qui se chargent de remplir ces fonctions sans rétribution. On a publié plusieurs écrits sur ce sujet : les principaux ont pour titres : *Hints for establishment and regula. tion of sunday schools. Conseils pour l'établissement et la direction des écoles du dimanche.* Londres, 1815. *The sunday schools teachers guide*

M. Charles est mort depuis deux ans ; mais il a laissé dans une lettre adressée par lui au secrétaire de la Société des écoles galloises à Édimbourg, un monument précieux, où sont consignés des détails fort intéressans sur la marche qu'il a suivie pour fonder ses nombreuses écoles : j'espère qu'on me saura gré d'en transcrire ici quelques passages.

« Mon premier soin a toujours été de trouver de bons » maîtres. Ils sont tous pauvres, car je n'ai jamais pu leur » donner que de très-modiques appointemens ; et d'ailleurs » je pense que ceux qui se trouvent dans une situation gê- » née sont plus propres que d'autres à l'enseignement au- » quel j'ai voulu les appliquer. Il faut sans doute qu'ils » aient les connaissances nécessaires ; mais celles-là même » doivent être bornées ; et ce qui importe par-dessus tout, » c'est qu'ils soient honnêtes gens, craignant Dieu, de » mœurs sévères, d'une conduite modeste et réservée, peu » occupés de leur personne et dépourvus de toute ambition. » Je dois me féliciter de n'avoir point été trompé dans le » choix des maîtres que je me suis adjoints ; et en cela je » rends grâces à Dieu, qui a bien voulu récompenser ainsi » ma sollicitude. Comme moi, ils n'ont cessé d'avoir prin- » cipalement à cœur le succès de nos entreprises et la bonne » conduite de ceux au milieu desquels nous passons notre » vie.

» Après que j'ai formé le projet d'établir une école dans » un lieu où il n'y en a pas encore, je le communique » d'abord aux personnes les plus considérables, puis je fais » annoncer publiquement mon intention de me rendre dans » le village, et j'invite tous les habitans à se rassembler en » un lieu et à une heure déterminés. Là, dans une confé-

Guide pour les maîtres des écoles du dimanche, par J. A. James, quatrième édition, 1817. Les rapports publiés chaque année par toutes les
sociétés contiennent souvent des détails fort intéressans, et l'on en trouve
une analyse sommaire dans un recueil qui paraît périodiquement depuis
le 1er. janvier 1813, sous le titre : *Sunday schools repository. Répertoire
des écoles du dimanche.*

» rence familière, je leur représente combien il est impor-
» tant que leurs enfans apprennent à connaître par eux-
» mêmes la parole de Dieu ; je déclare que j'ai le dessein
» de leur envoyer un maître qui sera chargé d'apprendre à
» lire aux enfans ; et même à tous ceux d'entre eux qui ne
» le sauraient pas, et qui voudraient assister aux exercices
» quotidiens du soir, ou du moins à ceux du dimanche ;
» et je les engage, dans les termes les plus pressans, à ne
» pas négliger d'envoyer leurs enfans régulièrement à ces
» leçons ; puis je m'entretiens familièrement avec les parens,
» je leur promets de leur donner les livres dont ils auront
» besoin, s'ils n'ont pas les moyens d'en acheter. Je m'a-
» dresse aussi aux jeunes gens, aux enfans, et d'ordinaire
» nous nous quittons fort bons amis, après cette première
» entrevue. Le maître ne doit jamais accepter aucune rétri-
» bution, et il lui est expressément recommandé de prendre
» garde à n'être nullement à charge aux habitans du lieu
» dans lequel il est établi. Si on l'invite dans une maison
» où il soit obligé de passer la nuit, il y pratique les prières
» du soir et du matin, et tâche, sans affectation, d'amener
» la conversation sur ses travaux et sur l'utilité de l'ensei-
» gnement élémentaire pour tous les enfans. Il ne se permet
» jamais de propos légers ou inconséquens ; car il faut qu'il
» donne en tout le bon exemple, et que tout le monde
» apprenne en le voyant comment doit vivre un chrétien qui
» connaît tous ses devoirs. Je dispose complétement de tout
» son temps, et je prescris pour règle première, que ce temps
» soit exclusivement consacré à l'instruction de tous ceux
» qui ont quelques moyens d'y prendre part. Avant que le
» maître quitte un lieu pour aller dans un autre, je m'y rends
» moi-même, et j'examine les enfans dans une assemblée pu-
» blique, ayant acquis la preuve que ces sortes d'exercices
» sont fort utiles aux parens et à tous les assistans. Je ne les
» quitte point sans recommander aux pères et aux mères
» d'envoyer régulièrement leurs enfans à l'école du diman-
» che, dont les exercices ne sont point interrompus, afin

» qu'ils se souviennent de ce qu'ils ont appris, et qu'ils
» puissent même profiter encore de ces nouvelles leçons.

» Telle est la conduite que je tiens depuis vingt-trois ans:
» les différences des localités m'ont quelquefois forcé à faire
» de légers changemens dans les procédés de l'enseignement,
» mais j'ai constamment suivi les mêmes principes, et je
» suis heureux de voir la bénédiction divine reposer sur
» l'œuvre dont j'ai imploré le succès avec ardeur. D'abord,
» mon entreprise ne marcha que lentement et avec peine,
» peu à peu elle s'est étendue; je la vois à présent solide-
» ment établie dans toute la contrée qui m'environne, et
» j'espère que les écoles du dimanche contribueront beau-
» coup à en perpétuer les bons effets. Tout notre district
» est sorti par degrés de l'état le plus complet d'ignorance
» et de barbarie, et l'on y trouve maintenant, des mœurs
» plus régulières et une piété plus éclairée. Les livres saints
» y sont lus et étudiés par tout le monde; beaucoup d'en-
» fans et même de grandes personnes en savent par cœur
» de longs passages. A ces divertissemens grossiers qui dé-
» génèrent si souvent en désordre et qui entretiennent des
» habitudes dangereuses, ont succédé des exercices plus
» sérieux, qui n'excluent point le repos, et les délassemens
» nécessaires à tous les hommes : mais, dans les heures
» consacrées à la dévotion, on voit les églises et les cha-
» pelles fréquentées assidûment, et les exercices du caté-
» chisme sont suivis par les grands et par les petits avec un
» empressement où l'on ne découvre jamais aucune trace
» de contrainte. »

Est-il besoin d'ajouter un seul mot à cette admirable
lettre?

La société organisée à Édimbourg pour la fondation des
écoles dans le haut pays de l'Écosse (1) (the gaelic-school-
society), et celle qui s'est formée en Irland pour ce pays,

_____

(1) On appelle ainsi la contrée montagneuse située au nord de l'É-
cosse.

out adopté l'une et l'autre le plan de M. Charles, et créé beaucoup d'écoles ambulantes. Là, comme dans le pays de Galles, on trouve réunies des personnes de tout sexe et de tout âge; et, il y a trois ans, on rencontrait dans une de ces écoles un vieillard de cent dix-sept ans qui assistait aux exercices avec une de ses petites-filles qui y venait elle-même portant son enfant dans ses bras (1). Dans une autre école, une jeune fille de sept ans qui avait appris à lire, l'enseigna ensuite à sa mère, et sa grand'mère voulut aussi recevoir des leçons de la même enfant.

On ne saurait croire tout le bien qu'ont déjà produit ces établissemens dans les hauts pays de l'Écosse et en Irlande. Le ministre Ross écrivait à ce sujet : « Il y a deux districts » assez peuplés, situés à douze milles de l'église, chef-lieu » de la paroisse, et qui semblent entièrement séparés du

_____

(1) Voici un fragment d'une lettre écrite, le 10 février 1815, par M. Alex. Mac-Ban, ministre de la paroisse de Kincardine, comté de Ross, et adressée à la société d'Édimbourg : « Depuis mon retour, je n'avais pu » visiter encore l'école de Glencalvie. Les neiges et les glaces couvraient » toute la vallée, et il était impossible de franchir ces obstacles. Enfin » hier, je m'y suis rendu malgré les difficultés dont on voulait encore » m'effrayer, et j'ai été amplement dédommagé des contrariétés de la » route par le plaisir que j'ai éprouvé à voir les progrès de l'école depuis » ma dernière visite. J'y ai trouvé réunis des gens de tous les âges. Iye-» rach, le doyen de Glencalvie, et probablement aussi de l'Angleterre, » et qui est maintenant dans sa cent dix-septième année, était là près » d'une de ses petites-filles, laquelle a aussi un enfant : celle-ci a un tel » désir d'apprendre qu'elle porte à l'école son fils dans son berceau, en » sorte qu'on voit en ce moment ce spectacle peut-être unique d'un vieil-» lard de cent dix-sept ans assistant aux exercices d'une école à côté d'un » de ses descendans encore à la mamelle. Plusieurs habitans des petits vil-» lages voisins s'y trouvaient aussi, et tous remerciaient Dieu de la pro-» tection qu'il leur accorde. Il y a plusieurs chefs de familles très nom-» breuses qui prennent part aux exercices avec tous leurs enfans ; aucun » d'eux ne savait lire l'année dernière, et maintenant la plupart lisent » couramment dans la Bible. »
Cet Iverach était né dans la même paroisse en 1698 : en 1716 il était entré au service, et cent ans après (en 1815), il s'avisa de vouloir apprendre à lire. Du reste, la faiblesse de sa vue ne lui permit pas de continuer ses exercices, et il mourut l'année suivante.

» reste du monde : l'année dernière on n'y trouvait de Bible
» que dans la maison d'un fermier assez riche ; maintenant
» il n'y a pas de ménage dans lequel on ne fasse tous les
» jours la lecture des livres saints , et cette lecture est ordi-
» nairement suivie d'autres exercices de piété. » Un autre
ministre , M. Mac-Bau , écrivait encore : « Je me souviens
» fort bien qu'à Strath-Carron , à Glencalvie , à Strath-
» Cullunach , et dans toute cette vallée qui se prolonge à
» plus de vingt milles, il n'y avait pas autrefois trois hommes
» qui fussent capables de lire couramment , et maintenant
» tous les enfans s'en acquittent très-bien : il y a dans la
» maison une ou plusieurs Bibles , et ceux qui ne lisent pas
» écoutent le voisin qui fait toujours des lectures à haute
» voix (1). »

Les rapports que publient annuellement les sociétés
d'Édimbourg et d'Irlande contiennent un grand nombre
de témoignages semblables. On y trouve aussi avec plaisir
l'assurance que l'enseignement que reçoivent les enfans
produit toujours un excellent effet sur leurs parens. : « L'in-
» térêt que tous les pères et mères prennent aux travaux de
» leurs enfans est un sentiment si naturel, qu'il suffit à ceux-
» ci de prendre chez eux le livre de la Bible et d'en lire à

---

(1) Il y a tout lieu d'espérer que la société galloise d'Édimbourg , qui
s'occupe avec beaucoup de zèle à répandre l'instruction élémentaire dans
le haut pays et dans les îles d'Écosse , réussira à amener les habitans de
ces contrées au point de civilisation auquel sont déjà parvenus ceux qui
occupent les terres basses et toute la plaine. On sait que ceux-ci fournissent un des exemples les plus remarquables de l'utile influence d'une bonne
civilisation. Un acte du parlement qui fut publié en 1686 accorda à chaque paroisse une école , et à ses conducteurs spirituels , présidé par le
ministre du culte , le droit de renvoyer de la paroisse ceux qui ne voudraient pas permettre que leurs enfans reçussent l'enseignement de la lecture et de la religion. Les écoles du dimanche établies depuis plusieurs
années dans toute cette partie de l'Écosse , ont puissamment contribué à
fortifier dans cette nation le caractère religieux par lequel elle se distingue
de toute autre. Le poëte Burns a présenté avec beaucoup de grâce le tableau d'une famille écossaise pendant une soirée du dimanche , dans une
pièce de vers intitulée : *The cottager's saturday's night.*

» haute voix des passages pour attirer l'attention de leurs
» père et mère, et c'est ainsi que Dieu permet que la lu-
» mière que nous faisons pénétrer dans ces jeunes cœurs
» se réfléchisse jusque sur les murailles de la plus simple
» cabane, comme pour faire mieux reconnaître les bien-
» faits de la Providence. »

TROISIÈME APPENDICE.

NOTICES BIOGRAPHIQUES.

J'AVAIS eu d'abord le projet de donner ici des notices biographiques sur tous les hommes qui, par des efforts plus ou moins directs, ont concouru à répandre dans le monde les utiles procédés de l'enseignement mutuel. Quelques circonstances particulières m'ayant empêché de me livrer à ce travail, je me borne à présenter quelques détails fort abrégés.

Joseph Lancaster naquit à Londres le 25 novembre 1778. Son père, dénué de toute fortune, avait été d'abord soldat, puis il exerça à Londres la profession de faiseur de cribles. Le jeune Lancaster fut donc forcé de chercher de bonne heure les moyens de pourvoir à sa subsistance. Il avait à peine dix-neuf ans lorsqu'il ouvrit dans la maison de son père une école destinée aux enfans des pauvres gens dans son quartier. Dans la partie historique qui se trouve en tête de cet ouvrage, j'ai décrit (pag. 16 et suivantes) les commencemens et les progrès de cette première école. Je n'ajouterai donc ici que quelques renseignemens relatifs aux malheurs qui accablèrent dans la suite M. Lancaster.

Jusqu'en 1805 ses affaires allèrent assez bien et il n'avait à ce moment que fort peu de dettes. Le désordre qui survint plus tard fut produit par les dépenses extraordinaires qu'il entreprit pour faire construire un bâtiment destiné à recevoir les jeunes gens de l'un et l'autre sexe qui voulaient se consacrer à l'enseignement, pour les entretenir et les habiller, et pour établir des ateliers d'imprimerie dans lesquels ces jeunes gens devaient aussi s'exercer. Les souscriptions pour cette nouvelle construction ne lui rapportèrent que six cents vingt-quatre livres sterlings, et il en dépensa trois mille cinq cents. Le fonds royal ne lui produisit jamais plus de six cents livres sterlings par an; et son école normale, à laquelle cet argent avait été consacré, en coûtait douze cents. Il fut encore obligé de payer une autre somme de douze cents livres sterlings pour les frais de l'établissement d'une seconde école normale qu'un de ses protecteurs lui avait promis de payer. Le même malheur lui arriva, après la fondation de l'école de Camberwell près de Londres. Toutes ces dépenses, pour la plupart imprévues, et les frais de ses divers voyages le chargèrent au bout de deux ans d'une dette de plus de six mille livres sterlings.

On a vu aux pages 22 et 23 comment MM. Fox et Corston étaient venus au secours de M. Lancaster.

Depuis long-temps M. Corston avait le désir de fonder des écoles d'industrie, principalement pour les jeunes filles (1). Il s'estima fort heureux de faire la connaissance de M. Lancaster, et pendant plusieurs années il n'a cessé de combler celui-ci de ses dons, et d'être en toutes choses à son service. Un jour, pressé de besoin, M. Lancaster écrivit à son ami la lettre suivante : « Je demande à Dieu la grâce de » souffrir avec patience : toutefois je ne puis exprimer assez » vivement combien il me serait doux de sortir enfin de l'état » de misère et de dénûment dans lequel je me traîne depuis » si long-temps. Aujourd'hui j'ai tellement couru dans toute » la ville que j'en suis exténué de fatigue, et cependant je » n'ai point obtenu ce que je cherchais. Voilà trois jours que » je parcours toutes les rues de Londres, et ceux dont je » suis aussi créancier n'ont pas deux guinées à mon service. » Si tu ne peux m'obliger en cette circonstance, je serai » forcé de vendre plusieurs choses qui me sont utiles dans » mon ménage, et qui sont cependant ma seule ressource. » Hélas ! si quelquefois encore un rayon d'espérance ne

_____

(1) M. Corston est fabriquant de chapeaux de paille à Londres, et il a inventé un procédé pour faire avec de la paille de seigle des chapeaux imitant ceux de Livourne. Il avait le désir de créer des écoles pour faire apprendre aux jeunes filles à tresser cette paille.

» brillait à travers les sombres nuages, il me faudrait suc-
» comber devant cette pensée cruelle que je perds tous les
» jours mon temps et mon talent, et que la conquête qui
» m'avait été promise recule indéfiniment devant moi. —
» J'aurais besoin ce soir de sept livres sterling, et cette
» somme même n'est pas la moitié de celle qu'il me faudra
» payer incessamment, sans compter encore ce que je dois à
» mon père et à ma mère, que je ne suis pas allé voir depuis
» plusieurs semaines, faute de pouvoir leur payer la petite
» pension de mon enfant (1). C'est être presque parvenu au
» comble du malheur .... mais enfin il y aura sans doute
» un terme à tout ceci..... etc.»

Sur le dos de cette lettre était écrit de la main de M. Corston : *Envoyé dix livres sterling par Springman.*

Joseph Fox, né le 7 novembre 1775, était dentiste, et
professeur de cet art à l'hôpital de Guy à Londres.

Il fut dès le principe l'un des partisans les plus déclarés de
la vaccine, et la société Jennérienne de Londres, à la fondation de laquelle il avait contribué de tous ses efforts, le
nomma son secrétaire en 1802. L'année suivante elle lui dé-
cerna une médaille d'honneur, en reconnaissance des services
nombreux qu'il lui rendait : son zèle constant pour le bien
de l'humanité le poussa à se dévouer avec une égale ardeur
à la propagation de l'enseignement mutuel, et l'on a vu qu'il
ne craignit pas d'exposer une partie considérable de sa fortune pour soutenir les établissemens de M. Lancaster; il
a été jusqu'à la fin de sa vie secrétaire de la société des
écoles pour l'Angleterre et pour l'étranger, et est mort
le 11 avril 1816, laissant sur la terre les plus honorables
souvenirs.

Le docteur *Bell*, ministre du Saint Evangile, et professant
la religion anglicane, est né à Saint-André en Ecosse. L'évê-

---

(2) Peu de temps auparavant, M. Lancaster avait été frappé d'un malheur encore plus grand. Sa femme était devenue folle, et il avait été
obligé de la faire enfermer.

que de Durham lui a donné, il y a quelques années, la place de directeur de l'hôpital de Sherburn, et cette charge lui assure un revenu plus que suffisant pour le reste de ses jours. Cependant il ne cesse de consacrer tout son temps et tout son talent à la direction de l'œuvre qu'il a commencée : l'homme qui a rendu un si grand service à l'humanité, trouve sa plus douce récompense dans la recherche des moyens de perfectionner son travail.

QUATRIÈME APPENDICE.

BIBLIOGRAPHIE.

Nous avons eu occasion, dans le cours de cet ouvrage, de citer les écrits les plus importans qui ont été publiés depuis près de vingt ans, au sujet de l'enseignement mutuel.

Les principaux écrits du docteur Bell sont indiqués dans les pages 15, 19, 36;

Et ceux de M. Lancaster, aux pages 18, 25, 29 et 40.

Celui-ci a publié encore plusieurs autres ouvrages, dont voici les titres :

Hints and directions for building and fitting up school-rooms on the British system of education. Conseils pour la construction et l'arrangement des locaux destinés aux écoles d'enseignement mutuel, suivant les méthodes d'enseignement adoptées en Angleterre. Londres, 1811.

A report of the rise and progress of the school for girls, in the borough road, Southwark. Rapport sur l'origine et les progrès de l'école établie pour les filles dans le faubourg de Southwark. Tooting, 2°. édit., 1812.

Instructions for forming and conducting a society for the education of the children of the labouring classes of the people, according to the general principles of the Lancasterian or british plan. Instructions pour former et pour diriger une société consacrée à l'éducation des enfans pauvres, d'après les principes généraux suivis dans les associations lancastériennes ou anglaises. Londres, 2°. édition, 1810.

On trouve encore une autre description de ces écoles dans un petit livre intitulé : *Manual of the system of the British and foreign school society of London.* Manuel du système adopté par la société des écoles pour l'Angleterre et pour l'étranger. Londres, 1816.

Indépendamment des ouvrages français que nous avons cités dans les pages 41, 42 et 43, on remarque encore les suivans :

Abrégé de la méthode des écoles élémentaires, ou *Recueil pratique de ce qu'il y a de plus essentiel à connaître pour établir et diriger des écoles élémentaires, selon la nouvelle méthode d'enseignement mutuel et simultané.* Paris, 1816. Ce travail est dû à M. Jomard, qui en a employé le produit à la fondation d'une école à Versailles.

Guide de l'enseignement mutuel. Paris, 2e. édition, 1818. M. Bally, membre de la société de Paris, en est l'auteur.

Directions pour les fondateurs et fondatrices, et pour les maîtres et maîtresses des écoles d'enseignement perfectionné, par M. Basset. Paris, 1817.

Manuel pratique, ou *Précis de la Méthode d'enseignement mutuel pour les nouvelles écoles élémentaires, rédigé par M. Nyon.* Paris, 1817.

Les ouvrages du docteur Bell et ceux de M. Lancaster ont été déjà traduits et imprimés plusieurs fois en Allemagne. Il en a été fait de nombreuses éditions dans différentes villes. On a aussi publié à Vienne plusieurs extraits d'articles insérés dans le Journal d'Éducation, qui se publie à Paris, par les soins de la Société.

Dernièrement on a fait imprimer à Maubeuge, en langue russe, pour l'usage des régimens de cette nation, une traduction du Manuel composé par M. Nyon.

Enfin nous terminerons cette notice, en annonçant que tous les ouvrages qui ont été publiés en France sur l'enseignement mutuel, se trouvent, ainsi que tout ce qui concerne les écoles, à Paris, chez M. L. Colas, imprimeur-libraire de la Société pour l'instruction élémentaire, rue du Petit-Bourbon-Saint-Sulpice, n°. 14. (*Au 1er. octobre 1818, son magasin de librairie sera établi dans la rue* DAUPHINE, n°. 32.)

FIN.

TABLE
DES MATIÈRES.

FIN DE LA TABLE.